WALTER SCHMID

Zur sozialen Wirklichkeit des Vertrages

Schriftenreihe zur
Rechtssoziologie und Rechtstatsachenforschung
Herausgegeben von Ernst E. Hirsch und Manfred Rehbinder
Band 52

Zur sozialen Wirklichkeit des Vertrages

Von

Dr. Walter Schmid

DUNCKER & HUMBLOT / BERLIN

Abdruck der der Rechts- und staatswissenschaftlichen Fakultät der Universität Zürich vorgelegten Dissertation

Gedruckt 1983 bei Buchdruckerei A. Sayffaerth - E. L. Krohn, Berlin 61
Printed in Germany

ISBN 3 428 05309 5

Vorwort

Dies ist ein außergewöhnliches Buch: klar geschrieben, intelligent und — wie ich glaube — ein eigenständiger Beitrag zur Rechtssoziologie. Es war ein Vergnügen zu beobachten, wie die Arbeit während des Jahres, das Walter Schmid hier an der Universität Stanford, Kalifornien, arbeitete, Form annahm.

Manchmal wird gesagt, daß sich die amerikanische und europäische Soziologie in ihrem Stil beachtlich unterscheiden. Europäer (so wird gesagt) lieben das Theoretische. Sie malen mit dem breiten Pinsel. Amerikaner dagegen sind skeptisch, pragmatisch. Auf dem Gipfel der Theorie ist die Luft für ihre Lungen etwas zu dünn. Wie so oft, liegt auch in diesem Stereotyp ein Körnchen Wahrheit. Doch Walter Schmid hat einen Sinn für das Abstrakte *und* das Konkrete; es gelingt ihm, beide Traditionen auf der Grundlage des common sense bruchlos und *nutzbringend* zu verbinden.

Als wesentliche Neuheit muß Schmids Untersuchung der Wirkung dogmatischer Rechtstheorien auf die vertragsrechtlichen Entscheidungen amerikanischer Gerichte hervorgehoben werden. Die Frage lautet: Haben moderne Theorien, Konzepte und juristische Begriffe irgendeinen Einfluß auf die Art und Weise, wie Gerichte ihre Fälle entscheiden? Der Computer machte es möglich, Datenmaterial zu untersuchen, das bisher unzugänglich war, und wenn die Frage auch nicht definitiv beantwortet werden kann, so wirft die Untersuchung doch einiges Licht auf diesen Problemkreis. Die Resultate dieses „empirischen Exkurses" erscheinen im Kapitel IV: wir finden keinen Beweis dafür, daß neue Vertragstheorien einen *unmittelbaren* Einfluß auf das Verhalten der Gerichte haben. Natürlich entscheiden Gerichte des 20. Jahrhunderts anders als Gerichte des 19. Jahrhunderts. Aber wir können nicht nachweisen, daß es Vertragstheorien waren, die den Wandel dieses Verhaltens bewirkt haben. Die Gerichte scheinen ziemlich unbeeinflußt von Lehrmeinungen zu sein. Einige sind es mehr, andere weniger, aber Gerichte, die neue juristische Vertragstheorien in ihren Entscheidungen anführen (wie etwa die Theorie des "contract of adhesion"), entscheiden nicht anders als Gerichte, die dies nicht tun.

In der Forschung ist es oft interessant und wichtig, zu beweisen, daß Dinge *nicht* geschehen, wo man gemeinhin annimmt, daß sie geschehen.

Schmids Ergebnisse bestätigen die zentrale Lehre der Rechtssoziologie, nämlich den vorrangigen Einfluß der Gesellschaft auf das Recht. Rechtliche Theorien sollten Veränderungen des gesellschaftlichen Umfeldes widerspiegeln, doch es sind die gesellschaftlichen Kräfte, die rechtliche Theorien hervorbringen, und gleichzeitig die Verhaltensmuster schaffen, welche die Theorien zu bestätigen scheinen. Deshalb beurteilen die Gerichte Standardverträge mehr oder weniger ähnlich — unabhängig davon, ob sie die Lehre vom "contract of adhesion" kennen oder nicht, ob sie die Lehrbücher lesen oder nicht, ob sie die Lehrmeinungen zitieren oder nicht. Sie entscheiden aufgrund gleichbleibender Verhaltensmuster, weil Gerichte und Richter in die Gesellschaft eingebettet sind und sich den Einflüssen der Umwelt gleichermaßen ausgesetzt sehen.

Der „empirische Exkurs“ ist lediglich ein Beispiel für das Besondere und Originelle der Arbeit, die Schmid vorlegt. Auch in einer weiteren Hinsicht finde ich sie bewundernswert: juristisches Denken tendiert zur Kleinräumigkeit — gebunden durch Sprache, Landesgrenze und kulturelle Eigenheit. Wir müssen Studien wie diese begrüßen, die erfolgreich den Ozean überqueren, Sprachbarrieren überwinden und es der Rechtswissenschaft ermöglichen, die engen Grenzen der jeweiligen Rechtskultur zu überschreiten.

Lawrence M. Friedman

Inhaltsverzeichnis

traglichkeit 135

Abkürzungsverzeichnis

A 2d	=	Atlantic Reporter, 2d Series
Akron L. Rev.	=	Akron Law Review
Am. Bus. L. J.	=	American Business Law Journal
Am. J. Comp. L.	=	American Journal of Comparitive Law
Am. J. Leg. Hist.	=	American Journal of Legal History
Am. Soc. Rev.	=	American Sociological Review
Am. U. L. Rev.	=	American University Law Review
BGE	=	Schweizerischer Bundesgerichtsentscheid
Buffalo L. Rev.	=	Buffalo Law Review
Cal. L. Rev.	=	California Law Review
Col. L. Rev.	=	Columbia Law Review
Eng. Rep.	=	English Reporter
Harv. L. Rev.	=	Harvard Law Review
Hofstra L. Rev.	=	Hofstra Law Review
Ind. L. Rev.	=	Indiana Law Review
J. Confl. Res.	=	Journal of Conflict Resolution
J. Econ. Issues	=	Journal of Economic Issues
J. Law & Econ.	=	Journal of Law and Economics
J. Leg. Educ.	=	Journal of Legal Education
JRR	=	Jahrbuch für Rechtssoziologie und Rechtstheorie
Law & Contemp. Prob.	=	Law and Contemporary Problems
Md. L. Rev.	=	Maryland Law Review
Mich. L. Rev.	=	Michigan Law Review
Minn. L. Rev.	=	Minnessota Law Review
NE 2d	=	North-Easter Reporter, 2d Series
NW 2d	=	North-Western Reporter, 2d Series
Nw. U. L. Rev.	=	Northwestern University Law Review
OR	=	Schweizerisches Obligationenrecht
Ore. L. Rev.	=	Oregon Law Review
P 2d	=	Pacific Reporter, 2d Series
S. Cal. L. Rev.	=	Southern California Law Review
Stan. L. Rev.	=	Stanford Law Review
Temp. L. Q.	=	Temple University Law Quarterly
Tul. L. Rev.	=	Tulane Law Review
UCC	=	Uniform Commercial Code
U. Chi. L. Rev.	=	University of Chicago Law Review
U. C. L. A. L. Rev.	=	U. C. L. A. Law Review
U. Pa. L. Rev.	=	University of Pennsylvania Law Review
US	=	US Supreme Court Reports
USC	=	Uniform Sales Code
U. Torronto L. J.	=	University of Torronto Law Journal

Virg. L. Rev.	=	Virginia Law Review
Wash. U. L. Q.	=	Washington University Law Quarterly
Wis. L. Rev.	=	Wisconsin Law Review
WM & Mary L. Rev.	=	William and Mary Law Review
Yale L. J.	=	Yale Law Journal

Einleitung

Diese Studie befaßt sich mit dem Vertrag. Drei Phänomene spielen darin die Hauptrollen: das Vertragsverhalten, das Vertragsrecht und die Vertragsdogmatik. Es handelt sich dabei nicht um drei Untersuchungsgegenstände, die aus analytischen Überlegungen auseinandergehalten werden, sondern um drei real verschiedene Erscheinungen.

Das Vertragsverhalten ist eine spezifische Form der sozialen Interaktion. Im Zentrum steht ein Austausch, bei dem zwei oder mehrere Personen Gegenstände oder Aktivitäten, die sie für mehr oder weniger kostspielig oder wertvoll halten, auf der Grundlage der Gegenseitigkeit geben und empfangen. Vertragliches Verhalten ist ein besonders qualifiziertes Austauschverhalten. Es zeichnet sich durch einen gewissen Bestimmtheitsgrad der auszutauschenden Leistungen aus, es verbindet die Interaktionspartner über den Augenblick hinaus und beruht auf einem Mindestmaß an Freiwilligkeit.

Das Vertragsrecht ist jener Teil des Rechts, der das Vertragsverhalten steuert und Konflikte aus Vertragsverhältnissen regelt. Genauer betrachtet zeigt sich allerdings, daß die meisten rechtlichen Normen direkt oder indirekt auf das Vertragsverhalten Einfluß nehmen; eine genaue Abgrenzung des Vertragsrechts von anderen Rechtsgebieten gestaltet sich recht schwierig. Im Sinne einer Annäherung ist das Vertragsrecht vorerst als Summe jener Normen zu beschreiben, deren spezifische Funktion die Regelung vertraglicher Transaktionen und Beziehungen ist.

Die Vertragsdogmatik sodann ist die Lehre vom Vertragsrecht, die sich mit dem Sinngehalt der Vertragsnormen auseinandersetzt. Sie entwickelt im Interesse der Rechtsfindung und des Rechtsunterrichts Systeme, in die sich die verschiedenen vertragsrechtlichen Normen integrieren lassen.

Was Vertragsverhalten, Vertragsrecht und Vertragslehre verbindet, ist ihr gemeinsamer Bezug zur sozialen Institution des Vertrages. Untereinander stehen sie in einem Interaktionsverhältnis.

Der Vertrag stand in der jüngeren Vergangenheit nur selten im Rampenlicht der rechtssoziologischen Forschung. Vertragsverhalten und Vertragsrecht scheinen auf den ersten Blick von gesellschaftlichen Veränderungen weniger stark erfaßt zu werden als andere soziale Institutionen und ihr Recht. Gesetzmäßigkeiten der Interaktion von Recht und Gesellschaft lassen sich daher in diesem Bereich nicht leicht aufzeigen. Das Vertragsrecht eröffnet im wesentlichen rechtlich anerkannte Freiräume, innerhalb derer das Individuum seine wirtschaftlichen und sozialen Beziehungen autonom regeln kann. Es sieht weitgehend davon ab, Transaktionen und Beziehungen zwingend zu normieren. Vertragliche Verhaltensweisen können sich deshalb ohne oder nur mit minimaler Unterstützung durch das Recht weiterentwickeln und hinterlassen umgekehrt auch keine tiefen Spuren im Recht. Dieser Umstand erschwert hier die Gewinnung von Erkenntnissen über die Interaktion von Recht und Gesellschaft.

In den großen theoretischen Werken der frühen Rechtssoziologen nimmt der Vertrag jedoch eine gewichtige Stellung ein. Namentlich Eugen Ehrlich, Max Weber und Emile Durkheim erkennen in ihm eine soziale Institution, deren Einfluß und Wandel für die Rechtsentwicklung schicksalsbestimmend geworden sind. In den letzten Jahrzehnten hat das Interesse der Rechtssoziologie am Vertrag wieder zugenommen. Es wuchs die Erkenntnis, daß er — von manchen schon totgesagt — zulange im Schatten der öffentlich- und sozialrechtlichen Problemstellung gestanden hatte und daß seine Funktion im Wirtschaftsleben und sein Beitrag zur Integration des Individuums in das komplexe Beziehungsnetz moderner, postindustrieller Gesellschaftsordnungen unterschätzt wurde. Der Vertrag ist nun in Europa, besonders aber in den Vereinigten Staaten Amerikas, wieder zum Untersuchungsgegenstand zahlreicher theoretischer Studien und der empirischen Forschung geworden.

Vorweg sei bereits festgehalten: Den Vertrag als eine einheitliche Institution zu behandeln, erweist sich als problematisch; zu vielfältig sind die Transaktionen und sozialen Beziehungen, die gemeinhin mit diesem Begriff eingefangen werden. Was hat etwa ein Akkreditivverhältnis mit einer Verlobung gemeinsam? Was verbindet den Kauf eines Stahlkombinates mit jenem einer Zigarre? Jeder Transaktions- und Beziehungstypus gehorcht seinen eigenen Gesetzmäßigkeiten; insbesondere interagiert jeder Vertragstypus auf eine ihm eigene Weise mit dem Recht. Das allen Verträgen Gemeinsame reduziert sich auf einige ganz wenige Merkmale, die zwangsläufig sehr abstrakter Natur sind.

Diese Arbeit setzt sich zum Ziel, die theoretische Diskussion und die Ergebnisse der empirischen Forschung zur sozialen Wirklichkeit des Vertrages aufzuarbeiten. Dabei liegt das Schwergewicht auf den amerikanischen Beiträgen zum Thema, die einem breiteren Leserkreis zugänglich gemacht werden sollen; daneben werden auch europäische Arbeiten mitberücksichtigt. Darüber hinaus will sie Anregungen zur weiteren Erforschung der Interaktionszusammenhänge zwischen Vertragsverhalten, Vertragsrecht und Vertragsdogmatik vermitteln und mit einer empirischen Studie einen eigenen Beitrag zur Frage leisten, inwieweit die Vertragslehre für die Rechtsprechung von Bedeutung ist. Dieses ambitiöse Unterfangen muß Stückwerk bleiben. Einmal sind von der unendlichen Vielfalt vertraglicher Verhaltensweisen und ihrer Beziehung zum Recht erst wenige Facetten empirisch ausgeleuchtet worden. Sodann ist eine theoretische Soziologie des Vertrages, die den revolutionären Veränderungen des Vertragsverhaltens in den letzten hundert Jahren gebührend Rechnung trägt, erst in den Anfängen erkennbar, und schließlich können im Rahmen dieser Arbeit nur einige ausgewählte Problemkreise angeschnitten werden.

In einem ersten Kapitel setzen wir uns mit den Vertragsbegriffen auseinander, wie sie von den bedeutendsten Vertretern der Rechtssoziologie entwickelt wurden. Aus ihrer Verschiedenartigkeit wird deutlich, daß jeder Vertragsbegriff ein analytisches Instrument ist, das je nach der Fragestellung an den Untersuchungsstoff und die Ergebniserwartungen anders formuliert wird. Es gibt keine richtigen oder falschen, sondern lediglich mehr oder minder taugliche Vertragskonzepte. Gleichzeitig bietet die Diskussion der Terminologie Gelegenheit, auf die Stellung des Vertrages in den rechtssoziologischen Modellen einiger der bedeutendsten Autoren einzugehen.

Vertragliches Verhalten begegnet uns in verschiedenen Formen quer durch Kulturen und Epochen. Die Wurzeln des Vertrages müssen demnach in Voraussetzungen liegen, die in jeder Gesellschaftsordnung gegeben sind. Zentrale Bedeutung kommt dabei dem Austausch als der kleinsten Einheit sozialer Interaktion zu. Er allein vermag die vielfältigen Formen vertraglichen Verhaltens allerdings nicht zu erklären. Er ist lediglich ein Mechanismus, der Vertragsverhalten ermöglicht. Dieses wird darüber hinaus durch die dem Menschen anhaftenden physiologischen und psychologischen Eigenschaften sowie dessen intellektuellen Fähigkeiten bestimmt. Der Vertrag bedarf zudem einer sozialen Struktur, innerhalb deren er sich entwickeln kann. Sprache, Symbole und geteilte Wertvorstellungen sind unabdingbare soziale Voraussetzungen für den Vertrag. Besondere Bedeutung kommt dabei der Reziprozitätsnorm zu, auf die am Schluß des zweiten Kapitels ausführlich eingegangen werden soll.

Im dritten Kapitel wenden wir uns theoretischen und empirischen Untersuchungen zu, die sich mit den bedeutendsten Veränderungen des Vertragsverhaltens in den letzten Jahrzehnten auseinandersetzen. Dabei werden einige ausgewählte, weniger beachtete Aspekte der Vertragsstandardisierung und ihrer Problematik zur Sprache kommen. Weiter gehen wir auf Macaulays Beiträge zur Erforschung der vertraglichen Faktizität ein. Seine empirischen Untersuchungen des Geschäftslebens zeigen, daß informelle Austausch- und Kooperationsbeziehungen in der Wirtschaft eine äußerst bedeutsame Form des Vertragsverhaltens darstellen. Zu ähnlichen Resultaten gelangt Macneil, der einen theoretischen Ansatz wählt und die Auffassung vertritt, daß zahlreiche Vertragsbeziehungen nicht transaktionaler Natur sind, sondern ein auf Dauer angelegtes Beziehungsgeflecht darstellen, das die Partner weit über die auszutauschenden Leistungen hinaus miteinander verbindet.

In Kapitel vier und fünf befassen wir uns mit einigen Aspekten der Interaktion zwischen Vertragsverhalten, Vertragsrecht und Vertragsdogmatik. Dabei wird sich zeigen, daß nicht alle Vertragsarten gleichermaßen einer rechtlichen Regelung bedürfen. Bei zahlreichen Vertragsarten können Probleme und Konflikte, die sich aus den Vertragsverhältnissen ergeben, innerhalb der Familie der Betroffenen, also außerrechtlich befriedigend gelöst werden. So sind etwa Handels- und Berufsverbände oft in der Lage, für die Vertragsbeziehungen ihrer Mitglieder eigene Normensysteme zu entwickeln und durchzusetzen. Sozial relevante Vertragstypen rufen jedoch fast immer nach einer rechtlichen Normierung, und Veränderungen des Vertragsverhaltens führen bei diesen Vertragstypen regelmäßig auch zu Veränderungen des Rechts. Dabei ist festzustellen, daß diese Rechtsveränderungen in den meisten Fällen die Entwicklung eines transaktionsspezifischen vertragsrechtlichen Spezialgebietes nach sich ziehen. Das allgemeine Vertragsrecht verliert dadurch ständig an Bedeutung; heute regelt es nur mehr wenige, meist sehr außergewöhnliche oder marginale Vertragsbeziehungen. Vertragstypen, an denen starke soziale Kräfte interessiert sind, werden spezialgesetzlich normiert.

Auch die Effektivität des Vertragsrechts variiert von Vertragsart zu Vertragsart. Sie mißt sich nicht zuletzt daran, wie wirkungsvoll die vertraglichen Sanktionen sind. Dabei zeigt sich, daß die allgemeinen vertragsrechtlichen Rechtsbehelfe faktisch nicht sehr taugliche Instrumente sind. Andere rechtliche Sanktions- und Sicherungsmechanismen versprechen den Vertragspartnern oft mehr Erfolg. Transaktionsspezifisch ausgestaltete rechtliche Sanktionen erzielen auf das von ihnen erfaßte Vertragsverhalten meistens eine größere Wirkung als die allgemeinen Vertragssanktionen, weil sie den Besonderheiten einer bestimmten Vertragsart Rechnung tragen.

Der empirische Exkurs in Kapitel vier untersucht mögliche Faktoren, die Veränderungen der Rechtsprechung zum Vertrag bewirken, und besonders die Rolle, die die Vertragsdogmatik dabei spielt. Das Ergebnis untermauert die Hypothese, daß die Interaktion von Vertragsrecht und Vertragsdogmatik nur schwach ist. Die Rechtsprechung entwickelt sich unabhängig davon, ob die Vertragsdogmatik für neue Arten des Vertragsverhaltens rechtliche Konzepte bereitstellt. Neu entwickelte dogmatische Konzepte und Konstruktionen sind für die Rechtsfindung von geringer Bedeutung.

Das letzte Kapitel befaßt sich mit dem Wandel und den Funktionen des Vertrages. Die Ansicht, der Vertrag sei eine sterbende Institution, teile ich nicht. Im Gegenteil: Das Vertragsverhalten als eine spezifische Form der sozialen Interaktion hat in den letzten hundert Jahren quantitativ enorm zugenommen. Der Anstieg des Lebensstandards, die Auflösung autarker Gruppen und die Bevölkerungszunahme führten dazu, daß heute absolut und vermutlich auch pro Kopf der Bevölkerung viel mehr Verträge abgeschlossen werden als noch vor wenigen Jahrzehnten. Die Entwicklung des Vertragsrechts weist auf eine zunehmende Zersplitterung in Teilgebiete hin. Es hat dadurch nicht seine Bedeutung, sondern lediglich seine Einheit verloren. Der Spezialisierung und Arbeitsteilung der Gesellschaft ist die Spezialisierung des Rechts und der Gerichtsbarkeit gefolgt. Die Vertragslehre dagegen scheint in einer Krise zu stecken. Ihre Fixierung auf die Errichtung eines einheitlichen, perfekten Vertragssystems war ihre Stärke; sie erwies sich später angesichts der Partikularisierung des Vertragsrechts als ihre Schwäche. Die Vertragsdogmatik war lange Zeit die Primadonna der Rechtswissenschaft; inzwischen hat sie Falten bekommen.

Die vorliegende Arbeit stützt sich primär auf amerikanische Literatur. Deshalb sei abschließend die Frage gestellt, inwieweit deren Ergebnisse für Länder mit kontinentaleuropäischen Rechtssystemen relevant sein können. Wiederum muß eine Antwort für unsere drei Untersuchungsgegenstände getrennt ausfallen: Das Vertragsverhalten wird vor allem durch die sozialen und wirtschaftlichen Bedingungen einer Gesellschaft bestimmt. Unterschiedliche Rechtssysteme fallen dabei weniger ins Gewicht. Soweit amerikanische Studien auf soziale und wirtschaftliche Sachverhalte abstellen, die mit jenen in Westeuropa vergleichbar sind, spricht einiges dafür, daß ihre Resultate auch für uns von Bedeutung sind. Die Vertragsrechtsentwicklung beidseits des Atlantiks weist ebenfalls zahlreiche Analogien auf. Versucht man die hinter der formalen Ausgestaltung des Rechts liegenden Probleme und deren rechtliche Lösungen zu analysieren, werden bei allen rechtstechnischen und verfahrensrechtlichen Verschiedenheiten erstaunlich viele Gemeinsamkeiten erkennbar. Es gibt kaum einen sozial relevanten vertraglichen Konflikt, der nicht früher oder später — oft fast gleichzeitig — hier wie dort zu Veränderungen des Rechts geführt hätte. Die Antworten der Rechtssysteme auf die sozialen Probleme sind dabei manchmal unterschiedlich, sehr oft aber auch vergleichbar ausgefallen. Die Vertragslehren der beiden Rechtssysteme weisen dagegen zahlreiche Eigenheiten auf. Sie zu analysieren, ist Sache der Rechtsvergleichung.

Wir sind der Auffassung, daß die Verschiedenartigkeit der Rechtssysteme einer einheitlichen Darstellung der sozialen Wirklichkeit des Vertrages nicht im Wege steht. Diese wird in viel stärkerem Maße durch den zivilisatorischen Entwicklungsstand sowie soziale und wirtschaftliche Faktoren einer Gesellschaft geprägt. Die USA und Westeuropa unterscheiden sich diesbezüglich nicht grundlegend. Deshalb sind auch die amerikanischen Forschungsergebnisse für uns besonders aufschlußreich. Es muß aber dem Leser überlassen bleiben, ob er sich diesem Urteil anschließen will.

Erstes Kapitel

Zum Begriff des Vertrages

Wer sich mit der Wirklichkeit des Vertrages auseinandersetzt, bedarf zunächst einer Umschreibung des Untersuchungsstoffes. Was ist ein Vertrag? Ist Vertrag gleichzusetzen mit Versprechen, mit Vereinbarung oder mit der Gesamtheit ausgehandelter Rechte und Pflichten? Wie immer die Antwort ausfällt, jede Definition des Vertrages kann sein Wesen nur in Teilaspekten erfassen; als ein Institut des Soziallebens unterliegt es dem gesellschaftlichen Wandel und entzieht sich so einem endgültigen begrifflichen Zugriff.

Begriffe sind stets nur Mittel, Wissenswertes über einen Untersuchungsstoff in Erfahrung zu bringen, nie sind sie die exakte Abbildung des Untersuchungsgegenstandes. Als wissenschaftliches Mittel dient der Begriff einem Zweck, und ob er als Mittel tauglich ist, hängt von der Fragestellung und Ergebniserwartung ab. Der Rechtsdogmatiker stellt die Fragen zum Vertrag, formuliert die Begriffe anders als ein Rechtssoziologe oder gar ein Anthropologe, der sich mit demselben Phänomen beschäftigt. Alle drei erwarten unterschiedliche Resultate. Jede Begriffsbildung ist durch ihren Zweck bedingt. Lassen sich durch sie neue Aufschlüsse gewinnen, rechtfertigen diese im nachhinein den Begriff. Stößt eine Untersuchung dagegen ins Leere, so kann dies an falsch gewählten Begriffen liegen. Begriffe sind Werkzeuge — ihrem Wesen nach weder falsch noch richtig. Sie sind mehr oder minder zweckdienlich. Auch mit einer Zange läßt sich zur Not ein Nagel in die Wand schlagen.

Verschiedene Wissenschaftszweige verwenden unterschiedliche Vertragsbegriffe; doch auch innerhalb einer wissenschaftlichen Richtung wird nicht ein und dieselbe Definition gebraucht. Wer wie Eugen Ehrlich sein Augenmerk auf die genetische Entwicklung des Rechts aus der Gesellschaft und auf die Ordnung des Rechtsstoffes in verschiedene Normenkomplexe richtet, wird den Vertrag begrifflich anders fassen als Durkheim, den vor allem die Beziehung zwischen verschiedenen Rechtstypen und Gesellschaftsformen interessiert. Beide Klassiker der Rechtssoziologie sind trotz stark abweichender Umschreibungen des Vertrages zu Erkenntnissen über dessen Natur gekommen. Offenbar waren beide Vertragsbegriffe zweckmäßig gewählt.

Ein Blick auf einige Vertragsbegriffe soll im folgenden zweierlei verdeutlichen: 1. Rechtsdogmatik und Rechtssoziologie stellen unterschiedliche Fragen an den Vertrag, verwenden nicht dieselben Werkzeuge und erwarten voneinander abweichende Resultate. 2. Die Vielfalt rechtssoziologischer Vertragsbegriffe, wie sie von verschiedenen Klassikern der Rechtssoziologie formuliert wurden, vertieft die Einsicht in das facettenreiche Wesen des Vertrages, seine Entwicklung und Wirkungsart in der Gesellschaft.

1. Rechtsdogmatische Definition des Vertrages

Als normative Wissenschaft befaßt sich die Rechtslehre mit dem Auffinden und Bereitstellen von Entscheidungskriterien für den Rechtsstab. Wann sind Verhaltensweisen der Rechtsunterworfenen vertraglich relevant? Welche Rechtsfolgen sind an welche Verhaltensweisen anzuknüpfen? Unter welchen Voraussetzungen kann ein Individuum die Hilfe des Rechtsstabes zur Erreichung eines von ihm gewünschten Resultates beanspruchen? Antworten auf diese Fragen setzen das Bestehen einer Norm voraus, die zu ermitteln, zu deuten und zu entwikkeln Aufgabe der Rechtsdogmatik ist. Jeder Norm liegt eine Wertentscheidung zugrunde. Ob ein Schuldversprechen am Spieltisch gleich zu behandeln sei wie eines am Biertisch, ergibt sich nicht durch Auslegung eines Versprechens oder aus seiner ‚Natur'; daß das zweite Versprechen im Gegensatz zum ersten klagbar ist, beruht auf einer normativen Entscheidung, welche der Rechtsdogmatik zunächst einmal vorgegeben ist[1]. Diese beschränkt sich darauf, die Normen unter Berücksichtigung der Wertentscheidungen auszulegen, Regeln zu entwickeln, die die Norm verdeutlichen, und Begriffe zu formen; dies alles hat der einen Frage zu dienen: In welchen konkreten Fällen kommt welche abstrakte Norm in welcher Form zur Anwendung? Die Begriffsbildung und Ausgestaltung rechtlicher Institute bleibt nicht ohne Einfluß auf die Rechtsanwendung. Daß beispielsweise der Kauf eines Jumbo-Jets grundsätzlich denselben Regeln unterstehen soll wie der einer Topfpflanze, daß also der wirtschaftliche Wert eines Vertragsgegenstandes für die vertragsrechtliche Behandlung nicht entscheidend ist[2], beruht auf der rechtssystematischen Einordnung verschiedener Sachverhalte unter ein einheitliches Vertragsinstitut.

---

[1] Auslegung und Wertung lassen sich nicht scharf trennen; jede Auslegung trifft auch Wertentscheide. Bereits die Auswahl der Auslegungsmethode ist nicht wertfrei.

[2] Nur ausnahmsweise ist der wirtschaftliche Wert des Vertragsgegenstandes entscheidend für die Anwendung vertragsrechtlicher Normen. Vgl. z. B. die Formvorschriften für den Bürgschaftsvertrag in Art. 493 Abs. 2 OR.

Im 19. Jahrhundert hat die Rechtswissenschaft den Vertrag als ein rechtliches Institut höchster Abstraktion entwickelt. In dieser Form hat er Einzug in die kontinentalen Gesetzbücher gehalten und ist damit heute noch bestimmend für Rechtslehre und Rechtspflege. Danach ist ein Verhalten vertragsrechtlich dann relevant, wenn zwei oder mehrere Willensäußerungen übereinstimmen. Die Reduktion der konstitutiven Elemente des Vertrages auf den Konsens in den Essentialien erlaubt es, von weiteren für ein vertragliches Verhalten bestimmenden Faktoren abzusehen. Ob die ausgetauschten Leistungen gleichwertig sind, zu welchem Zweck ein Vertrag abgeschlossen wird, in welchen persönlichen Verhältnissen die Parteien zueinander stehen, dies alles ist in der Regel bedeutungslos. Dieses in seiner Substanz abstrakte Vertragsrecht ist blind gegenüber Eigentümlichkeiten des Vertragsgegenstandes und der Parteien. Es fragt nicht, wer kauft und wer verkauft, noch was gekauft und verkauft wird. Aus vertragsrechtlicher Perspektive ist es grundsätzlich irrelevant, ob eine Gesellschaft oder ein Kurzwarenhändler ein Geschäft abschließt, ob es um eine Turbine im Wert von Millionen oder um einen Reißverschluß geht. Diese abstrakte Ausgestaltung des Vertragsrechtes ist nicht etwa unrealistisch, sondern sie widerspiegelt den absichtlichen Verzicht, konkrete Umstände zu berücksichtigen und ins Vertragssystem einzubeziehen[3]. Dadurch soll der Vertrag als Rechtsinstitut zeitlicher, räumlicher und persönlicher Bedingtheiten enthoben werden.

Die Wurzeln dieses abstrakten Vertragsrechtes liegen in den philosophischen Entwürfen des ausgehenden 18. Jahrhunderts, in der schrittweisen Überwindung der letzten Reste mittelalterlicher Ständeordnung und in den Bedürfnissen der liberalen Marktwirtschaft. Die rechtliche Gestaltungsfreiheit, die sich unter anderem in der Vertragsfreiheit ausdrückt, entsprach den Erwartungen einer Unternehmergesellschaft des Früh- und Hochkapitalismus, die auf freie Vertragsschließung angewiesen war[4]. Vertragsparteien wurden als individuelle, ökonomische Einheiten behandelt, die sich — wenigstens theoretisch — unbeschränkter Mobilität erfreuten[5]. Doch davon soll an dieser Stelle nicht die Rede sein. Hier interessieren die Vertragsbegriffe, die zur Entwicklung dieses in seiner Substanz abstrakten Vertragsinstitutes dienlich waren.

Einer der bis vor kurzem maßgebenden schweizerischen Kommentatoren umschreibt den Vertrag als „ein Rechtsgeschäft, das nicht nur zur Begründung, sondern auch zur Änderung oder Aufhebung obligatori-

[3] Friedman: Contract Law in America, S. 20.

[4] Franz Wieacker: Industriegesellschaft und Privatrechtsordnung, Frankfurt a. M. 1974, S. 14.

[5] Friedman: Contract Law in America, S. 21.

scher oder dinglicher Rechte dienen kann“[6]. Sein Vertragsbegriff baut sich aus sechs Elementen auf: dem Rechtsgeschäft, der Begründung, Änderung und Aufhebung von Rechtsverhältnissen, weiter den dinglichen und obligatorischen Rechten. Alle sechs Elemente sind ihrerseits wieder Begriffe mit einem genau umschriebenen, rechtstechnischen Gehalt[7]. Ihnen allen ist gemeinsam der hohe Grad an Abstraktion. Die Definition des Vertrages selber erscheint als Begriffspyramide, die unverrückbar steht, wenn die Bausteine exakt geschliffen nahtlos aufeinanderpassen. Sie enthält keinen direkten Hinweis, welche Verhaltensweisen vertragsrechtlich von Bedeutung sind. Erst die Erläuterungen zum Begriff des Rechtsgeschäftes machen deutlich, daß die Übereinstimmung dessen, was die Parteien wollen, für den Vertrag entscheidend ist. Der dogmatische Vertragsbegriff dient in dieser Form dem Aufbau eines abstrakten Vertragsrechtssystems, dessen Berührungspunkt zum gelebten vertraglichen Verhalten der Parteien die Willenserklärung ist. Inhalt und gelegentlich Form der Willenserklärung bestimmen die vertragsrechtliche Lösung von Streitfällen, die an den Rechtsstab herangetragen werden. Dem abstrakten Vertragsrechtssystem entsprechen abstrakte Vertragsbegriffe und Unterbegriffe. Sie erlauben es dem Rechtsstab, Konflikte zu rationalisieren, einer geeigneten Lösung entgegenzuführen und diese systemgerecht zu begründen.

Anders, im Wesen jedoch ähnlich, wird der Vertrag im amerikanischen Recht definiert. Dazu als Beispiel das Zweite Restatement: “A contract is a promise or a set of promises for the breach of which the law gives a remedy, of the performance of which the law in some way recognizes as a duty.”[8] Der Kern des Vertrages ist hier das Versprechen. Begriffe wie Willenserklärung oder Rechtsgeschäft sind dem angloamerikanischen Recht nicht vertraut. Ein Vertrag ist im common law ein besonders geartetes Versprechen, ein Versprechen, dessen Erfüllung die Rechtsordnung als rechtliche Pflicht anerkennt oder das sie mit einer Ersatzklage ausstattet für den Fall der Nichterfüllung. Der Vertrag wird also als ein Versprechen definiert, auf das die Rechtsordnung in einer bestimmten Weise reagiert. So verschieden sich diese Definition von jener des schweizerischen Kommentatoren anhört, so ist doch beiden das hohe Abstraktionsniveau gemeinsam. Die verwendeten Bau-

[6] Becker: Art. 1 OR, N 1.

[7] Zum Begriff des Rechtsgeschäftes vgl. Enneccerus / Nipperdey: Allgemeiner Teil des Bürgerlichen Rechts, 15. Aufl. Tübingen 1960, § 145 ff.; zum Begriff der Begründung, ebd., § 135 II; zum Begriff der Änderung, ebd., 3 § 135 II; zum Begriff der Aufhebung vgl. Becker: Art. 115 OR, N 3; zum dinglichen Recht vgl. Meier-Hayoz: Berner Kommentar zum Eigentum, 1. Teilband, Systematischer Teil, N 129, 5. Aufl. Bern 1981; zum Obligationenrecht, vgl. Enneccerus, § 1 III.

[8] The American Law Institut: Restatement of the Law of Contract, Chapter 1, § 1, St. Paul, Minn. 1981.

steine sind völlig verschieden, doch im Ergebnis dient auch die Definition des Zweiten Restatements der dogmatischen Konstruktion eines in der Substanz abstrakten Vertragsinstitutes.

2. Rechtssoziologische Umschreibungen des Vertrages

Die Rechtssoziologie ist eine Seinswissenschaft. Ihr Interesse gilt der sozialen Wirklichkeit des Rechts. Sie hat Aussagen über die soziale Natur des Rechtes und seine Beziehung zum gesellschaftlichen Leben zu formulieren. Entsprechend dienen ihre Begriffe nicht der Ermittlung normativer Sinngehalte, sondern der Erkenntnis des Faktischen im Recht[9]. Ob Rechtssoziologen sich über den Vertrag in einer Systemtheorie oder im Zusammenhang mit einer empirischen Untersuchung äußern, ihr Bestreben ist gerichtet auf Einsichten in die soziale Wirklichkeit des Vertrages. Nachfolgend seien einige soziologische Vertragsbegriffe dargestellt, wobei unser Interesse über die Begriffsbildung hinaus den Erkenntnissen über die soziale Natur des Vertrages gilt.

a) Eugen Ehrlich

Wer nach dem Wesen des Vertrages fragt, findet die Antwort weder in der Gesetzgebung noch in der Jurisprudenz oder in der Rechtsprechung, sondern in der Gesellschaft selbst. Was Ehrlich in der Vorrede zu seiner Grundlegung der Soziologie des Rechts vom Recht allgemein gesagt hat, gilt ganz besonders für den Vertrag. Dieser nimmt in Ehrlichs soziologischer Rechtstheorie einen zentralen Platz ein. Als empirisch erfaßbares, gesellschaftliches Faktum bildet er die Grundlage für vertragliche Verhaltensnormen; er wirkt als organisierende Kraft in der Gesellschaft, indem er die Stellung des Individuums in der Gesellschaft weitgehend bestimmt und den Güteraustausch regelt. Ehrlich hat sich vor allem zur Entstehungs- und Entwicklungsgeschichte sowie der gesellschaftlichen Funktion des Vertrages geäußert. Diese Ausführungen geben Aufschluß über das Wesen des Vertrages als gesellschaftliche Einrichtung.

Bevor wir darauf näher eintreten, seien zwei Begriffe, die für die Stellung des Vertrages in Ehrlichs Rechtstheorie entscheidend sind, vorangestellt: der ‚Verband‘ und die ‚Tatsache des Rechts‘. Die Gesellschaft ist gegliedert in Verbände — Familien, Sippen, Berufsstände, Glaubensgemeinschaften und viele mehr. Diese Verbände machen in ihrer Gesamtheit die menschliche Gesellschaft aus[10]. Der einzelne Mensch

---

[9] Rehbinder: Rechtssoziologie, S. 9.

tritt nicht als Individuum, sondern als Mitglied eines oder mehrerer menschlicher Verbände in Erscheinung. Sippe, Familien und Hausgemeinschaften gehören zu den ursprünglichen Verbänden; Gemeinden, Staaten, Vereine, politische Parteien, Kirchen, Fabriken, Werkstätten, Erwerbsgesellschaften und Berufsverbände — um einige der wesentlichen zu nennen — sind nach Ehrlich Verbände neueren Datums. Jeder Verband hat eine ihm eigene Ordnung und Organisation; ob in der Familie oder dem Gesangsverein, die Mitglieder eines Verbandes anerkennen in ihrer Mehrheit gewisse Regeln, die für ihr Handeln bestimmend sind, und im allgemeinen verhalten sich die Mitglieder tatsächlich auch nach diesen Regeln. Die Anerkennung der Verbandsordnung und die grundsätzliche Befolgung der Verbandsregeln sind Wesensbestandteil des gesellschaftlichen Verbandes. Wo die Regeln häufig mißachtet, die Ordnungen angezweifelt werden, befindet sich der Verband in Auflösung. Dem Recht kommt im Zusammenhang mit der Verbandsorganisation überragende Bedeutung zu.

Woraus entsteht ‚Recht'? Ehrlich antwortet: aus den ‚Tatsachen des Rechts'[11] und meint damit greifbare, sinnlich wahrnehmbare Erscheinungen der Wirklichkeit, die den Menschen dazu anregen, seine Verhaltensnormen und damit seine Vorstellungen vom Recht zu entwikkeln. Rechtsvorstellungen und Handlungsnormen gewinnt der Mensch in der Regel nicht aus irgendwelchen geistigen Entwürfen, sondern aus beobachtbaren Tatsachen seiner Umwelt. Die ‚Werkstätte des Rechts' ist demnach in bestimmten, sinnlich wahrnehmbaren Tatsachen zu suchen. Welches sind die Tatsachen, aus denen sich das Recht entwikkelt? Welches die tatsächlichen Einrichtungen, die im Laufe der geschichtlichen Entwicklung zu Rechtsverhältnissen emporwachsen? Ehrlich nennt vier Grundtypen: Übung, Herrschaft, Besitz und Willenserklärung.

Hier beschäftigen wir uns mit der Willenserklärung, genauer mit dem Vertrag als einer ihrer Unterarten[12]. Rechtstatsachen sind Rechtsquellen; daher führt der Weg zur Erkenntnis des Rechts zwingend über sie. Ehrlich hat sich auf diesen Weg begeben und den Versuch unternommen, das Recht, wie es in den Völkern der Bukowinia gelebt

[10] Ehrlich gibt folgende Verbandsdefinition: „Ein gesellschaftlicher Verband ist eine Mehrheit von Menschen, die im Verhältnis zu einander gewisse Regeln als für ihr Handeln bestimmend anerkennen und in der Regel danach handeln." Grundlegung, S. 31. Was Ehrlich den Verband nannte, ist nach moderner soziologischer Terminologie eine Gruppe.

[11] Die folgenden Gedankengänge Ehrlichs finden sich im wesentlichen in Kapitel V seiner Grundlegung; vgl. dazu auch Rehbinder: Die Begründung der Rechtssoziologie durch Eugen Ehrlich, S. 29 ff.

[12] Zwei Arten der Willenserklärung spricht Ehrlich weltrechtsgeschichtliche Bedeutung zu: dem Vertrag und der letztwilligen Verfügung. Grundlegung, S. 84.

wurde, empirisch zu erforschen. Ein hierzu ausgearbeiteter Fragebogen zeigt, was er mit dem Vertrag als einer Tatsache des Rechts meint[13]. Wie werden Verträge im täglichen Leben abgeschlossen? Welche Bedingungen beinhalten sie? Wer schließt die Verträge ab? Welches sind die Vertragsgegenstände? Wie dürfen sie genutzt werden? Zu fragen sei ganz konkret, betont er: Wird die Entlöhnung in Geld oder Naturalien, in Eiern oder Butter geleistet? Die Antworten in ihrer Gesamtheit geben ein Bild der im praktischen Alltag abgeschlossenen und gelebten Verträge. Aus dem ‚leibhaftigen Vertrag' allein, nicht aus den Gesetzesparagraphen zum Vertragsrecht, schöpft der Mensch seine Anschauungen über den Vertrag und setzt diese um in normative Handlungsregeln.

Nicht alle Vereinbarungen, die im Leben beobachtet werden, sind nach Ehrlich auch Tatsachen des Vertragsrechtes. Völlig unübliche Vereinbarungen, Klauseln, die sich kaum in einem zweiten Vertrag wiederfinden, fallen als Rechtstatsachen außer Betracht. Sie sind zu selten, als daß sie einen signifikanten Einfluß auf die Verhaltensnormen eines Verbandes ausüben könnten. Der Verband reagiert weder anerkennend noch ablehnend, sie gelangen gar nicht zu seiner Kenntnis. Derartige für das Vertragsleben des Verbandes irrelevante Vereinbarungen bezeichnet Ehrlich als bloße Tatsachen, nicht als Tatsachen des Rechts. Vertrag nennt er nur jene Vereinbarungen, die gleichzeitig auch Tatsachen des Rechts sind, d. h. Verträge, die sozial relevant sind. Ebenfalls nicht zu den vertraglichen Rechtstatsachen zu zählen, ist der bare Tauschvertrag. Wo ein Gegenstand gleichzeitig gegen einen andern eingetauscht wird, gibt die eine Partei den Besitz an einer Sache auf, um sogleich Besitz an der eingetauschten Sache zu erlangen. Der bare Tausch hat deshalb ausschließlich mit Besitz, dessen Aufgabe und Erwerb zu tun; die vertragliche Tatsache des Rechts hat mit jener des Besitzes nichts gemeinsam, außer daß sie im Leben oft nebeneinander vorkommen.

Verträge sind Rechtstatsachen und damit Quellen des Rechts, soweit sie im wirklichen Leben beobachtbar sind und auf das Verbandsleben irgendeinen Einfluß haben. Sie spiegeln stets die gesellschaftlichen und wirtschaftlichen Bedürfnisse und Möglichkeiten der Menschen. Mit wandelnden Bedürfnissen entstehen und vergehen Vertragsarten. Sie unterscheiden sich von Landesgegend zu Landesgegend, von Verband zu Verband, selbst wenn diese einem einheitlichen Gesetzesrecht unterstellt sind. Die gesellschaftliche und wirtschaftliche Umwelt bestimmt die Verträge weit mehr als der individuelle Parteiwille[14]. Die in einem

[13] Der Fragebogen ist abgedruckt in Ehrlich: Recht und Leben, S. 49 - 55.

[14] Ehrlich illustriert diese Aussage mit dem Hinweis auf eine einfache Lebenserfahrung, die noch heute jeder macht, der seinen Wohnsitz in ein

Verband gelebten Verträge sind Produkt dieser Umwelt, gleichzeitig aber auch Anschauungsmaterial, aus dem der Verband seine Handlungsnormen schöpft, jene Regeln also, nach denen sich die Mitglieder des Verbandes normalerweise verhalten und die sie als richtig anerkennen.

Was geschieht, wenn im Verband ein Konflikt ausbricht, weil Handlungsnormen nicht beachtet werden oder strittige Fragen auftauchen, auf die die Handlungsnormen keine Antwort geben? Solche Streitfälle können zur Anrufung eines Gerichtes oder einer Behörde führen. Der Rechtsstab löst sie aufgrund von Entscheidungsnormen, die er aus der wiederholten Auseinandersetzung mit ähnlichen Konfliktsfällen gewonnen hat und die ihm in ihrer generalisierten Form Entscheidungshilfe sind[15]. Die Entscheidungsnormen unterliegen bei wiederholter Anwendung einem Gesetz der Stetigkeit und entwickeln sich daher zur Leitlinie für künftige Entscheidungen. Aus ihnen bildet die Jurisprudenz die abstrakten Rechtssätze, wie sie uns aus den Gesetzen vertraut sind[16]. Damit sind die Entwicklungsstufen des Vertrages als Rechtsquelle von der faktischen Vereinbarung über den Vertrag als Tatsache des Rechts, die Handlungs- und Entscheidungsnormen, hin zum gesetzlichen Vertragsrecht, wie sie in Ehrlichs soziologischer Rechtstheorie erkennbar sind, mit grobem Stift nachgezeichnet.

Eine Entwicklungslinie stellt Ehrlich auch beim Inhalt des Vertrages fest: Vom bloßen Besitzesaustausch gelangte der Vertrag zu eigenständigem Dasein, indem er sich zum Schuldvertrag, später zum Haftungsvertrag und schließlich zum Kreditvertrag entwickelte. Vereinbarungen, die lediglich den baren Tausch von Gütern zum Gegenstand haben, gelten, wie wir festgehalten haben, nicht als eigenständige Rechtstatsache, da sie ausschließlich in der Besitzesübertragung bestehen. Soweit der Rechtsstab den baren Gütertausch anerkennt, gilt der Schutz nicht dem diesem zugrundeliegenden Handel, sondern dem Besitz[17]. Als selbständige Tatsache des Rechts entsteht der Vertrag, sobald neben die wechselseitige Besitzesübertragung eine Vereinbarungen mit in die Zukunft reichender Dimension hinzutritt, etwa der Sach- und Rechts-

---

anderes Land verlegt. „Er wird sofort bemerken, daß er jetzt täglich ganz andere Verträge abschließt als zuvor: er mag noch so sehr den Willen haben, nichts in seiner Lebenshaltung zu ändern, die Welt um ihn ist eine andere geworden, und ihr muß er sich auch in seinem Vertragswillen anpassen." Grundlegung, S. 39.

[15] Die Entscheidungsnormen muß man sich am ehesten als richterliche Leitsätze vorstellen, die spezieller sind als Rechtssätze, jedoch genereller als die in einem Verband geltenden Handlungsnormen. Ehrlich äußert sich ausführlich zu den Entscheidungsnormen in: Grundlegung, Kapitel VI.

[16] Zur Bildung des Rechtssatzes vgl. ebd., Kapitel VIII.

[17] Ebd., S. 177.

gewährleistung. Das Hinzutreten einer Schuld neben die bloße Austauschvereinbarung macht diese zum Vertrag. Der Wesenskern eines Vertrages ist nach Ehrlich das Vorhandensein einer Schuld, eines ‚Sollens' des Schuldners, eine Vereinbarung in der Gegenwart über ein erwartetes Verhalten in der Zukunft. Die Schuld, so sagt er, ist das entscheidende am Vertrag — wichtiger als die Haftung und die Klagbarkeit. Er hebt nachdrücklich hervor, „daß es für das wirtschaftliche Leben vor allem auf die Schuld, nicht auf die Haftung ankommt, daß es in der großen Mehrzahl der Fälle fast gleichgültig ist, ob ein Vertrag klagbar ist, wenn nur nach der Regel des Handelns, die das Leben beherrscht, auf dessen Erfüllung gerechnet werden kann"[18]. Wie sehr das Vertragsleben von der Schuld und den Handlungsnormen bestimmt wird, läßt sich daran erkennen, daß eine Vielzahl von Verträgen eingehalten wird, die vom Rechtsstab nicht geschützt werden. Dies gilt sowohl für Verträge, die das Gesetz toleriert, aber nicht schützt, als auch für rechtswidrige Verträge.

Die Haftung entwickelte sich nach Ehrlich erst später, unabhängig von der Schuld, aus der Besitzfrage heraus; dies zeigen die alten Haftungsverträge (Verpfändung und Vergeißelung)[19]. Gehaftet wurde vorerst nicht für die vertragliche Leistung, sondern mit einer Pfandsache, der eigenen oder einer dritten Person, die dem Vertragspartner anläßlich des Vertragsabschlusses übereignet wurde. Erst nach und nach löste sich die Haftung vom Besitz; deren „Umfang, Inhalt und Dauer wird nach Umfang, Inhalt und Dauer der Schuld, also in erster Linie nach dem Vertrag bestimmt"[20]. Gründet die Haftung im Vertrag und nicht mehr im Besitz eines Pfandes, verliert die Sicherung an Bedeutung. Gerichte gewähren Verträgen unabhängig von einem Pfand rechtlichen Schutz. Der eine Vertragsteil wird allein dadurch, daß er die Leistung des andern angenommen hat, zu einer Gegenleistung verpflichtet und haftet dafür mit seinem ganzen Vermögen. So entstand der Realvertrag.

Sind Schuld und Haftung grundsätzlich deckungsgleich und gründet erstere auf gemachten Zusagen, so steht der Weg offen, auch die Haftung an die Verabredungen zu knüpfen und vom Empfang einer Vorleistung loszulösen. Die vertragliche Vereinbarung wird damit nicht nur schuld-, sondern auch haftungsbegründend. Ehrlich nennt diesen Schritt den „Schritt zum Kreditvertrag". Die Haftung erwächst bereits aus dem Versprechen und erlaubt es, die zugesagten Leistungen zu kreditieren. In diesem Zeitpunkt der Entwicklung haben beide, Schuld und

---

[18] Ebd., S. 88.
[19] Rehbinder: Begründung der Rechtssoziologie durch Eugen Ehrlich, S. 31.
[20] Ehrlich: Grundlegung, S. 85.

Haftung, ihren Ursprung in der vertraglichen Vereinbarung. So entwickelte sich der Konsensualvertrag.

Ehrlich sieht die Entstehungs- und Entwicklungsgeschichte des Vertrages in engem Zusammenhang mit den gesellschaftlichen und wirtschaftlichen Bedingungen der Verbände. Der Vertrag erfüllt — wie das Recht ganz allgemein — eine organisatorische Funktion im Verbandsleben. Dem Vertrag kommen dabei zwei spezifische Aufgabengebiete zu: die Regelung des Güteraustausches und die Bestimmung der Stellung des Individuums innerhalb der Verbandsordnung. Gegenstand der Verträge sind im allgemeinen Sach- und Arbeitsleistungen. In urwüchsigen Verbänden spielt der Vertrag kaum eine Rolle. In der Familie etwa wird auch heute noch fast ausnahmslos nach Handlungsnormen gelebt, die auf Übung beruhen. Nicht einmal die Besitzverhältnisse regeln das Familienleben durchgreifend. Um Mein und Dein wird erst gestritten, wenn der Familienverband aufgelöst wird, etwa wenn eine Ehe liquidiert oder ein Erbe verteilt wird. Verträge unter Angehörigen sind die Ausnahme. Man gibt sich, man nimmt sich, ohne daß diese Handlungen nach vertragsrechtlichen Verhaltensmustern abgewickelt werden. Werden Verträge unter Mitgliedern der Familie abgeschlossen, etwa güterrechtliche Verträge, so geschieht dies im Hinblick auf eine Auflösung des Verbandes, sei es durch Todesfall oder durch Scheidung. Neuere Verbände dagegen sind das Wirkungsfeld des Vertrages; in Gemeinden, Erwerbsgesellschaften, zwischen Mitgliedern einzelner Berufsgruppen sind die Voraussetzungen für eine differenzierte vertragliche Ordnung und einen weitreichenden Güteraustausch gegeben. Die Organisation eines Unternehmens etwa löst sich in lauter vertragliche Dinge auf: in Vollmachten, Aufträge, Bestellungen, Käufe, Lohnverträge usw.[21]. Die größeren und komplexeren Verbände sind im Gegensatz zu den urwüchsigen lose genug, daß nicht ausschließlich Brauch und Sitte, sondern auch vertragliche Handlungsnormen die Beziehungen zwischen den Verbandsmitgliedern regeln können. Gleichzeitig stehen sich die Mitglieder jedoch so nahe, daß eine ausreichende Vertrauensbasis gegeben ist, die allein die Verträge und insbesondere Kreditverträge ermöglicht. Ein Vertrag wird gemeinhin, schreibt Ehrlich, „nur abgeschlossen unter Bekannten, unter Personen derselben gesellschaftlichen Klasse, unter Geschäftsfreunden, ...“[22], kurz innerhalb einzelner Verbände.

Doch erfüllt der Vertrag, stellt sich die Frage, eine organisatorische Funktion nur *innerhalb* eines Verbandes? Regelt er nicht auch das

---

[21] Ehrlich: Recht und Leben, S. 73.

[22] Ehrlich: Grundlegung, S. 94.

Verhalten *zwischen* den Verbänden[23]? Nach Ehrlich beruht diese Fragestellung auf einer falschen Betrachtungsweise. Die Gesellschaftsordnung besteht aus unzähligen Verbänden, großen und kleinen, die in einer Weise unter- und übergeordnet sind, daß zwei Einzelverbände, die miteinander in Berührung kommen, immer auch gleichzeitig einem gemeinsamen Gesamtverband angehören. Kirchenchor und Frauenverein z. B. sind Teile derselben Kirchgemeinde; Kirchgemeinde A und Schulgemeinde B derselben Landesgegend. Treten zwei Menschen in vertragliche Beziehungen, obwohl sie sich bisher nicht begegnet sind, so werden sie sich den Handlungsnormen jenes Verbandes entsprechend verhalten, dem sie gemeinsam angehören[24]. Die Handlungsnormen, die in übergeordneten Verbänden herrschen, regeln das Verhältnis zwischen verschiedenen, untergeordneten Verbänden.

Der Vertrag erfüllt seine Funktion, wie wir gesehen haben, vor allem innerhalb der neueren, differenzierteren Verbände, und zwar indem er den Güteraustausch und das Verhältnis der Verbandsmitglieder untereinander ordnet. Diese verbandsorganisatorische Aufgabe ist seit der Entstehungszeit des Vertrages unverändert geblieben. Gewandelt haben sich dagegen seine Inhalte und Formen im Gleichschritt mit der gesellschaftlichen Umwelt. Er dient heute, da sich die gesellschaftlichen Verbände immer weiter ausdifferenzieren, mehr denn je als ordnende Kraft. Verteilung und Austausch von Gütern erfolgen in zunehmendem Maße auf vertraglicher Basis; ebenso wird die Stellung des einzelnen Menschen innerhalb der Verbandsordnung mehr und mehr durch die Gesamtheit der von ihm eingegangenen vertraglichen Beziehungen definiert[25]. So ist der Vertrag „in allen seinen unübersehbaren Formen dazu da, in der bürgerlichen Gesellschaft, die sich auf Privateigentum an Grund und Boden, Arbeitsmitteln und Verbrauchsgegenständen aufbaut, die Gütererzeugung, den Güteraustausch und den Güterverbrauch zu regeln und zu ordnen"[26].

Nach diesen Ausführungen läßt sich folgendes über das Wesen des Vertrages in Ehrlichs soziologischer Rechtstheorie sagen:

1. Jeder Vertrag ist das Produkt der gesellschaftlichen und wirtschaftlichen Verhältnisse, die den jeweiligen Verband, in dem er abgeschlossen wurde, zeichnen. Der Vertrag als gesellschaftliche Einrichtung

[23] Rehbinder: Begründung der Rechtssoziologie durch Eugen Ehrlich, S. 29.

[24] Man stelle sich zwei Landsleute vor, die sich erstmals im fernen Ausland begegnen. Schließen sie einen Vertrag ab, so wird die gemeinsame Nationalität das gegenseitig erwartete Verhalten der Vertragspartner mitbestimmen.

[25] Ehrlich: Grundlegung, S. 40.

[26] Ebd. Ehrlich vergleicht den einzelnen Menschen mit einer Feder, einem Rädchen oder einer Schraube, die sich in den ungeheuren Maschinerien der Wirtschaft ‚schaffend bewegt', ebd., S. 40.

kann daher nicht vom freien Willen der Individuen her erklärt werden. Diesem kommt nur marginale Bedeutung zu. Die Rechtsdogmatik hat den Vertrag aus seinem komplexen, sozialen Zusammenhang herausgerissen und gewöhnlich auf zwei Vertragsparteien reduziert, stellt Ehrlich fest. Dies mag aus praktischen Gründen für die Jurisprudenz geboten sein, doch verstellt diese Betrachtungsweise den Blick für die soziale Wirklichkeit. Der Vertrag läßt sich seinswissenschaftlich nur erkennen, wenn „der ganze Kreis der Personen ins Auge gefaßt wird, die miteinander durch regelmäßigen, vertragsmäßigen Güteraustausch verbunden sind“[27]. Wie sehr Ehrlich den Vertrag als Produkt der Verbände und ihrer sozialen Ordnung betrachtet, läßt sich an der Anerkennung sehen, die er einzelnen Exponenten der österreichischen Wirtschaftsschule zollte. Diese hatten den Versuch unternommen, Preise, wie sie in Kaufverträgen vereinbart werden, mathematisch in den Griff zu bekommen[28]. Ehrlich hält es nicht für ausgeschlossen, daß sich neben dem Preis grundsätzlich auch alle weiteren Vertragsinhalte aus den sozialen und wirtschaftlichen Bedingungen des Verbandes errechnen lassen. Jedenfalls sieht er die Schwierigkeit einer Vertragsinhaltsberechnung nicht darin, daß sich Verträge dem rechnerischen Zugriff entziehen, sondern in der Unübersichtlichkeit der Elemente. Wären diese klarer determinierbar, so müßte es gelingen, Vertragsinhalte mathematisch zu bestimmen[29]. Diese Auffassung gründet auf der Überzeugung, daß wirtschaftlich wesentliche Verträge auf Reziprozität beruhen, daß die Parteien regelmäßig gleiche Werte austauschen.

2. Der Vertrag ist etwas Faktisches. Eine Vereinbarung wird getroffen; an sie ist eine Schuld geknüpft, mit deren Erfüllung in der Regel gerechnet werden kann. Der ‚leibhaftige‘ Vertrag hat einen ganz konkreten Inhalt. Nur was vereinbart wurde, ist Vertrag; ergänzende, dispositive, auslegende Regeln gehören nicht dazu[30]. Diese gehören zu den verschiedenen übergeordneten Komplexen von Rechtsnormen, nicht zum Vertrag. Der Vertrag besteht nur in den Absprachen, wie sie ge-

---

[27] Ehrlich: Grundlegung, S. 37.

[28] Diese Versuche beruhen auf der Theorie, daß es in jeder gegebenen Situation nur *eine* zweckmäßige Handlungsweise gibt. Ehrlich stellt fest, daß auch das Recht nach Wirtschaftlichkeit und Gerechtigkeit strebt. Entsprechend gibt es in jeder vertraglichen Situation nur *eine* wirtschaftlich optimale Handlungsweise. Daß in der Gesellschaft eine Vielzahl unterschiedlicher Verträge beobachtbar sind, steht der Theorie nicht im Wege, da Wirtschaftlichkeit und Gerechtigkeit sich nach den gesellschaftlichen Voraussetzungen richten und daher von Verband zu Verband, von Geschäftstypus zu Geschäftstypus variieren, vgl. ebd., S. 180 ff.

[29] Ehrlich hat sich zeitlebens gegen die Begriffsmathematik der Juristen ausgesprochen; dabei galt seine Kritik nicht generell mathematischer Betrachtungsweise rechtlicher Phänomene, sondern der unwissenschaftlichen und willkürlichen Bestimmung der Begriffe.

[30] Ehrlich: Grundlegung, S. 23.

troffen wurden, allenfalls verkörpert in einer Urkunde. Die tatsächlichen Vertragsinhalte beherrschen das Rechtsleben, denn sie verdrängen das nachgiebige Gesetzesrecht. Die Urkunde kann nach Ehrlich ein wichtiges Indiz für den gelebten Vertrag sein. Typische, regelmäßig auftretende Urkundeninhalte werfen helles Licht auf das Wesen des Vertrages und sind daher von großem Erkenntniswert. Doch auch die Urkunde ist am Leben zu messen, das oft von ihr abweicht. Einzelne Klauseln können vor allem bei vorformulierten Vertragsunterlagen für die Parteien bedeutungslos sein; anderen, nicht in der Urkunde festgehaltenen Inhalten wird nachgelebt. Welches konkrete Verhalten eine Vereinbarung verlangt, läßt sich auch aus der Urkunde nicht mit Sicherheit ermitteln, sondern nur durch genaue Beobachtung der Handlungsweisen aller Beteiligten.

3. Der Vertrag hat eine normative Dimension. Die Schuld, das konstitutive Element des Vertrages, vereint in sich die Umschreibung eines erwarteten Verhaltens und den Imperativ, sich der übernommenen Schuld entsprechend zu verhalten. Die Grenze zwischen dem Vertrag als einer Tatsache und einer Norm erscheint hier undeutlich. Man könnte argumentieren, es seien die aus den Verträgen gewonnenen Handlungsnormen, welche die Einhaltung der Verträge garantieren. Überzeugender ist jedoch, daß bereits der Vertrag selber normative Aspekte aufweist. Der Vertrag kommt erst zu eigenständigem Leben durch die Schuld, d. h. ‚ein Sollen des Schuldners'. Dieses normative Sollen macht den Vertrag zur Tatsache des Rechts. Der Vertrag selber, nicht erst die daraus entstehenden Handlungsnormen, verlangt daher, daß einem versprochenen Verhalten nachgelebt wird. Die Anweisung an den Vertragspartner, sich entsprechend den gemachten Zusagen zu verhalten, gehört mit zum Wesen des Vertrages.

Die komplexe Natur des Vertrages vereinigt in sich faktische und normative Elemente, die beide erkennbar werden im ‚leibhaftigen Vertrag', wie er in den verschiedenen Verbänden tatsächlich gelebt wird und wie er auf diese ordnend einwirkt.

b) Emile Durkheim

Durkheims Aussagen zum Vertrag finden sich im größeren Zusammenhang seiner Gesellschaftstheorie, in der er die Entwicklung der Gesellschaft und ihres Rechtes von der mechanisch- zur organischsolidarischen Gesellschaft darstellt. Unter Solidarität der Gesellschaft versteht Durkheim die Kohäsion zwischen den Mitgliedern, die Kräfte, die sie zu einer Gesamtheit zusammenhalten. Diese Solidarität entzieht sich als Phänomen jeder sinnlichen Wahrnehmung; sie offenbart sich jedoch in ihren sozialen Auswirkungen. So z. B. im Recht, das die wichtigsten Formen sozialer Solidarität widerspiegelt. Das Recht ist ein äußeres Zeichen dieser Solidarität, ein Klassifizierungen und Vergleichen zugänglicher, äußerer Index, der die in der Gesellschaft wirkenden Kohäsionskräfte angibt[31]. Durkheim erkennt in den verschiedenen Gesellschaftsordnungen zwei Grundtypen des Rechts: repressives und restitutives Recht. Diesen entsprechen zwei Hauptarten der Solidarität: die mechanische und die organische Solidarität. Mechanisch nennt er eine Gesellschaftsordnung, die durch die völlige Gleichheit der Bedürfnisse, der Gewohnheiten, des Glaubens und des Bewußtseins ihrer Mitglieder gekennzeichnet ist[32]. Je mehr sich die Glieder ähnlich sind, je weniger individuelles Verhalten und Denken dem Einzelnen eigen ist, um so stärker ist der Zusammenhalt solcher Gruppen. Auf abweichendes Verhalten von der Gruppennorm, der einzigen solidarischen gesellschaftlichen Kraft, reagiert die Gruppe mit Repression. Die Strafe schützt die Gruppe vor Schwächung und wahrt ihre Einheit als sozialen Körper. Repressives Recht, im Sinne des vergeltenden Strafrechts, entspricht der mechanischen Solidarität.

Aus diesem Gesellschaftstypus entwickelt sich unter dem Einfluß der sozialen Arbeitsteilung eine neue Gesellschaft, deren Zusammenhalt in der Ausdifferenzierung funktioneller Organe besteht. Die soziale Arbeitsteilung führt zu einer Spezialisierung und einem Auseinanderleben der einzelnen Gesellschaftsteile; einheitliche Gewohnheiten und Bedürfnisse verlieren sich, das kollektive Bewußtsein wird geschwächt. Gleichzeitig aber führt diese Entwicklung die einzelnen Teile der Gesellschaft in eine neue, existentielle Abhängigkeit eines jeden vom andern, da weder der Gesamtkörper noch die einzelnen Organe überleben können, wenn auch nur eines der Organe versagt. Kooperation zwischen den einzelnen Teilen wird entscheidend. Dies erzeugt jene Solidarität, die Durkheim organisch nennt. Organische Solidarität findet ihren Ausdruck im restitutiven Recht. Dieses schützt die soziale Solidarität nicht durch Repression, sondern sichert sie durch der arbeitsgeteilten Gesellschaft entsprechende, differenzierte Rechtsmaßnahmen, bei denen die Wiederherstellung gestörter oder unterbrochener Kooperation und die Schadloshaltung der betroffenen Personen im Vordergrund stehen. Eine entscheidende Rolle kommt dabei dem Vertrag zu.

Durkheim äußert sich vor allem im Kapitel über die ‚Solidarité organique et solidarité contractuelle‘ seines Werkes ‚De la division du travail social‘ zum Vertrag als einem Ausschnitt des restitutiven Rechts.

---

[31] Durkheim: De la division, S. 28 ff.

[32] Vgl. Röhl: Über die außervertraglichen Voraussetzungen des Vertrages, S. 437.

Die Entwicklung des Vertrages steht in direktem Zusammenhang mit der Ausbildung eines Systems verschiedener funktioneller Organe. Diese sind in einer organisch-solidarischen Gesellschaft nicht selbsterhaltend und bedürfen des Austausches mit andern. Das Symbol des Austausches ist der Vertrag[33]. Der Vertrag erscheint in früheren Gesellschaftsordnungen eher selten, gelegentlich dient er in der einen oder andern Form dem Statuswechsel. Mit der Ausdifferenzierung arbeitsteiliger Gesellschaften gewinnt er jedoch an Bedeutung und erfährt eine qualitative Verfeinerung. Je spezialisierter die Austausche werden, desto differenzierter werden auch die Verträge. Lagen die repressiven Rechtsnormen tief im kollektiven Bewußtsein der Gruppe verwurzelt, betraf ein Verstoß gegen die Regeln stets die ganze Gruppe, so kommt ein Austausch nicht mehr zur Kenntnis eines jeden Gruppenmitgliedes, nur noch die betroffenen Individuen erfahren davon. Bei fortschreitender Arbeitsteilung sind es immer weniger, die mit einem speziellen Vertragstypus in Berührung kommen. Einzelne Verträge können zwar für eine Berufsgruppe sehr wichtig sein, so etwa Verträge zwischen Bierbrauern und Hopfenlieferanten, für das kollektive Bewußtsein der Gruppe sind sie jedoch marginal. Daher reagiert die Gesellschaft nicht mehr selbständig auf die Verletzung von vertraglichen Regeln, sondern überläßt es dem betroffenen Privaten, sich zu wehren. Dennoch spielt die Gesamtgesellschaft für die Regelung der Verträge nach wie vor eine wichtige Rolle, von der noch die Rede sein wird.

‚Austausch' bedeutet die momentane Verbindung einzelner Individuen. Die Arbeitsteilung führt jedoch nicht nur zu momentanen, spontanen Vertragsabschlüssen, sondern bindet die Individuen in organischer, auf Dauer angelegter Weise aneinander, indem sie deren Zusammenarbeit fördert. Kooperation nennt Durkheim die Teilnahme an einer gemeinsamen Aufgabe[34], welche in der arbeitsteiligen Gesellschaft in der Anpassung verschiedener sozialer Funktionen aneinander besteht. Käufer und Verkäufer, Arbeitgeber und Arbeitnehmer, Vermieter und Mieter, sie alle erfüllen spezielle Funktionen, die ineinandergreifen müssen. Soweit sich diese Funktionen reibungslos ergänzen, spielt die Zusammenarbeit, und die Gesellschaft ist gesund. Der Vertrag ist der juristische Ausdruck par excellence für Kooperation[35]. Harmonische Kooperation setzt nämlich voraus, daß Rechte und Pflichten der Organe genau aufeinander abgestimmt sind. Obwohl der Vertrag zur organischen Solidarität viel beiträgt — Durkheim nennt eine Form der organischen Solidarität ‚solidarité contractuelle' —, ist er kein Integrationsmechanismus, der für sich allein den gesellschaftlichen Zusam-

[33] Durkheim: De la division, S. 94.

[34] Ebd., S. 93.

[35] Ebd.

menhalt erklären könnte. Durkheim wendet sich hier gegen die utilitaristisch-individualistischen Vorstellungen vor allem Herbert Spencers, gemäß denen frei abgeschlossene Austauschverträge allein die Integration industrieller Gesellschaften vollziehen können[36]. Er glaubt nicht an die harmonisierende Kraft des Vertrages, der nicht gleichzeitig sozialen Kontrollen unterliegt.

Spencers Auffassung, wonach sich das soziale Leben ausschließlich durch spontane, unbewußte Anpassung der widerstreitenden Interessen organisieren läßt, hält er für irrig. Eine solche Ordnung kann nicht stabil sein. „Car si l'intérêt rapproche les hommes, ce n'est jamais que pour quelques instants, il ne peut créer entre eux qu'un lien extérieur. Dans le fait de l'échange, les divers agents restent en dehors les uns des autres, et l'opération terminée, chacun se retrouve et se reprend tout entier ... Si même on regarde au fond des choses, on verra que toute harmonie d'intérêts recèle un conflict latent ou simplement ajourné. Car, là où l'intérêt règne seul, comme rien ne vient refréner les égoismes en présence, chaque moi se trouve vis-à-vis de l'autre sur le pied de guerre ... L'intérêt est, en effet, ce qu'il y a de moins constant au monde. Aujourd'hui, il m'est utile de m'unir à vous; demain, la même raison fera de moi votre ennemi. Une telle cause ne peut donc donner naissance qu'à des rapprochements passagers et à des associations d'un jour."[37]

Stabilität kann eine soziale Ordnung erlangen, wenn neben den Vertrag eine soziale Kontrolle tritt; sie hat die Bedingungen des Austausches festzusetzen, die störungsfreie Abwicklung des Austausches zu sichern und gegebenenfalls unterbrochene Kooperation wiederherzustellen. Diese Funktion können die Parteien allein nicht erfüllen, dazu bedarf es der Gesellschaft. Sie ist indirekt an jedem Vertrag beteiligt, nicht nur, wenn sie um Vermittlerdienste angerufen wird, sondern auch, indem sie die Bedingungen bestimmt, unter denen Verträge erzwingbar sind. Durkheim nennt den ganzen Normenkomplex dieser Bedingungen ‚außervertraglich' und verweist damit den Vertragsbegriff in enge Schranken. Für ihn heißt ‚Vertrag' nur gerade der Teil einer Austauschbeziehung, der tatsächlich vereinbart wurde; alles andere ist außervertraglich. „(T)out n'est pas contractuel dans le contrat. Les seuls engagements qui méritent ce nom sont ceux qui ont été voulus par les individus et qui n'ont pas d'autre origine que cette libre volonté. Inversement, toute obligation qui n'a pas été mutuellement consentie n'a rien de contractuel. Or, partout où le contrat existe, il est soumis à

[36] Vgl. Röhl: Über die außervertraglichen Voraussetzungen des Vertrages, S. 439.

[37] Durkheim: De la division, S. 180 ff.

une réglementation qui est l'oeuvre de la société et non celle des particuliers et qui devient toujours plus volumineuse et plus compliquée."[38] Durkheim beschränkt den Vertragsbegriff auf die mehr oder weniger zahlreichen Punkte, die tatsächlich vereinbart wurden. Alles übrige, vor allem das ganze Vertragsrecht, zählt er zu den außervertraglichen Voraussetzungen des Vertrages — zur sozialen Kontrolle. Was Durkheim mit vertraglich bezeichnet, wird noch deutlicher, wenn im nachfolgenden etwas näher auf das ‚nicht-vertragliche' eingegangen wird. Dabei interessiert uns das Vertragsrecht. Selbstverständlich setzen auch andere Teile des restitutiven Rechts Rahmenbedingungen für den Vertrag, etwa das Sachen- oder Handelsrecht, doch das Vertragsrecht ist jener spezifische Ausschnitt sozialer Kontrolle, der mit den Voraussetzungen des Austausches und der Kooperation zu tun hat.

Die soziale Arbeitsteilung schafft Austauschbeziehungen und Kooperation, welche oft die Form des Vertrages annehmen. Die Kooperation kann gestört oder abgebrochen werden. Der Vertrag kann zum Beispiel auf einzelne Fragen keine Antwort geben, eine Partei kann bei Vertragsabschluß betrogen worden sein. Die Vertragsparteien können nie im voraus alle möglichen Streitfälle voraussehen und besprechen. Oft läßt Zeitmangel nicht zu, mehr als die Hauptpunkte einer Vereinbarung auszuhandeln. Dies reicht aber zur Harmonisierung des gesellschaftlichen Zusammenlebens nicht aus, da diese eine präzise und detaillierte Abgrenzung von Rechten und Pflichten erfordert. Hier tritt als Werk der Gesellschaft das Vertragsrecht ein, das die rechtlichen Konsequenzen des Handelns festlegt, soweit sie die Parteien offengelassen haben[39]. Das Vertragsrecht bestimmt den Anteil von Rechten und Pflichten, der jedem Vertragspartner zukommt. Haben diese nichts Abweichendes vereinbart, unterliegen sie dem vertragsrechtlichen Verteilungsschlüssel.

Wie Rechte und Pflichten auf die einzelnen Parteien verteilt werden, ergibt sich nicht aus der ‚Natur' des Austausches. Der Verteilungsmodus beruht auf einem Kompromiß, der zwischen dem einzelnen Individuum, bzw. seiner Gruppe[40] und der übrigen Gesellschaft geschlossen wird. Da jedes Individuum in der arbeitsteiligen Welt nur als Teil der Gesellschaft existieren kann, muß es zwingend einem Kompromiß zustimmen. Ob der Kompromiß zugunsten des einzelnen Organes oder der Gesellschaft ausgeht, hängt vom Wert ab, den der Beitrag des Organes für

---

[38] Ebd., S. 189.

[39] Vgl. Röhl: Über die außervertraglichen Voraussetzungen des Vertrages, S. 440.

[40] Gemeint sind hier ‚Organe' der Gesellschaft, die eine spezifische soziale Funktion erfüllen; gesellschaftliche Organe können Individuen oder Gruppen sein.

die Gesamtgesellschaft darstellt. Die Summe derartiger Kompromisse, bzw. das Gesamtergebnis der bisher in der Gesellschaft ausgefochtenen Interessenkämpfe findet seinen Niederschlag in den dispositiven Normen des Vertragsrechtes. Unter Normalbedingungen drückt das Vertragsrecht diesen Kompromiß aus und erlaubt daher Vertragsabschlüsse, ohne daß jedesmal neu um die Bedingungen in allen Punkten gerungen wird. Es stellt einen Erfahrungsschatz dar, den niemand allein zusammentragen kann. Es ist nicht die Schöpfung einzelner Parteien, sondern der Gesellschaft und der Tradition. Durkheims Betrachtungsweise stellt den gesellschaftlichen Aspekt in den Vordergrund und verwirft die Auffassung, wonach dem Vertragsrecht nur subsidiär Bedeutung zukomme und es an der Seite der Privatautonomie lediglich eine Nebenrolle spiele. Wohl können die Vertragsparteien dispositives Gesetzesrecht abbedingen, doch in Wirklichkeit komme dies selten vor. „Si donc", schreibt Durkheim, „il fallait à chaque fois instituer à nouveau les luttes, les pourparlers nécessaires pour bien établir toutes les conditions de l'accord dans le présent et dans l'avenir, nous serions immobilisés."[41]

Das Vertragsrecht knüpft seine Wirkungen stets an ein vertragliches Handeln, meistens an einen willentlichen Vertragsabschluß, doch die Folgen gehen weit über das hinaus, was anfänglich vom eigenen Willen gedeckt war. Unser Wille erstreckt sich auf die Kooperation, doch bereits unsere Gegenleistung ist eine Pflicht, die uns auferlegt, aber nicht von uns gewollt ist. Vieles wird kraft Vertragsrecht verbindlich, woran wir nie gedacht hätten; es gewährt Rechte und auferlegt Pflichten, die wir nicht gekannt oder in Betracht gezogen haben. „De ce point de vue, le droit des contrats apparaît sous un tout autre aspect. Ce n'est plus simplement un complément utile des conventions particulières, c'en est la norme fondamentale. S'imposant à nous avec l'autorité de l'expérience traditionnelle, il constitue la base de nos rapports contractuels."[42] Die Autorität des Vertragsrechtes spiegelt gleichzeitig die Intensität der vertraglich wirkenden Solidarität.

Dieses Konzept des Vertragsrechtes läßt für den individuellen Willen wenig Raum; nach Durkheim verpflichtet nicht der Wille, sondern die Gesellschaft. Jedem Geschäft liegt zwar ein freier Willensentscheid zugrunde (in jedem Vertrag ist etwas Vertragliches!), der Wille zur Kooperation; doch die Folgen dieses Willensentscheides liegen zum großen Teil außer Reichweite des individuellen Willens. Es stellt sich die Frage: Ist der freie Wille nicht ausschlaggebend für die Tatsache, daß Verträge im Leben in der Regel spontan eingehalten werden? Auch

---

[41] Durkheim: De la Division, S. 192.

[42] Ebd.

Durkheim anerkennt, daß es um die soziale Solidarität schlecht stünde, würden die Verträge nur unter Zwangsandrohung erfüllt[43]. Allerdings führt er die spontane Einhaltung der Verträge nicht auf die Willenseinigung zurück, sondern auf ein Gleichgewicht, das jedem gerechten Austausch innewohnt. Die Stabilität einer auf vertraglicher Solidarität beruhenden Gesellschaft liegt nach seiner materiell-ethischen Auffassung in einem von Gesellschaft und Tradition geschaffenen Vertragsrecht, das den gerechten Austausch sichert. Doch was ist ein gerechter Austausch? Sind freiwillig eingegangene Austauschbeziehungen nicht schon der Freiwilligkeit wegen gerecht? Durkheim verneint dies und begründet so: Der freie Wille kann die vertragliche Solidarität nicht schaffen; was ist freier Wille überhaupt? Wo hört er auf, wo fängt Zwang an? Zwischen Willen und Zwang läßt sich keine klare Grenze ziehen. Zwang besteht nicht nur in offener Gewaltanwendung; er kennt tausend subtile Formen, die die Freiheit wirksam unterdrücken. Jeder Vertrag wird unter einer kleineren oder größeren Dosis Zwang abgeschlossen, denn die Arbeitsteilung schafft Bedürfnisse, die auf dem Wege des Austausches befriedigt werden *müssen*. Frei kann eine Willenseinigung nach Durkheim nur sein, wenn der ihr zugrundeliegende Austausch gerecht ist[44].

Eine vom Parteiwillen unabhängige vertragliche Gerechtigkeit ruft nach einem objektiven Wertsystem. Durkheim erkennt deshalb jedem Gegenstand in einer gegebenen Gesellschaft und zu einer bestimmten Zeit einen ihm eigenen sozialen Wert zu. Dieser stellt die Menge der nützlichen Arbeit dar, die der Gegenstand enthält[45]. Der soziale Wert entzieht sich einer zahlenmäßigen Erfassung, doch ist er deswegen nicht minder real. Er wird sichtbar im Austausch, sofern keine fremden Kräfte, die mit dem sozialen Wert der Arbeit nichts zu tun haben, das Bild verfälschen. Sind die sozialen Werte im Gleichgewicht, so läßt sich sagen, daß der Austausch gerecht ist und daß ihm frei zugestimmt wurde. Die freie Willenseinigung ist also nicht Voraussetzung für die Austauschgerechtigkeit, sondern deren Folge. Ungerechte Verträge sind immer darauf zurückzuführen, daß irgendwelche fremden Kräfte das Verhältnis beeinflußt haben. Je wichtiger die vertragliche Solidarität in einer Gesellschaft wird, desto eher werden ungleiche Verträge als ungerecht empfunden. Durkheim will im Vertragsrecht eine Tendenz feststellen, derartige Ungerechtigkeiten auszukorrigieren und die

---

[43] Ebd., S. 375.

[44] Ebd., S. 376.

[45] Genauer: „[I]l faut entendre par là, non le travail intégral qu'il a pu couter, mais la part de cette énergie susceptible de produire des éffets sociaux utiles, ...". Ebenda. Wertvoll ist demnach nur jener Teil der geleisteten Arbeit, der in nützlicher Weise Bedürfnisse der arbeitsteiligen Gesellschaft befriedigt.

Bedingungen des Austausches von Faktoren zu befreien, die einen gerechten Kompromiß verhindern. Der Austausch allein könnte dieses Ziel nicht erreichen, zu spontan und momentan ist seine Natur, doch das Vertragsrecht schafft den Freiraum, wo sich die Werte gerecht messen können. Durkheim sagt voraus, diese Entwicklung werde sich fortsetzen und die gesellschaftliche Regelung des Vertrages in Richtung sozialer Vertragsgerechtigkeit gehen. Gesetzliche Mindestlöhne hält er für einen Anfang; der Gedanke der Vertragsgerechtigkeit werde sich bald auf alle Verträge ausbreiten und schließlich einen neuen Vertragstypus schaffen, den ‚contrat juste, objectivement équitable'[46].

c) Max Weber

Max Weber, der sein Hauptwerk wie Ehrlich und Durkheim vor dem Ersten Weltkrieg entworfen hat, gilt heute unbestritten als der bedeutendste deutsche Soziologe. In seiner Rechtssoziologie hat er sich ausführlich zum Vertrag geäußert, und wir stützen uns im folgenden vor allem auf deren zweites Kapitel. Der Vertrag hat zu allen Zeiten und in allen Rechtskulturen große Bedeutung gehabt. Allerdings sind die Sachgebiete, in denen Verträge abgeschlossen wurden, über die Jahrtausende nicht dieselben geblieben. In früheren Rechtsordnungen war der Vertrag vor allem ein Instrument zum Statuswechsel; heute liegt sein Schwerpunkt im wirtschaftlichen Güteraustausch. Entsprechend unterscheidet Weber zwischen zwei Idealtypen: dem ‚Statuskontrakt' und dem ‚Zweckkontrakt'.

Statuskontrakte sind Verträge, die eine Veränderung der sozialen Stellung der Beteiligten bewirken. Die Adoption, der Lehensvertrag oder die Verbrüderung können als Beispiele genannt werden. Wer einen entsprechenden Vertrag abschließt, wird dadurch zu etwas qualitativ *anderem*. Seine gesamte Rechtsstellung wird von der Vereinbarung betroffen; er wird durch den Vertrag zum Kind, zum Vasallen oder zum Bruder. Die radikale Veränderung seiner gesellschaftlichen Position ist gleichsam der Garant für vertragskonformes Verhalten. Daß etwas anderes als ein Statuswechsel das vertraglich erwartete Gesamtverhalten wirksam sichern könnte, war dem frühen, magisch orientierten Denken nicht zugänglich.

Der Zweckkontrakt dagegen läßt den Status der Beteiligten unberührt; er ist ausschließlich auf den Güterverkehr oder auf Dienstleistungen gerichtet und hat meistens die Herbeiführung einer konkreten wirtschaftlichen Leistung oder eines Erfolges zum Zweck. Durch ihn

---

[46] Vgl. Röhl: Über die außervertraglichen Voraussetzungen des Vertrages, S. 462.

wird ein Fremder nicht Teil der Sippe, des Stammes oder der Klientel. Im Gegenteil: Zweckkontrakte werden vorerst vor allem mit Personen außerhalb der eigenen Gruppe abgeschlossen und dienen dem Tausch zwischen den Gruppen. Sie umfassen nicht die ganze Persönlichkeit der Vertragsschließenden, sondern lediglich deren wirtschaftlichen Aspekt. Ihrem Wesen und ihrer Funktion nach sind sie spezifische, quantitativ begrenzte und bestimmte, abstrakte und normalerweise rein ökonomisch bedingte Vereinbarungen.

Weber stellt nun eine Entwicklung des Vertrages vom Statuskontrakt zum Zweckkontrakt fest; er spricht in diesem Zusammenhang von einer „tiefgreifenden Wandlung des allgemeinen Charakters der freien Vereinbarung“[47]. Aus Bereichen, die wir heute dem öffentlichen Recht, dem Prozeßrecht, dem Familien- oder Erbrecht zuordnen würden, hat sich ihr Schwerpunkt auf den Güterverkehr und den Markt verlagert. Diese Entwicklung des Vertrages hat sich in allen Rechtskulturen nur sehr langsam und nirgends ohne Rückschläge vollzogen. Überall in den modernen Rechtsordnungen hat sich aber der Zweckkontrakt schließlich durchgesetzt. Die stark gestiegene Bedeutung des Vertrages als Quelle zwangsrechtlich garantierter Ansprüche nennt Weber die „wesentlichste materielle Eigentümlichkeit des modernen Rechtslebens“[48]; ja er geht so weit, die moderne Gesellschaft als eine ‚Kontraktgesellschaft‘ zu bezeichnen. Diesen Aufschwung des Zweckkontraktes sieht er vornehmlich in zwei sozialen Veränderungen begründet: der Markterweiterung einerseits und der Vereinheitlichung, Rationalisierung und Monopolisierung der Rechtsschöpfung durch den Staat andererseits.

Eine Gesellschaft, die aus wirtschaftlich selbstgenügsamen Verbänden besteht, bedarf des Zweckkontraktes noch nicht. Gruppennormen bestimmen die Rechte und Pflichten des Einzelnen im Verband abschließend. Erst als der Güterverkehr über die Gruppe hinausreichte, kam es zum Tausch, dem ‚Archetypus des Zweckkontraktes‘; mit der Einführung des Geldes entwickelten sich weitere Vertragsarten. Der anfänglich enge numerus clausus zulässiger Vertragsarten weitete sich nach und nach aus, bis er sich schließlich im Prinzip der Vertragsfreiheit verlor und heute nur noch in den dispositivrechtlichen Vertragstypen als Schatten erkennbar ist. Hinter dieser Entwicklung des Vertragsrechtes stand als treibende Kraft der Markt, genauer: jene Gruppen und Personen, welche von einer Erweiterung des Marktes profitierten. Sie drängten auf den Zugang möglichst vieler zum Markt und die Zulassung möglichst vieler rechtlich anerkannter Transaktionen im Geschäftsverkehr. Die Marktkräfte allein haben jedoch die neuen Ver-

---

[47] Weber: Rechtssoziologie, S. 134.

[48] Ebd., S. 130.

tragsarten nicht geschaffen. Dazu bedurfte es jeweils der rechtstechnischen Erfindung eines neuen Verkehrsschemas. Doch die Marktsituation war Voraussetzung dafür, daß sich neue Verkehrsschemata ausbreiten und weite Anerkennung finden konnten.

Parallel zu dieser wirtschaftlichen Voraussetzung zeichnet Weber eine soziale Veränderung auf, die dem Wandel des Vertrages vom Statuskontrakt zum Zweckkontrakt zugrundeliegt: die Einebnung monopolistisch abgegrenzter Personenverbände, die sich ihr Recht selber gaben, in einen einheitlichen, bürokratisch organisierten Staat. Welchem Recht eine Person unterstand, bestimmte sich in früheren Rechtskulturen nach Geburt oder Lebensführung oder nach der Zugehörigkeit zu einem Verband. Unter dem Einfluß des politischen Machtbedürfnisses der Herrscher und der Ausdehnung der Bürokratie zersetzten sich die Personenverbände und ihre Sonderrechte nach und nach. Dies führte zu einer „zunehmenden Einordnung aller einzelnen Personen und Tatbestände in eine, heute wenigstens, prinzipiell auf formaler ‚Rechtsgleichheit' beruhenden Anstalt"[49], den Staat. Autonome Rechtsschöpfung war nicht mehr Sache des Verbandes, sondern *jedermann* wurde ermächtigt, „gewillkürtes Recht durch private sachliche Rechtsgeschäfte bestimmter Art zu schaffen"[50]: jedermann erhielt formal freien Zugang zum Markt.

Der in modernen Rechtsordnungen bestehende Zustand der Rechtsgleichheit, die Entwicklung der statusorientierten Gesellschaft zur Kontraktgesellschaft und der Wandel des Rechts selbst unter dem Einfluß der Vertragsfreiheit setzt Weber nicht gleich mit einer Zunahme individualistischer Freiheit. Ob und inwieweit der einzelne in seiner Lebensführung freier geworden ist, beurteilt sich nicht nach der Entwicklung der Rechtsformen allein. Die formale Ermächtigung, Vertragsinhalte autonom auszugestalten, gewährleistet nicht, daß jedermann diese Möglichkeiten tatsächlich ausschöpfen kann. Das Resultat der Vertragsfreiheit ist in erster Linie „die Eröffnung der Chance, durch kluge Verwendung von Güterbesitz auf dem Markt diesen unbehindert durch Rechtsschranken als Mittel zur Erlangung von Macht über andere zu nutzen. Die Marktmachtinteressenten sind die Interessenten einer solchen Rechtsordnung"[51].

In der Gewährung formeller Vertragsfreiheit sah Weber also keine Garantie für eine Steigerung der tatsächlich erlebten Freiheit, ja er erkannte in ihr die Gefahr der Machtkonzentration. Durch das Anwachsen kapitalistischer Betriebe könnte sich die Macht in den Händen

[49] Ebd., S. 167.
[50] Ebd.
[51] Ebd., S. 205.

weniger vereinen, die dann autoritären Zwang auf die Untergebenen ausüben können und sich diesen Zwang überdies von der Rechtsordnung garantieren lassen. Eine formell noch so viele Freiheitsrechte verbürgende Rechtsordnung könne daher in ihrer faktischen Wirkung einer Steigerung des autoritären Charakters der Zwangsgewalt dienen.

Wie schon Ehrlich und Durkheim, so verzichtet auch Weber auf eine rechtssoziologische Definition des Vertrages. Seine Ausführungen machen jedoch deutlich, daß er damit etwas Umfassendes meint. Verträge können die Leistung von Gütern und Diensten oder einen Wechsel der sozialen Stellung bezwecken, wie dies die Statuskontrakte zeigen. Im Gegensatz zu Ehrlich zählt Weber auch den Tausch zu den Verträgen. Vertrag nennt er ganz generell jede freie Vereinbarung, jede Vereinbarung also, die unbesehen ihres Inhalts oder ihrer juristischen Form von zwei oder mehreren autonomen Subjekten geschlossen wird, sei dies nun ein Verbrüderungsvertrag zwischen Sippen, eine Vereinbarung zwischen selbständigen Organen des Staates bezüglich des Budgets[52] oder ein Kaufvertrag zwischen Handelspartnern.

Etwas klarer läßt sich die Frage nach dem Wesen und der Funktion des Vertrags*rechtes* beantworten, da Weber seinen soziologischen Rechtsbegriff scharf herausgearbeitet hat[53]. Recht ist für ihn diejenige Sozialordnung, deren Geltung ein Apparat durch Zwang garantiert. Oder, anders ausgedrückt: zum Recht gehören all jene Verhaltensnormen, die eine Chance auf Beachtung im Einzelfall haben. Ein effizienter Zwangsapparat (Justiz) erhöht diese Chance. Eine vertragsrechtliche Schuld bedeutet demnach soziologisch „das Bestehen der Chance, daß der eine der durch einen bestimmten Vorgang ein Leistungsversprechen z. B. nach dem üblichen Verlauf der Dinge begründeten Erwartung des anderen: er werde diesem zu einem bestimmten Zeitpunkt jenes Gut in die faktische Verfügung geben, entsprechen werde“[54].

Das Vertragsrecht erfüllt heute seine Hauptfunktionen in der Marktwirtschaft. Allerdings betrachtet es Weber nicht als eine notwendige Voraussetzung des Marktes, denn der Güterverkehr käme grundsätzlich auch ohne das Recht aus. „Im Gegenteil“ schreibt er, „fällt es bei der Mehrzahl der geschäftlichen Transaktionen niemandem ein, an die Frage der Klagbarkeit auch nur zu denken[55].“ Obwohl die Wirtschaft

---

[52] Am Beispiel des Budgets wird Webers Vertragsverständnis besonders deutlich. Dessen Festsetzung sei zwar ein Vorgang der konstitutionellen Verwaltung, der Sache nach handle es sich dabei aber durchaus um einen Vertrag, nämlich um eine freie Vereinbarung zwischen mehreren selbständigen Organen der Staatsanstalt, von denen von rechts wegen keines das andere zur Zustimmung zwingen kann. Vgl. S. 131 f.

[53] Vgl. dazu Rehbinder: Rechtssoziologie, S. 60 ff.

[54] Weber: Rechtssoziologie, S. 91.

auch ohne das Vertragsrecht auskäme, ist die staatliche Garantie vertraglicher Bindungen doch von großer Bedeutung. Sie erhöht die Chance, daß die Beteiligten den vertraglichen Erwartungen gemäß handeln werden, und damit die Verkehrssicherheit.

Die modernen Vertragsrechtsordnungen garantieren heute weitgehend die Vertragsfreiheit. Daneben enthalten sie dispositives Recht, das immer dort zum Zuge kommt, wo die Parteien nichts Abweichendes vereinbart haben. Wie Durkheim, so mißt auch Weber ihm mehr als nur sekundäre Bedeutung zu. Obwohl es wegbedungen werden kann, kommt es doch oft zur Anwendung, sei es, weil es eine den Vertragspartnern zweckmäßig erscheinende Regelung der Rechte und Pflichten enthält, sei es, weil diese aus Bequemlichkeit oder Unkenntnis nichts Eigenes ausgedacht haben. Wie dieses dispositive Recht im einzelnen aussieht, ist aber nicht nur für die Vertragspartner von Belang, denn jeder Vertrag wirkt in der einen oder andern Weise auch auf unbestimmt viele Dritte. Ein Gläubiger zum Beispiel wird durch jedes unvorteilhafte Geschäft, das sein Schuldner abschließt, in seinen wirtschaftlichen Interessen beeinträchtigt, ein Mieter durch den Verkauf der Mietsache verunsichert, die Arbeitnehmer durch die Fusion zweier Unternehmen getroffen.

Dies sind ‚faktisch mögliche Reflexwirkungen' der vom Recht zugelassenen und anerkannten subjektiven Rechte. Das Vertragsrechtssystem besteht somit nicht einfach aus wertfreien Ermächtigungsnormen, die jedermann die Teilnahme am Markt erlauben und lediglich die Freiheitsräume der Beteiligten subsidiär abgrenzen, sondern es wirkt kraft dieser faktischen Drittwirkung darüber hinaus auf die gesamte Gesellschaft.

d) *Karl N. Llewellyn*

Karl N. Llewellyn ist als Vater des amerikanischen Handelsgesetzbuches (Unifom Commercial Code) auch in Europa bekannt geworden. Er gilt als der hervorragendste Vertreter der amerikanischen Realisten und als Klassiker der amerikanischen Rechtssoziologie. In seiner Abhandlung ‚What Price Contract? — An Essay in Perspective'[56] hat er

[55] Ebd., S. 92. Als besonders anschauliches Beispiel nennt Weber die Börsengeschäfte, wo sich die Abschlüsse zwischen Berufshändlern in Formen abspielen, „welche in einer ganz überwältigenden Mehrzahl der Fälle jeden ‚Beweis' der Böswilligkeit geradezu ausschließen: mündlich oder durch Zeichen und Notizen im (eigenen) Notizbuch. Es kommt praktisch gleichwohl nicht vor, daß eine Bestreitung versucht wird." Ebenda.

[56] Llewellyn: What Price Contract?, S. 704 ff. Im gleichen Jahr hat er einen Beitrag für eine Enzyklopädie verfaßt, in dem er seine Gedanken zum Vertrag kurz und konzis wiedergibt; s. Contract, in Edwin R. Seligman, Encyclopaedia of the Social Sciences Bd. 4 New York 1931, S. 329 - 339.

den Vertrag aus rechtssoziologischer Sicht ausgeleuchtet. Sein Interesse gilt der Rolle, die der Vertrag in der Gesellschaftsordnung spielt, "the role of contract in the social order, the part that contract plays in the life of men. What price this curious legal institution", fragt er, "if legal institution it be? If not, what price this social institution, and what relation have its legal phases to its others, and to its meaning to society?"[57] ‚Vertrag' sei ein unbestimmter Begriff, wenn man von der rechtsdogmatischen Umschreibung absehe; vier verschiedene Bedeutungen habe das Wort: Einmal kann ‚Vertrag' eine tatsächliche Vereinbarung meinen, *ohne* daß dabei an irgendwelche rechtlichen Konsequenzen gedacht wird. Dann kann damit eine tatsächliche Vereinbarung *mit* ihren Rechtsfolgen bezeichnet werden. Weiter kann ‚Vertrag' — wohl am volksnahesten — die schriftliche Verkörperung einer Vereinbarung meinen. Und viertens können damit ausschließlich die rechtlichen Folgen eines Versprechens angesprochen werden, sofern überhaupt Rechtsfolgen mit dem Versprechen verbunden sind. Dieser letzten Bedeutung schließt sich Llewellyn an: "I shall endeavor to reserve 'promise' for the promise-in-fact, 'contract' for the legal effects of such a promise."[58] Die Reduktion des Vertragsbegriffes auf die rechtlichen Folgen eines Versprechens erlaubt es, den Einfluß des Vertragsrechts, das ‚Vertragliche' an einem Versprechen, zu beobachten. Nicht jedes Versprechen zieht rechtliche Konsequenzen nach sich, doch falls es dies tut, haben wir es mit einem Vertrag zu tun. Entsprechend läßt sich fragen, wie verhalten sich Personen bei Versprechen, die keine rechtlichen Sanktionen nach sich ziehen, wie bei rechtlich erzwingbaren Vereinbarungen? Soweit diese beiden Situationen unterschiedliches Verhalten hervorrufen, muß der Grund dafür in der Wirkung des Vertrages liegen. Der Vertrag wäre dann ein rechtlicher Normenkomplex, der menschliches Verhalten im Zusammenhang mit Versprechen steuert. Schauen wir uns den Vertrag mit Llewellyns Augen erst aus etwas Entfernung und dann von nahem an.

Welche Rolle spielt der Vertrag in der Gesellschaft? Was tatsächliche Vereinbarungen (agreements in fact) betrifft, so ist der Einfluß offensichtlich. Der Vertrag ist ein Instrument für Veränderung und wachsende Selbstbestimmung. Der Mensch vermag sein Schicksal nicht nur in dem Maße selber zu gestalten, als er mehr und mehr Verträge abschließt, sondern auch indem er die Vereinbarungen, die er trifft, immer differenzierter seinen eigenen Wünschen anpassen kann. Llewellyn verweist hier auf die vertragsgeschichtliche Entwicklung vom Status zum Vertrag[59].

---

[57] Ebd., S. 705.
[58] Ebd., S. 708.
[59] Ebd., S. 716 ff.

Das Vertragsinstitut als ganzes, wie es heute in der Gesellschaft wirkt, beschreibt er als 'social and legal machinery', geeignet, die Geschäfte in einer spezialisierten Gesellschaft, die auf dem Austausch beruht, zu steuern[60]. Im besonderen dient diese Maschine einer modernen Wirtschaftsordnung, die vom Kreditvertrag[61] abhängt. Der Vertrag findet heute vornehmlich Verwendung auf den Märkten für Land, Güter, Dienstleistungen und Kredit. In bezug auf diese Märkte ließe sich der Vertrag auch definieren als die Gesamtheit dessen, was der Rechtsstab mit einem Versprechen auf diesen verschiedenen Gebieten tut. Llewellyn stellt fest, daß die Bedeutung des Vertrages als 'legal machinery' in dem Maße zunimmt, als außervertragliche Sanktionen der Sitte, der Moral und des Gewissens an Schärfe verlieren. Vertragsbruch wirkt heute, wenn er überhaupt zur Kenntnis der Gruppe gelangt, oft schon nicht mehr stigmatisierend. Außervertragliche Sanktionen versagen vielfach in einer Marktordnung, die auf wechselnden, unpersönlichen Austauschbeziehungen aufbaut. Wo Rechte aus einer Vereinbarung gar verselbständigt werden, abgetreten und gehandelt werden, sind die vertraglichen Sanktionen oft die einzigen zur Verfügung stehenden Zwangsmittel. Von außen betrachtet erscheint der Vertrag somit als eine soziale und rechtliche Maschine, welche Verhaltensweisen, die ein Versprechen begleiten, steuert und ihr eigene Sanktionen bereithält.

Treten wir näher an den Vertrag heran und betrachten wir die Maschine im Detail: Trotz der erwähnten zunehmenden Bedeutung rechtlicher Sanktionen werden in der modernen Industriegesellschaft immer noch viele Versprechen eingehalten, die rechtlich nicht erzwingbar sind. In früheren Rechtsordnungen waren überhaupt nur ganz wenige Vertragsarten rechtlich geschützt. Die außerrechtlichen Vereinbarungen beruhten auf Tradition und genossen den Schutz außerrechtlicher Sanktionen. Auch heute sind zahlreiche Pflichten außervertraglicher Natur zu beobachten, deren Erfüllung nicht rechtlich erzwingbar ist. Diese Pflichten nennt Llewellyn 'non legal obligations' und grenzt sie gegenüber den 'legal obligations' ab. Die vertraglichen Pflichten gehören zu den 'legal obligations'. Worin liegt wesensmäßig der Unterschied zwischen beiden?

Eine quantitative Abgrenzung etwa nach der Gewichtigkeit der Inhalte erweist sich als untauglich. Es kann für einen Gastgeber wesentlich peinlicher und von größerem Schaden sein, wenn ein Jubilar, zu dessen Ehren ein Dinner gegeben wird, trotz Zusage unbegründet nicht

---

[60] Ebd., S. 717.

[61] Unter Kreditvertrag ist hier ganz allgemein jeder Vertrag zu verstehen, dessen Leistungen erst in der Zukunft zu erfüllen sind.

erscheint, als wenn eines der Mädchen, das für den Anlaß als Serviertochter eingestellt wurde, ausbleibt. Doch nur im letzten Fall liegt eine rechtliche Verpflichtung vor. Llewellyn versucht daher, 'legal obligations' qualitativ von 'non legal obligations' zu scheiden. Rechtliche Verpflichtungen, so führt er aus, enthalten zumeist eine klar umschriebene Leistungspflicht. Leistungsgegenstand und Leistungsumfang werden bei Vertragsabschluß festgesetzt und bleiben von da an im Prinzip unverändert. Was die eine Partei zu leisten verpflichtet ist, genau das soll die andere zu fordern berechtigt sein. Demgegenüber sind 'non legal obligations' ihrem Wesen nach innerhalb von Grenzen flexibel, und sie bleiben es auch nach Abschluß der Vereinbarung. Sie bewegen sich nicht auf einer scharf gezogenen Linie, sondern innerhalb einer bestimmten Bandbreite[62]. Niemand hätte es dem Jubilar übel genommen, wäre er zwanzig Minuten zu spät gekommen. Anders wenn er erst zwei Stunden nach dem Essen aufgetaucht wäre; dann hätte er die Grenzen des Zulässigen überschritten. Was von den gesellschaftlichen Pflichten zu sagen ist, — daß sie nicht genau fixiert sind und in der gelebten Wirklichkeit oszillieren, gilt auch für die Art, wie vertragliche Vereinbarungen gelebt werden. Ein Handel wickelt sich in Realität nicht auf den vertraglich vorgezeichneten Linien ab. Sieht ein Mietvertrag den Auszugstermin für den 31. März, zwölf Uhr, vor, so wird die Schlüsselübergabe vermutlich irgendwann zwischen neun und drei Uhr stattfinden. Ein Lieferant wird trotz abweichendem Vertragstext die Annullierung von Bestellungen eines guten Kunden aus Kulanz tolerieren.

Das vertragliche Verhalten der Parteien zeichnet sich durch größere oder kleinere Flexibilität aus, und jedes Geschäft, wie exakt es auch formuliert sein mag, erfordert zu seiner praktischen Durchführbarkeit von den Parteien ein Mindestmaß an gegenseitiger Toleranz; ohne diese müßte jeder Handel im Streit enden. Kleinliches Bestehen auf jedem Detail würde auch den gewissenhaftesten Vertragspartner an irgendeiner Stelle ins Unrecht setzen. Man denke etwa an einen Generalunternehmervertrag! Das Verhalten der Parteien, die informelle Anpassung dieses Verhaltens von Tag zu Tag, erfüllt das vertragsrechtliche Raster mit wirklichem Leben. Der Vertrag und die 'legal obligations' geben die groben Linien des von den Vertragsparteien erwarteten Verhaltens an. Das im einzelnen konkret erwartete Verhalten wird den vertragsrechtlich fixierten Inhalten nie genau entsprechen. Eine Diskrepanz zwischen beiden ist unvermeidlich. Bleibt sie gering, so erfüllt der Vertrag seine Funktionen und verleiht einer Vereinbarung zusätzliche Sicherheit. Die klagbaren rechtlichen Pflichten entsprechen

[62] Llewellyn: What Price Contract?, S. 723.

ungefähr dem erwarteten Verhalten. Ist die Diskrepanz dagegen groß, kann der Vertrag zur Quelle von Risiken werden. Beruft sich nämlich eine Partei ‚aufs Recht', so wird der Rechtsstab den Vertrag nach seinen präzisen, rechtlichen Inhalten auslegen und nicht nach den approximativen Gehalten der 'non-legal obligations'. Die Einwendung des bisher guten Kunden, in früheren Fällen seien Annuliierungen trotz des Textes auf dem Bestellformular akzeptiert worden, findet nur selten Gnade.

Der Vertrag — eine Maschine? Ein Gerüst? Die Hauptbedeutung des Vertrages besteht darin, faßt Llewellyn zusammen, ein Gerüst für beinahe jede Art dauernder oder vorübergehender Beziehungen zwischen Individuen und Gruppen zur Verfügung zu stellen, ein höchst anpassungsfähiges Gerüst, allerdings eines, das fast nie die wirklich gelebten Beziehungen angeben kann, das aber grob anzeigt, wo sich das wirkliche Leben abspielt; in Zweifelsfällen dient es als Richtlinie, und wenn die Beziehung faktisch gestört ist, kann es als Norm angerufen werden[63]. Dieses Gerüst, das Vertragsrecht generell, ist nicht starr, sondern hat sich stets neu den Bedürfnissen der Individuen und der Gesellschaft zu stellen und anzupassen. Gleichzeitig hat es Verhaltensweisen zu ändern und zu steuern. Der Vertrag ist nicht etwas Passives (Llewellyn braucht im Zusammenhang mit der contract-machinery oft die Wörter 'role' und 'play'). Der Vertrag gibt selber Anstöße und erfüllt damit eine dynamische Funktion. Er ist nicht Requisit, sondern Akteur.

e) Stewart Macaulay

Als weitere Definition des Vertrages wollen wir uns jene von Stewart Macaulay ansehen. Er ist einer der führenden amerikanischen Vertragsrechtler und Rechtssoziologen. Sein Interesse gilt der empirischen Forschung. In Macaulays Vorstudie über die 'non-contractual relations in business' taucht der Vertragsbegriff in ungewohnter Weise auf. Der Vertrag ist für ihn ein Mittel zur Durchführung einer Transaktion. Die Transaktion selber ist nicht mit dem Vertrag identisch; sie kann vertraglichen oder nicht-vertraglichen Charakter haben. Vertrag bedeutet für Macaulay zweierlei:

— "Rational planning of the transaction with careful provision for as many future contingencies as can be forseen and

— the existence or use of actual or potential legal sanctions to enduce performance of the exchange or to compensate for non-performance."[64]

---

[63] Ebd., S. 737.

[64] Macaulay: Non-contractual Relations, S. 56.

Die beiden Elemente, die den Vertrag ausmachen, sind demnach die rationale Planung der Beziehung und das Vorhandensein rechtlicher Sanktionen für den Fall vertragswidrigen Verhaltens. Geschäfte können durchdacht oder weniger detailliert geplant sein. Manche Transaktionen werden bis in jede Einzelheit besprochen und zu Papier gebracht. Außerordentliche, finanziell gewichtige, 'once in a life time' Vereinbarungen nehmen in der Regel diese Form an. Alle denkbar möglichen Zwischenfälle, die auftreten könnten, werden genannt, die Risiken verteilt. Durch die rationale Planung wird, um Llewellyns Bild zu gebrauchen, das Raster der wechselseitigen 'legal obligations' verfeinert. Rational geplante Transaktionen nennt Macaulay *vertragliche* Transaktionen, Routinegeschäfte, Vereinbarungen, die nicht weiter besprochen werden, bei denen künftige Fragen künftigen Besprechungen überlassen sein sollen, nennt er 'non-contractual agreements'. Ihnen fehlt das typisch Vertragliche, nämlich die Festlegung in der Gegenwart der künftig erwarteten Verhaltensweisen, kurz der Planung.

Das zweite Element des Vertrages ist das Vorhandensein rechtlicher Sanktionen. Vertraglich sind nur jene Vereinbarungen, die rechtliche Sanktionen nach sich ziehen. Diese können ausdrücklich vereinbart sein oder sich aus dem Gesetzesrecht bzw. common law ergeben. Nicht jede Vereinbarung zieht potentiell rechtliche Sanktionen nach sich. Die Parteien können darauf verzichten, ihr Abkommen als rechtliches Instrument auszugestalten. Das 'agreement' bleibt dann ein 'gentlemen's agreement'. Es kann der Vereinbarung die nötige Bestimmtheit fehlen, um sie zu einem Vertrag werden zu lassen. Wird die Vereinbarung dagegen rechtlich erzwingbar, sei es durch Erfüllungs- oder Ersatzklagen, dann nimmt sie vertraglichen Charakter an. Selbstverständlich können die gesetzlichen Sanktionen verschärft oder gelockert werden; vom Haftungsausschluß bis zur Konventionalstrafe steht eine Palette von Möglichkeiten zur Verfügung, die rechtlichen Sanktionen auszugestalten. Je mehr eine Vereinbarung durch solche abgesichert wird, sagt Macaulay, desto ‚vertraglicher' ist sie.

Macaulay weist mit seiner Vertragsdefinition auf zwei Funktionen des Vertrages: auf die Rationalisierung und die Erzwingbarkeit von Vereinbarungen. Rationale Planung dient der Festlegung zukünftigen Verhaltens in der Gegenwart, rechtliche Sanktionen verleihen der Planung Autorität, indem sie die Einhaltung des vereinbarten künftigen Verhaltens nicht mehr nur die Privatsache der verpflichteten Partei sein läßt, sondern der berechtigten Partei einen Machtapparat anbietet, der ihr ihre Erfüllungs- oder Ersatzansprüche durchsetzen hilft. Rationale Planung kann fehlen, weniger oder mehr erfolgen oder ganz intensiv vorangetrieben werden. Eine Vereinbarung kann ohne rechtliche Sanktionen ausgestattet sein, sie kann mit stumpfen oder scharfen Rechtsbehelfen versehen werden. Entsprechend können Vereinbarungen in Macaulays Terminologie stufenlos an vertraglichem Charakter zu- und abnehmen; sie können mit andern Worten keine, mehr oder weniger vertragliche oder stark vertragliche Züge annehmen. Sein Vertragsbegriff ist plastisch; je nachdem von welcher Seite man eine Vereinbarung betrachtet, kann sie in verschiedenen Schattierungen ‚vertraglich' erscheinen. Macaulay interessiert vornehmlich die Frage: Wie und in welchem Umfang werden rationale Planung und rechtliche Sanktionen im Wirtschaftsleben gebraucht? Welche Rolle spielt der Vertrag? Seinen Antworten auf diese Fragen werden wir später noch begegnen[65].

f) Jean Carbonnier

Carbonnier, der heute führende Rechtssoziologe Frankreichs, sieht im Vertrag ein besonders facettenreiches soziales Phänomen, das sich begrifflich nicht scharf fassen läßt. In ganz bewußt vager Formulierung definiert er den Vertrag „als beliebige private Einrichtung von interindividuellen Rechtsbeziehungen, die man durch Anwendung soziologischer Gegebenheiten beeinflussen kann"[66]. Zu den Verträgen zählt er neben marktorientierten Austauschverhältnissen auch zahlreiche familienrechtliche Institute wie die Ehe oder die Adoption und die Quasiverträge, wie sie sich in verschiedenen Rechtsgebieten finden.

Carbonnier wendet sich gegen die verbreitete Auffassung, wonach der Vertrag ein wirtschaftlich rationaler, ausschließlich vom individuellen Willen getragener Rechtsakt sei. Wirtschaftliche Rationalität ist nur eine unter verschiedenen Komponenten, die vertragliches Verhalten bestimmen. Der Vertrag ist vielmehr ein Gesamtakt, der auch durch Gefühle, Wünsche, Leidenschaften und Vertrauen geprägt wird. Verschiedene Vertragstypen werden selbstverständlich unterschiedlich empfunden. Beim Kauf beispielsweise tritt das Moment des Austausches deutlicher in den Vordergrund als beim Arbeitsvertrag oder der Miete, die eher als ‚Situation' erlebt werden. Aber selbst die Unterzeichnung eines standardisierten Kaufvertrages ist vielleicht mehr ein Glaubensakt, der Erwartungen und Vertrauen ausdrückt, als die vernunftmäßige Zustimmung zu einem bestimmten Vertragstext.

Die Psychologie, glaubt Carbonnier, kann einen großen Beitrag zur Erforschung der vertraglichen Strukturen leisten. Sie könnte zahlreiche Phänomene der vertraglichen Wirklichkeit verständlich machen. An

[65] Vgl. unten Kp III, 2.
[66] Jean Carbonnier: Rechtssoziologie, Berlin 1974, S. 254.

einer Stelle schreibt er: „Le contrat d'adhésion paraîtra moins anormal qu'il n'avait paru à la génération précédente, parce que celle-ci s'était peut-être trop attachée à l'analyse du contrat comme volonté. Or, la volonté n'est pas tout: il y a le sentiment, il y a la passion. Le contrat est, peut-être, assez naturellement, une adhésion, un acte de foi, un acte de confidence, donc un acte global, contrairement à notre analyse tâtillonne qui essaye de la découper et de retrouver sous chacune de ses clauses une coincidence des volontés."[67]

Diesem Umstand tragen leicht erkennbar die Werbung und die public relation Rechnung. Neue Kunden anzuziehen und bisherige Kunden zufriedenzustimmen bzw. Vertragsabschlüsse zu erreichen und die Vertragsabwicklung angenehm zu gestalten, sind ihre Funktion. Werbung und public relation spielen dabei vor allem auf den Instrumenten der Emotionen und sie spielen mit Bravour. Dies allein schon zeigt, in welchem Ausmaß unser Vertragsverhalten von psychologischen Komponenten abhängig ist, denen die rechtsdogmatische rationale Vertragsdefinition nicht Rechnung trägt. Die psychologischen Elemente, die in das soziale Institut ‚Vertrag' mit hineinspielen, sind nicht für alle Vertragsarten identisch. Für den Kaufvertrag nennt Carbonnier zum Beispiel die Bindung des Menschen an Güter als ausschlaggebend. „La complexité de la vente y reflète la complexité de la propriété, les liens de l'homme à la chose."[68]

Zwei weitere Aspekte sind für die soziologische Erfassung des Vertrages bedeutsam: Unter dem Einfluß des Willensdogmas wird zu viel Gewicht auf den Vertragsabschluß gelegt. „[L]e moment de l'exécution, et non pas seulment celui de la formation, a une valeur sociologique."[69] Die Bedingungen, unter denen ein Vertrag eingegangen wurde, bleiben während der Vertragsdauer nicht unverändert bestehen. So kann ein Partner, der sich bei Vertragsabschluß in einer schwachen Position befand, während der Dauer des Vertragsverhältnisses an Stand gewinnen. Dies gilt vor allem für Vertragsverhältnisse, bei denen ein Wechsel des Vertragspartners mit hohem Aufwand verbunden ist, wie etwa die Einarbeitung eines neuen Mitarbeiters oder die Suche nach einem neuen, zuverlässigen Lieferanten.

Carbonnier warnt — wie schon Ehrlich — davor, den Vertragstext überzubewerten. Die Rechtssoziologie hat bereits früh erkannt, daß das Recht nicht identisch mit den geschriebenen Rechtsnormen sei, und dasselbe gilt auch für den Vertrag. Der Vertragstext ist vorerst einmal nur eine Urkunde, der nicht immer und in allen Teilen getreulich nach-

---

[67] Carbonnier: Flexible droit, S. 223.

[68] Ebd., S. 237.

[69] Ebd., S. 221.

gelebt wird. Stets ist die Frage zu stellen: „[D]ans quelle mesure les dispositions d'un contrat-type sont-elles appliquées effectivement? Trop souvent nous l'ignorons."[70] Zur soziologischen Erfassung des Vertrages gehören auch die Personen, die typischerweise mit einzelnen Vertragsarten zu tun haben; die Versicherungsagenten, die Liegenschaftsverwalter, der Verkäufer oder die Serviceleute; ‚l'interposition de ce rouage humain', gibt dem Vertrag jeweils seinen besonderen Charakter.

3. Vertragliches Verhalten — Vertrag — Vertragsrecht

Alle genannten Umschreibungen des Vertrages machen deutlich, wie schwierig es ist, dieses Institut begrifflich zu erfassen. Zu vielfältig und schillernd sind die sozialen Phänomene, die wir gemeinhin in die Hülle ‚Vertrag' packen. Da die Rechtssoziologie sich mit der Interaktion von Gesellschaft und Recht beschäftigt, kommt sie beim Studium einzelner Institute aber nicht darum herum zu sagen, welche gesellschaftlichen Erscheinungen sie im Wechselspiel mit welchen Gebieten des Rechts untersuchen will. Die Ausführungen in diesem Abschnitt erheben nicht den Anspruch, Neues zur Terminologie des Vertrages beizutragen, es sei lediglich klargestellt, was in dieser Arbeit gemeint ist, wenn von vertraglichem Verhalten, Vertrag und Vertragsrecht die Rede ist.

a) Vertragliches Verhalten

Vertragliches Verhalten ist vorerst einmal Austauschverhalten[71]. Ein Austausch liegt vor, wo zwei oder mehrere Personen Aktivitäten oder Gegenstände, die für sie mehr oder weniger lohnend oder kostspielig sind, gegeneinander eintauschen[72]. Als Beziehungsmuster beherrscht der Austausch weite Felder sozialer Interaktion. Einige sagen sogar, alle sozialen Beziehungen seien Austausch, und weisen darauf hin, daß unsere Lebensbeziehungen, von den wirtschaftlichen bis zu den intimsten, auf wechselseitigem Hingeben und Empfangen beruhen[73].

Vertragliches Verhalten ist ein besonders qualifiziertes Austauschverhalten: Blau hat auf einen für uns hilfreichen Unterschied zwischen sozialem und wirtschaftlichem Austausch aufmerksam gemacht[74]. Mit

---

[70] Ebd., S. 222.

[71] Zum Austausch als Voraussetzung des Vertrages vgl. unten Kp II, 2.

[72] Homans: Social Behavior, S. 13.

[73] Vgl. unten Kp II, 2, a.

[74] Blau: Exchange and Power, S. 91 ff. Der Begriff 'economic exchange' ist insofern nicht glücklich gewählt, als damit ein geldwerter Austausch assoziiert wird. Blau schließt darin aber durchaus auch Leistungen nicht-geldwerter Natur ein. Zwei Nachbarn vereinbaren beispielsweise, keine Hunde zu

sozialem Austausch meint er freiwillige Handlungen, die durch die Erwartung einer unbestimmten Gegenleistung motiviert sind. So etwa tauschen Erwachsene Geschenke, Kinder Spielzeuge und Nachbarn Hilfeleistungen aus. In sozialen Austauschbeziehungen wird regelmäßig eine Gegenleistung erwartet, doch ihr Inhalt und Umfang bleiben unbestimmt. Wirtschaftliche Austauschverhältnisse zeichnen sich dagegen durch eine genaue Bestimmung der auszutauschenden Leistungen aus. Leistung und Gegenleistung stehen nicht im Ermessen der Parteien. So kaufen wir eine Unze Gold für 487.— US Dollar, mieten eine Wohnung zu einem bestimmten Monatszins und lassen uns die Haare für zwanzig Franken schneiden.

Sozialer und wirtschaftlicher Austausch nennt Blau ‚Extreme'. Die gelebten Beziehungen liegen dazwischen. In keiner sozialen Austauschbeziehung bleiben die erwarteten Leistungen völlig unbestimmt. Kinder, die untereinander Spielzeug tauschen, erwarten für ein ‚schönes Spielzeug', das sie dem Spielgefährten geben, als Gegenleistung ebenfalls eines seiner ‚schönen Spielsachen'; und etwas differenzierter tun dies auch die Erwachsenen. Reale wirtschaftliche Austauschbeziehungen umgekehrt lassen stets kleinere oder größere Ermessensräume bezüglich des Inhalts und des Umfangs der Leistungen offen.

Was Blau wirtschaftlichen Austausch nennt, deckt sich in diesem Punkt mit unserem Begriff des vertraglichen Verhaltens. Bestimmtheit der Leistungen ist eines seiner Charakteristika. Jedes vertragliche Verhalten liegt zwischen den beiden Polen; der totalen Bestimmtheit und völligen Unbestimmtheit der Leistungen, doch näher beim ersteren. Daß wir keine klare Grenze zwischen Bestimmtheit und Unbestimmtheit der Leistungen finden können, die vertragliches Verhalten von anderem Austauschverhalten trennt, braucht uns nicht zu betrüben. Mit dieser Realität kämpft ja auch die Rechtsprechung in ihrem Bemühen, die Bestimmtheit oder wenigstens die Bestimmbarkeit vertraglicher Leistungen als Essentialia des Vertrages dogmatisch glaubwürdig zu fassen.

Vertragliches Verhalten ist *zukunftsorientiert*[75]. Im Zeitpunkt des Vertragsschlusses wird die kommende Abfolge der Leistungen in die Gegenwart projiziert und bindend festgelegt. Vertragliches Verhalten heißt, künftige Handlungen verbindlich planen. Ob es um eine oder zwei später zu erfüllende Leistungen geht oder nur um die Folgen eines bereits vollzogenen Austausches, ist weniger entscheidend als die Tatsache, daß künftig erwartetes Verhalten verbindlich vereinbart wird.

---

halten. Die gegenseitig erwarteten Verhaltensweisen sind sehr genau bestimmt, jedoch ohne wirtschaftlichen Wert.

[75] Vgl. unten Kp II, 1.

Vom Begriff des vertraglichen Verhaltens schließen wir somit Austauschbeziehungen aus, die keine Zukunft haben. Das reine Tauschverhalten betrachten wir in Übereinstimmung mit Ehrlich nicht als vertragliches Verhalten. Hans im Glück, der den Reiter, dem er den Goldklumpen für ein Pferd überlassen hat, nie wieder sehen wird und sehen kann, hat nicht vertraglich gehandelt.

Schließlich ein dritter Punkt. Nicht alles zukunftsorientierte und durch Bestimmtheit der Leistungen ausgezeichnete Austauschverhalten ist vertragliches Verhalten. Bestimmtheit der Leistung und Zukunftsorientierung charakterisieren ja z. B. auch die Austauschbeziehung eines militärischen Chefs und seiner Truppe. Vertragliches Verhalten enthält ein Moment der *Freiwilligkeit*. Die Entscheidungskompetenzen dürfen nicht ausschließlich bei einem der Austauschbeteiligten liegen. Was diese Freiwilligkeit im einzelnen umfaßt, läßt sich nicht generell sagen. Es muß daher die Feststellung genügen, daß vertragliches Verhalten, wie der Begriff hier verwendet werden soll, ein Austauschverhalten meint, das durch einen gewissen Grad an Bestimmtheit der auszutauschenden Leistungen, seine Ausrichtung auf die Zukunft und wenigstens ein Minimum an Freiwilligkeit charakterisiert wird.

b) Vertrag

Den Begriff Vertrag brauchen wir in dieser Arbeit in doppelter Bedeutung: Wir sprechen vom Vertrag als einer Vereinbarung zwischen zwei oder mehreren Personen und vom Vertrag als einer sozialen Institution. Beobachten wir zwei Menschen in ihrer Austauschbeziehung: Sie planen ihr künftiges Handeln, setzen die Leistungen fest und sprechen über die Regeln, denen sie ihre Beziehung unterordnen wollen. Von einem bestimmten Zeitpunkt an sagt man, sie hätten ein Abkommen getroffen, einen Vertrag geschlossen, sie seien eine Vereinbarung eingegangen. Das Produkt, das aus ihrem Handeln hervorgeht, nennen wir Vertrag[76]. Manchmal ist es in einem Schriftstück verkörpert, öfters auch nicht. Von welchem Moment an ein Vertrag vorliegt, ist nicht immer klar. Die Lehre hält eine umfassende Doktrin zum Zustandekommen des Vertrages bereit, die dazu dient, die Geburtsstunde des Vertrages genau festzulegen. Doch das Recht ist nur eine von verschiedenen Normenquellen, die sich zu dieser Frage ausspricht. Was Brauch und Sitte gelten lassen, kann vor dem Recht an Formerfordernissen scheitern[77], und umgekehrt erfahren Parteien oft erst vom Richter, sie

---

[76] Ähnlich definiert Havighurst den Vertrag: The Nature of Private Contract, S. 9.

[77] Ohne dies beweisen zu können, vermute ich, daß ein durch Handschlag besiegelter Bürgschaftsvertrag über, sagen wir, hundert Franken nach Sitte und Brauch Gültigkeit hat, während das Schweizerische Recht diesen Ver-

hätten einen rechtsgültigen Vertrag abgeschlossen. Konvention, Moral und Gruppennorm beurteilen das Verhältnis manchmal anders als das Recht. Handschlag und ‚eins drauf trinken' markieren Geburtsstunden des Vertrages, die unser Recht nicht kennt. Von welchem Zeitpunkt an wir einen Vertrag vor uns haben, kann unterschiedlich beantwortet werden, je nachdem, welchen Normenkomplex wir zur Beurteilung heranziehen.

Mit Vertrag meinen wir zweitens eine soziale Institution. Sie umschließt die Gesamtheit der mit vertraglichem Verhalten verbundenen Muster, Rollen und Prozesse. Der Vertrag als soziale Institution ist ein Komplex sozialer Normen, die einen zentralen gesellschaftlichen Bereich, vornehmlich die Wirtschaft, regelt[78]. Wir sind uns bewußt, wie schwierig es ist, vom Vertrag als einer einheitlichen Institution zu sprechen. Zu unterschiedlich sind die einzelnen Vertragstypen und ihre Funktionen. Gelegentlich wollen wir den Begriff jedoch vorsichtig in dieser Allgemeinheit gebrauchen, wenn wir glauben, Tendenzen zu entdecken, die eine Vielzahl verschiedener Vertragstypen gleichermaßen betreffen. Dann sprechen wir zum Beispiel vom Wandel des Vertrages in der einen oder andern Richtung.

c) Vertragsrecht

Das Vertragsrecht soziologisch zu umschreiben, begegnet einer doppelten Schwierigkeit. Die eine hat sie mit dem soziologischen Rechtsbegriff gemeinsam: Wo liegt die Grenze zwischen vertragsrechtlichen und nicht-vertragsrechtlichen Normen- und Verhaltenskomplexen? Welche sozialen Beziehungen regelt das Recht, welche werden durch außerrechtliche Normen und Prozesse gesteuert? Was ist Recht überhaupt? Diese grundsätzlichen Fragen beschäftigen die Rechtssoziologie seit ihren Anfängen, und sie sind eine ständige Herausforderung geblieben. Wir wollen uns ihr hier nicht stellen, sondern auf die Schwierigkeit hinweisen, der eine Abgrenzung des Vertragsrechtes vom übrigen Recht begegnet.

Vertragsrecht hat mit der rechtlichen Regelung vertraglichen Verhaltens zu tun. Es ist mit dem Institut des Marktes aufs engste verbunden

---

trag nur in Schriftform anerkennt (Art. 493 Abs. 1 OR). Eine Arbeiterfrau aus Oregon erzählte mir, nachdem sie sich beklagt hatte, daß man heute für alles und jedes einen 'lawyer' brauche, wie sie vor zwanzig Jahren ihr Haus vom Nachbarn gekauft hätten. Man hätte sich damals zusammengesetzt, den Kauf besprochen und ein Glas Wein darauf getrunken. Bald danach hätte sie mit den Anzahlungen begonnen und nach einigen Jahren sei das Haus ihr gewesen. Einen schriftlichen oder gar öffentlich beurkundeten Vertrag hatte sie nicht!

[78] Vgl. Rehbinder: Rechtssoziologie, S. 92.

— es ist die rechtliche Ordnung des Marktes. Mit Ordnung assoziieren wir etwas Stabiles, etwas Statisches. Auch das Vertragsrecht sehen wir gerne als einen feststehenden Normenkomplex, der die Vielfalt vertraglicher Verhaltensweisen nach einheitlichen Gesichtspunkten ordnet. Das Vertragsrecht ist für den Juristen verkörpert in ehrwürdigen, allen vertrauten Gesetzesartikeln des Obligationenrechts oder in den vertraglichen Prinzipien des common law. Diese werden zusammengehalten durch eine jahrhundertealte, in ihren Grundzügen gefestigte Dogmatik.

Vertragsrecht ist gleichzeitig aber etwas Dynamisches. Es sind Konflikte aus vertraglichen Beziehungen und ihre Lösung. Es sind Zivilrechtskammern, an die Klagen herangetragen werden. Es sind Beamte, die die Begehren entgegennehmen, prüfen, abweisen, entscheiden und zur Not auch mit Zwangsmitteln durchsetzen. Vertragsrecht umfaßt die Institutionen, die sich mit wirtschaftlichen Austauschverhältnissen befassen und Anweisungen erteilen, wie ein alter Streit beizulegen sei oder wie Verhältnisse inskünftig zu gestalten seien. Soziale Beziehungen wandeln sich über die Jahre — ein zweites dynamisches Element. Heute spielen sich an den Bankschaltern Kaliforniens andere Szenen ab als zur Zeit der Goldwäscher: Viele kaufen und verkaufen (meist telefonisch) noch Edelmetalle zu Spekulationszwecken, doch höchst selten kreuzt einer am Schalter auf, der die Früchte seiner Bemühungen am Ufer des Sacramentoflusses deponieren will. Dafür steht die Kundschaft Schlange vor den Bancomaten, um Geld abzuheben oder Checks zu deponieren. Märkte blühen auf und sterben ab, so auch ihre Ordnung. Vertragliches Verhalten wandelt sich mit ihnen und so auch ihr Recht.

Wir können das Vertragsrecht als etwas Statisches oder Dynamisches sehen, als Momentaufnahme oder Bewegungsablauf. Ungeachtet der Betrachtungsweise kann die Rechtssoziologie das Vertragsrecht von andern Rechtsgebieten nur abgrenzen, indem sie es in Relation zu bestimmten sozialen Verhaltensweisen setzt. Da das Recht in jeder Gesellschaft eine Funktion erfüllt, muß dem Vertragsrecht ein sozialer Bereich zugeordnet werden, wo es seine spezifische Aufgabe wahrnimmt. In der Abgrenzung eines derartigen Bereiches liegt gleichzeitig das Problem.

Sollen wir dem Vertragsrecht alle Normen und Prozesse zuordnen, die vertragliches Verhalten steuern und ihm Schranken setzen? Gehen wir diesen Weg, so kommen wir zu einem Vertragsbegriff, der praktisch alle Rechtsbereiche zumindest teilweise mit einschließt. Fast alles moderne Recht beeinflußt vertragliches Verhalten auf direkte oder indirekte Weise. Gesetze zur Sozialfürsorge schlagen sich in Form von Abgaben in Arbeitsverträgen nieder, Steuervorschriften haben ihre Auswirkungen auf Konsumverträge, Lebensmittelverordnungen auf den Einkauf im Supermarkt, Gewässerschutzvorschriften auf den Inhalt von Werkverträgen und Immobilienmarkt. In den westlichen Industriegesellschaften, deren komplexer Produktions- und Distributionsapparat auf vertraglichen Austauschbeziehungen aufbaut, wirkt fast jede rechtlich relevante Entscheidung einschränkend und damit steuernd auf vertragliches Verhalten ein. Ein Vertragsrechtsbegriff, der alles Recht umfaßt, das vertragliches Verhalten beeinflußt, eine Definition, die alle Schranken des Vertrages mit einschließt, ist zu weit, als daß sie vernünftige Abgrenzungskriterien abgeben könnte.

Wollen wir Vertragsrecht jenen Teil des Rechts nennen, der das Vertragliche am Vertrag, die inhaltlich und formal frei eingegangenen Vereinbarungen regelt? Wollen wir alle Schranken des Vertrages aus dem Begriff ausklammern und ihn auf das Vertragsprinzip, die Auslegungsvorschriften und die dispositiven Normen begrenzen? Sicher liegt hier der Kern des Vertragsrechtes. Es will die frei getroffenen Vereinbarungen respektieren und rechtlich unterstützen. Es delegiert die Rechtssetzungsbefugnis an die Vertragsschließenden und hängt lediglich subsidiär ein Sicherheitsnetz auf für den Fall, daß keine tragfähige, individuelle Regelung vorliegt. Einiges spricht für eine derartige Definition, sie würde ins Zentrum des Vertragsgedankens führen. Wahrscheinlich aber aus dem Zentrum der vertraglichen Realität heraus. Ein Vertragsrechtsbegriff, der die für alle Verträge geltenden Schranken der Nichtigkeit und Anfechtbarkeit ausläßt, zielt zu kurz, denn Schranken sind ein essentieller Bestandteil jeder vertragsrechtlichen Ordnung. Das Vertragsprinzip und seine Schranken bilden eine Einheit; keines macht ohne das andere Sinn. Ebensowenig ein soziologischer Vertragsrechtsbegriff, der die Schranken ganz ausklammert.

Einen originellen Weg wählt Friedman in seiner Studie 'Contract Law in America'[79]. Er umschreibt Vertragsrecht als jenen Körper generalisierter Rechtsnormen, der den Anspruch erhebt, grundsätzlich auf alle vertraglichen Beziehungen Anwendung zu finden ohne Rücksicht auf den Typus der Transaktion. Vertragsrecht ist jenes Recht, das auf einen Kauf ebenso anwendbar ist wie auf einen Werkvertrag, einen Werkvertrag ebenso wie einen Arbeitsvertrag. Er schließt vom Vertragsrechtsbegriff alle speziellen rechtlichen Normen aus, die auf die Regelung einer einzelnen Transaktionsart abzielen. Da eine Vielzahl von vertraglichen Beziehungen und insbesondere alle sozial relevanten Austauschverhältnisse ihre eigenen Rechtskörper entwickelt haben (Arbeitsvertragsrecht, Mietvertragsrecht, Versicherungsvertragsrecht,

[79] Friedman: Contract Law in America, S. 15 ff.

etc.), ist das Vertragsrecht für Friedman ein Recht der 'leftovers', der Restgebiete, die nicht oder noch nicht wichtig genug für eine gesonderte Regelung waren. Neben den 'leftovers' regelt es allenfalls noch einige grundsätzliche Probleme wie das Zustandekommen eines Vertrages oder die Willensmängel. Doch auch diese Fragen werden bei vielen wirtschaftlich relevanten Transaktionen abweichend geregelt, sei es durch ein Gesetz, sei es durch transaktionsspezifische Nuancen in der Auslegung durch die Gerichte.

Friedmans Vertragsrechtsdefinition hat viele Vorzüge, die Konsequenz ist jedoch, daß er das Vertragsrecht dadurch in eine winzige Ecke des Rechtssystems verbannt, wo es ein Aschenbrödeldasein fristet. Sie hat den Vor- und Nachteil, daß sie sich ganz an legalistischen Kriterien orientiert, nämlich daran, ob eine Transaktion separat geregelt wird oder nicht[80]. Soll jedoch der Interaktionszusammenhang zwischen Vertragsrecht und den gesellschaftlich bedeutenden Formen vertraglichen Verhaltens gewahrt bleiben, so müssen wir nach einem Vertragsrechtsbegriff suchen, der die rechtliche Regelung sozial relevanter Vertragsbeziehungen miteinschließt. Was ist Vertragsrecht dann?

Carbonnier schreibt über den Vertrag: „Notre théorie générale du contrat, a fortiori notre théorie générale des obligations ont eu pour conséquence de masquer la diversité du réel ... C'est pourquoi la sociologie juridique ne peut se hasarder qu'avec beaucoup de prudence à parler du contrat dans sa généralité et son abstraction."[81] Der Verschiedenartigkeit der Verträge entspricht die Vielfarbigkeit ihrer rechtlichen Regelung. Es läßt sich kaum mehr von *einem* Vertragsrecht sprechen. Es hat sich aufgelöst in zahlreiche einzelne rechtliche Regelungen verschiedener Transaktionen. Man spricht von der Partikularisierung des Vertragsrechts, von seiner Auflösung in verschiedenste Einzelgebiete. Vielleicht ist es heute unmöglich, eine befriedigende Definition des Vertragsrechts zu geben, es sei denn man gehe mit Friedman und quartiere das Vertragsrecht in der Gerümpelkammer des Rechtssystems ein, wo jene rechtlichen Regeln gelagert sind, die man kaum mehr

---

[80] Das Vertragsrecht ist Teil des ungeschriebenen common law. Sobald ein Rechtsgebiet gesetzlich geregelt wird, scheidet es formal aus dem common law aus und wird zu statutory law. In den letzten hundert Jahren sind alle sozial relevanten Rechtsgebiete aus dem common law ausgesiedelt worden. Heute werden nur noch wenige, oft unbedeutende Sachverhalte vom vertragsrechtlichen common law geregelt. Die Übertragung der Vertragsrechtsdefinition, die Friedman gibt, würde im kontinentalrechtlichen Kontext Probleme stellen; zwar kennen die kontinentalen Rechtssysteme die Unterscheidung zwischen dem allgemeinen und besonderen Vertragsrecht, doch die Grenzen dieser Unterscheidung verlaufen anders als jene zwischen common law und statutory law. Eine Beschränkung des Vertragsrechtsbegriffs auf das allgemeine Vertragsrecht wäre eindeutig zu eng.

[81] Carbonnier: Flexible droit, S. 223.

gebraucht oder die man allenfalls einmal zurate zieht, wenn man etwas braucht, wofür man noch nichts besseres gefunden hat. Wahrscheinlich gibt es keine klaren Abgrenzungskriterien, die für alle Transaktionen gleichermaßen gelten.

Es bleibt uns nichts anderes übrig, als die rechtliche Regelung jeder Transaktion gesondert zu betrachten, um dann zu sagen, ob sie vertragsrechtlichen Charakter hat oder nicht. Es wird dabei ein Mehr oder Weniger herauskommen. Woran läßt sich die Vertraglichkeit einer rechtlichen Regelung messen? Ein möglicher Maßstab wären die dem Vertragsprinzip zugrundeliegenden Freiheiten: die Abschluß-, Gestaltungs- und Formfreiheit[82]. Dieser Terminologie folgend hätte etwa die rechtliche Regelung des Kaufes eines Fahrrades mehr vertragsrechtliche Merkmale als die rechtliche Regelung einer Wohnungsmiete, denn der Kauf eines Fahrrades ist durch ungleich weniger zwingendes Recht geregelt als ein Mietverhältnis. Auftragsrecht ist vertraglicher als das Versicherungsvertragsrecht und dieses wiederum vertraglicher als der Kauf eines Eisenbahnbillets. Das Vertragsrecht ist jener Rechtskörper, der typischerweise frei eingegangene und ausgehandelte Vereinbarungen regelt. Das Vertragsrecht setzt jedem vertraglichen Verhalten gewisse rechtliche Grenzen; diese sind für die einzelnen Transaktionen unterschiedlich weit oder eng gezogen. Ob die rechtliche Regelung einer Transaktion vertragsrechtliche Züge trägt, ergibt erst die Prüfung im Einzelfall.

Zugegeben, dieser unbestimmte Vertragsrechtsbegriff befriedigt in vielem nicht. Er erlaubt uns nicht, die rechtlichen Gewänder verschiedener Transaktionstypen in eine einzige Schublade zu stecken. Dies hält uns jedoch gleichzeitig davon ab, Hüte und Stiefel stets als Einheit zu behandeln. Unsere Umschreibung ermöglicht uns dagegen, unser Augenmerk frei von dogmatischen oder gesetzessystematischen Überlegungen auf einzelne Transaktionstypen und deren rechtliche Regelung zu richten und zu prüfen, welche Bedeutung der rechtlichen Regelung eines spezifischen Vertragsverhaltens zukommt, ob und in welchem Umfang sie dem vertragsrechtlichen Regelungstypus entspricht und wie sie sich im Laufe der Zeit verändert[83].

---

[82] Vermutlich ähnlich überlegt Sweet, der den Vertrag folgendermaßen umschreibt: "'Contract' is roughly equivalent to *party autonomy* (power given to *parties* to make rules), and *private autonomy* (power given to the *private* parties to make rules), and *freedom of contract* (freedom of the parties to make the agreements they wish and in the way they wish.) Contract contrasts with public controls, which, in varying ways, determine when contracts must be made, how they must be made, and what they must contain." The American Contract System: Today and 2001, Ind. L. Rev. 7 (1973), S. 309, Anm. 2. Auch Sweet muß sich offenbar bei seiner Definition mit einer groben Annäherung zufrieden geben.

[83] Vgl. unten Kp V.

Jedem Juristen ist klar, daß Rechtsgebiete sich nicht messerscharf abgrenzen lassen. Man denke an die end- und fruchtlosen Debatten um das öffentliche und private Recht. Wir sprechen von persönlichkeitsrechtlichen Aspekten des Arbeitsrechtes, den sachenrechtlichen Elementen des Immaterialgüterrechts. Warum nicht auch von den vertragsrechtlichen und nicht-vertragsrechtlichen Schattierungen im Agentur-, Leasing-, Miet- oder Versicherungsrecht?

Kehren wir zu unserem Ausgangspunkt zurück: Vertragsrecht regelt vertragliches Verhalten. Die äußeren Schranken dieses Verhaltens werden von den verschiedensten Rechtskörpern gesetzt. Innerhalb dieser Schranken wird es geschützt durch die rechtliche Anerkennung der Privatautonomie, dem Kern des Vertragsrechtes. Jedes Verhalten und jede rechtliche Regelung einer Transaktion ist eine Funktion von Freiheit und Zwang. Je mehr freiheitliche und je weniger zwingende Elemente die rechtliche Regelung einer Transaktion aufweist, desto vertragsrechtlicher ist sie.

Ein Wort noch zu Freiheit und Zwang: Wir wollen gleich klarstellen, daß wir hier von *rechtlicher* Freiheit und *rechtlichem* Zwang sprechen. So wenig sich das Recht aus den Gesetzbüchern allein ablesen läßt, so wenig lassen sich rechtliche Freiheit und rechtlicher Zwang aus der Anzahl zwingender Gesetzesbestimmungen ableiten. Wie vertraglich die Regulierung einer Transaktion ist, bestimmt sich nach dem gesamten Rechtssystem und nicht zuletzt nach dem Rechtsstab und seiner Tätigkeit. Gesetzliche Regulierungen einer Vertragsbeziehung sagen nichts darüber aus, wie sie angewendet und durchgesetzt werden. Zwingende Normen können extensiv oder restriktiv interpretiert werden. Wieviel Freiheit und Zwang in einer rechtlichen Regulierung liegen, mißt sich am Verhalten derer, die mit der Aufstellung, Anwendung und Durchsetzung der Normen beauftragt sind. Rechtlicher Zwang und rechtliche Freiheit sind überdies abzugrenzen von sozialen Zwängen und Freizügigkeiten. Soziale Schranken können, müssen aber nicht mit jenen des Rechts übereinstimmen. Gewisse Vereinbarungen sind sozial verpönt, obwohl sie das Recht zuläßt, andere wiederum sind in der Gesellschaft weitverbreitet, obwohl das Recht sie untersagt oder streng beschränkt.

Zweites Kapitel

Wurzeln des Vertrages

Vertragliches Verhalten begegnet uns in verschiedensten Formen quer durch Kulturen und Epochen. Vertragliches Verhalten ist eine Art des sozialen Verhaltens, ist also ein auf andere ausgerichtetes, soziales Handeln. Es bezweckt die Befriedigung von Bedürfnissen, und zwar von Bedürfnissen, die ihrer Natur nach nur durch soziale Interaktion befriedigt werden können. Vertragliches Verhalten ist nur eine unter verschiedenen sozialen Verhaltensweisen, die Bedürfnisse auf dem Interaktionsweg befriedigt. Andere Verhaltensweisen, wie erziehen, beschenken oder lieben, sind nicht-vertragliche soziale Verhaltensweisen. Welcher Stellenwert vertraglichem Handeln im Vergleich mit andern sozialen Verhaltensweisen zukommt, ob Verträge häufig oder selten sind, welche Lebensbereiche vertraglich und welche nicht-vertraglich geregelt werden, variiert von Gesellschaft zu Gesellschaft. Man sprach von der zunehmenden Bedeutung des Vertrages in der industriellen Gesellschaft[1] und spricht heute vom Niedergang des Vertrages im modernen Wohlfahrtsstaat. Gemeint wird dabei wohl, daß vertragliches Verhalten einen zunehmenden bzw. abnehmenden Anteil am gesamten sozialen Verhalten aufweist[2]. Der Anteil des vertraglichen Verhaltens variiert nicht nur mit dem Entwicklungsstand einer Gesellschaft. Auch in verschiedenen primitiven Kulturen kann vertragliches Verhalten einen unterschiedlichen Stellenwert einnehmen[3].

---

[1] Die zunehmende Bedeutung des Vertrages in der industriellen Gesellschaft wurde bis zur Jahrhundertwende allgemein anerkannt. Davon zeugen die evolutionären Rechtstheorien Sir Henry Maines und Emile Durkheims.

[2] Bei den zahlreichen Aussagen über den Niedergang des Vertrages ist nicht immer ganz klar, was damit gemeint ist. Werden heute weniger Verträge abgeschlossen als früher? Ist vertragliches Verhalten seltener? Nimmt die Bedeutung des Vertragsrechtes ab? Beschränken Regulierungen den vertraglichen Gestaltungsfreiraum zunehmend? Geht die Strenge vertraglicher Bindungen zurück, oder kommt dem Vertrag immer weniger Bedeutung bei der Statusbestimmung zu? Bricht die Vertragsrechtsdogmatik in Stücke? Die Fragen sind hier nicht zu beantworten, sollen jedoch in Erinnerung rufen, daß zunehmende oder abnehmende Bedeutung des Vertrages wenig aussagt, solange nicht spezifiziert wird, was genau zu- bzw. abnimmt. Vgl. auch unten Kp. VI.

[3] Malinowski beurteilt vertragliches Verhalten als einen wesentlichen Faktor im Leben der Trobriands, einer ethnischen Gruppe in Neu Guinea

Welches sind die Voraussetzungen, die vertragliches Verhalten ermöglichen, welche anthropologischen und sozialen Faktoren prägen den Vertrag? Ist vertragliches Verhalten quer durch Geschichte und Kulturen beobachtbar — und darauf lassen zahlreiche rechtsethnologische Berichte schließen[4] —, so müssen auch die Voraussetzungen universellen Charakter haben. Eskimos schließen Verträge, Schweizer, Ashanti und Römer zeigten und zeigen vertragliches Verhalten. Die Wurzeln des Vertrages sind also dort zu suchen, wo anthropologische und soziologische Gemeinsamkeiten zwischen den verschiedenen Kulturen bestehen. Angesichts der kulturellen Vielfalt und der mannigfachen Formen gesellschaftlicher Existenz verwundert es nicht, daß diese Gemeinsamkeiten nur relativ allgemein formuliert werden können.

In allen Kulturen ist vertragliches Verhalten nur eine besondere Form sozialen Verhaltens; deshalb haben das vertragliche Verhalten und andere Handlungsformen oft ähnliche Wurzeln. Alle sozialen Handlungen — vertraglich oder nicht-vertraglich — dienen der Befriedigung von Bedürfnissen durch einen oder mehrere Interaktionspartner. Soziale Handlungen gehen aus von Individuen aus Fleisch und Blut, mit ihren konkreten Möglichkeiten und Schranken, gleichzeitig können sie alle ihre Funktion erst im gesamtgesellschaftlichen Kontext erfüllen. Die Wurzeln des Vertrages unterscheiden sich nicht so sehr qualitativ von denen anderer Arten sozialen Handelns — sie bestehen aus dem gleichen Gewebe —, doch einzelne Voraussetzungen menschlicher Existenz sind für das vertragliche Verhalten von ganz besonderer Bedeutung.

In der rechtssoziologischen und der anthropologischen Literatur ist viel über rechtliches Verhalten geschrieben worden. Ein ganzer Zweig der Anthropologie befaßt sich mit der Beschreibung, Deutung und dem interkulturellen Vergleich rechtlicher Verhaltensweisen[5]. Die Ansätze sind verschieden. Die Antworten auf die Frage, welche sozialen Ver-

(vgl. Crime and Custom), während es bei den Cheyenne, einem Indianerstamm der Rocky Mountains, eher von untergeordneter Bedeutung war (vgl. Llewellyn / Hoebel: The Cheyenne Way, S. 237).

[4] Reiches Material zum Vertrag findet sich z. B. im Werk des ethnologischen Klassikers Thurnwald: Werden, Wandel und Gestaltung des Rechtes, S. 45 bis 80.

[5] Rechtsanthropologie ist ein junges wissenschaftliches Feld. In Amerika wurde das Interesse der Anthropologen für das Recht wachgerufen durch Publikationen wie Roy F. Barton: Ifugao Law, Berkeley 1919; Malinowski, Crime and Custom; Robert S. Rattray: Ashanti Law and Constitution, Oxford 1929 und Herbert I. Hogbin: Law and Order in Polynesia, London 1934. Der Rechtsanthropologie als einer eigenständigen Disziplin hat Llewellyns und Hoebels Publikation: The Cheyenne Way 1941 zum Durchbruch verholfen. Einige der heute führenden Rechtsanthropologen sind Paul Bohannan, James Gibbs Jr., Max Gluckman, P. H. Gulliver, E. Adamson Hoebel, Laura Nader und Leopold Pospisil.

haltensweisen rechtlich relevant seien, variieren mit dem gewählten Rechtsbegriff. Solange die Frage nach dem 'Law of Primitive Man'[6] im Vordergrund steht, dienen Untersuchungen zu einzelnen sozialen Institutionen zumeist der Erläuterung oder Widerlegung einer anthropologischen Rechtstheorie[7]; das Interesse konzentriert sich nicht auf die Institution selber, sondern auf die Natur des Rechts. Dies gilt besonders für die Literatur zum Vertrag.

In der amerikanischen rechtssoziologischen Literatur wurde bisher erst einmal der Versuch unternommen, die Voraussetzung vertraglichen Verhaltens zu untersuchen: Macneil nennt in seinem Artikel 'The Many Futures of Contracts' vier primäre Wurzeln des Vertrages:

— Specialisation of Labor and Exchange
— Sense of Choice
— Conscious Awareness of Past, Present and Future
— Social Matrix[8].

Er bedient sich bei seiner Studie Erkenntnissen aus den verschiedensten Disziplinen, da vertragliches Verhalten nach seiner Auffassung mit Biologie ebenso zu tun hat wie mit Ökonomie, Psychologie, Anthropologie, Soziologie und Politik. Unter Berücksichtigung seiner Ausführungen wollen wir im folgenden drei Wurzelsträngen nachgehen, die als Voraussetzungen vertraglichen Verhaltens gelten können.

Vertragliches Verhalten ist menschliches soziales Handeln. Physiologische, psychologische und intellektuelle Fähigkeiten und Schranken des Menschen setzen die Rahmenbedingungen. Die Gesamtheit der dem handelnden Individuum anhaftenden Eigenschaften, die vertragliches Verhalten ermöglichen, gestalten und beschränken, nennen wir die personale Matrix. Vertragliches Verhalten ist Austauschverhalten. Eine Leistung wird erbracht um einer Gegenleistung willen. Austausch ist die zweite Wurzel des Vertrages, denn erst durch den Austauschmechanismus, der bestehende soziale Differenzierung in wechselseitige Bedürfnisbefriedigung umsetzt und die Gesellschaft dabei gleichzeitig weiter ausdifferenziert, werden Verträge überhaupt möglich. Schließlich wird vertragliches Verhalten ermöglicht und geprägt durch die kulturelle Umwelt. Sprache, Institutionen, Normen und Rollen sind wesentliche, eigenständige Voraussetzungen des Vertrages. Die Gesamtheit dieser sozio-kulturellen Faktoren bezeichnen wir als die kulturelle Matrix.

---

6 So lautet der Titel einer Publikation Hoebels aus dem Jahre 1954.

7 Vgl. z. B. Pospisil 'Anthropology of Law', wo er versucht, aus Felduntersuchungen in vier verschiedenen Kulturen (cross-cultural research), eine Rechtstheorie zu entwickeln.

8 Macneil: The Many Futures of Contracts, S. 696 ff.

1. Personale Matrix

Aus der Gesamtheit der Eigenschaften, die dem sozial handelnden Individuum anhaften, weisen wir auf drei Komplexe hin, die für vertragliches Verhalten wichtig sind. Zur personalen Matrix gehört die physiologische Natur der handelnden Person. Diese bestimmt zuerst einmal die Bedürfnisse, die befriedigt werden müssen. Nahrungsaufnahme, Kleidung, Behausung oder sexuelle Aktivität können als Beispiele dienen. Physiologische Bedürfnisse können auf verschiedenste Weise Befriedigung finden, teils durch soziales Handeln, teils durch nicht-soziales Handeln und teils durch vertragliches Handeln[9]. In welchem Ausmaß physiologische Bedürfnisse durch vertragliches Verhalten befriedigt werden können, bestimmt neben der Natur der Bedürfnisse auch die Strukturierung der gesellschaftlichen Produktions- und Distributionsprozesse. In einer Agrargesellschaft ist der Weg vom Feld auf den Tisch kurz; der Hunger wird gestillt, ohne daß vorgängig ein Kauf getätigt wird. Zur Ernährung in einer Industrie- oder Dienstleistungsgesellschaft ist der einzelne auf den Vertrag angewiesen. Ob vertragliches Verhalten als Mittel zur Bedürfnisbefriedigung gewählt wird, hat also nur begrenzt mit dem Bedürfnis selbst etwas zu tun: sofern aber in solchen Fällen vertragliches Verhalten gezeigt wird, hat dieses seinen Grund in physiologischen Bedürfnissen. Die physiologische Natur des Individuums bestimmt nicht nur seine Bedürfnisse, sondern auch seine Möglichkeiten und Grenzen, vertraglich zu handeln. Dies gilt für den Menschen als Einzelnen und als Spezies. Ein Mann mit Körpergröße 1,80 Meter wird mit keinem europäischen Zirkus einen Anstellungsvertrag als Zwerg oder Riese aushandeln können. Ebensowenig wird irgend jemand sich verpflichten können, die Sonne im Westen aufgehen zu lassen[10]. Soweit vertragliches Verhalten an Grenzen dieser Art stößt, sind sie bedingt durch die physiologische Natur der handelnden Person.

Zur personalen Matrix zählen wir im weiteren die psychologischen Aspekte der Persönlichkeit. Als soziales Wesen hat der Mensch psychische Bedürfnisse, die nach Befriedigung rufen. Zeugnis eines dieser Bedürfnisse legt das menschliche Streben nach sozialer Anerkennung ab. Was immer soziale Anerkennung im einzelnen bedeutet, sie ist eng verbunden mit sozialem Status; und soweit dieser durch vertragliches

[9] Durst kann beispielsweise direkt gestillt werden durch Trinken aus dem Wildbach (nicht soziales Handeln); durch Saugen an der Mutterbrust (soziales Handeln) oder indirekt durch Kauf eines Biers im Supermarkt (vertragliches Handeln).

[10] In verschiedenen Rechtsordnungen findet dieses Faktum seinen Niederschlag in Konzepten zur Unmöglichkeit der Erfüllung.

Handeln verändert werden kann, ist der Vertrag ein Mittel zu ihrer Befriedigung. Grundsätzlich stehen zwei Wege offen, durch Vertrag auf den Status Einfluß zu nehmen. Der erste führt direkt zur Statusveränderung durch Vertrag; der zweite indirekt, indem durch Vertrag Statussymbole erworben werden. Gesellschaftsstruktur und Kultur entscheiden, ob und in welchem Umfang vertragliches Handeln erhöhten Status und damit soziale Anerkennung verschaffen kann. Unseres Wissens läßt dies jede Kultur in irgendeiner Form zu. Die psychischen Bedürfnisdispositionen der Handelnden sind in diesen Fällen ursächlich für ihr vertragliches Verhalten. Psychische Eigenschaften der handelnden Persönlichkeit wirken gleichzeitig in Form von Anweisungen und Schranken auf ihr vertragliches Verhalten. Kulturelle Werte, Normen und Verhaltensmuster, die im Sozialisationsprozeß vom Individuum internalisiert werden[11], entwickeln sich zu Bestandteilen seiner Persönlichkeit. Soweit sie durch diesen individualpsychologischen Prozeß untrennbar mit der Persönlichkeit verbunden wurden, gehören sie zur personalen Matrix. Sie beeinflussen die Fähigkeit oder Unfähigkeit einer Person, in einer bestimmten Weise zu handeln. Sie haben als Teil der Persönlichkeit Einfluß auf ihr vertragliches Verhalten[12].

Der dritte Aspekt der personalen Matrix ist gekennzeichnet durch die intellektuellen Kapazitäten des Menschen. Entscheidend für den Vertrag ist dabei zweierlei: sein Zeitgefühl und sein Konzept vom freien Willen. Die ausgeprägte Ausbildung dieser intellektuellen Fähigkeiten hat irgendwann in der evolutiven Entwicklung des Menschen stattgefunden und ihm vertragliches Verhalten möglich gemacht. Woher diese Fähigkeiten stammen, ob sie exklusiv menschliche Eigenschaften darstellen oder auch bei einzelnen Tiergattungen beobachtet werden können, braucht hier nicht diskutiert zu werden[13]. Wesentlich ist der entwicklungsgeschichtliche Sprung — qualitativ oder quantitativ —, der den Menschen zu zukunftsorientiertem Verhalten befähigt, das jedem vertraglichen Handeln zugrunde liegt. Dazu war notwendig ein klares Bewußtsein für Vergangenheit, Gegenwart und Zukunft[14]. Dieses befä-

[11] Eine gute Darstellung des psychologischen Verinnerlichungsprozesses findet sich bei Pospisil: Anthropology of Law, S. 197 - 204.

[12] Zur Bedeutung der 'personality disposition' (personale Matrix) für das Recht und insbesondere für die Konfliktlösungsprozesse vgl. James L. Gibbs Jr: Law and Personality; Signposts for a New Direction, in: Nader (Hrsg.), Law in Culture and Society, S. 177 - 207.

[13] Aus der Verhaltensforschung insbesondere über Primaten sind zahlreiche Beobachtungen von zukunftsorientiertem Verhalten bekannt geworden. Auch die Fähigkeit, in irgendeiner Form zwischen Alternativen zu wählen und damit gewohnte Handlungsabläufe zu durchbrechen, scheint nicht nur dem Menschen eigen zu sein. Vgl. Jane van Lawick-Goodall: In the Shadow of Man, Boston 1971.

[14] Die Bedeutung des Zeitsinnes als eines fundamentalen Faktors für vertragliches Verhalten spiegelt sich in den zwei nachfolgenden Zitaten: "For to

higt den Menschen, sich künftige Situationen in der Gegenwart vorzustellen und Handlungsabläufe in die Zukunft zu projizieren. Der Zeitsinn allein genügt jedoch für vertragliches Verhalten nicht; erst in Verbindung mit freiem Willen unterscheidet sich vertragliches Handeln von biologisch oder psychologisch determinierten Handlungsabläufen. Der Konzeption des Vertrages liegt die Vorstellung zugrunde, daß das Individuum seine Zukunft durch Willensentscheide beeinflussen kann. Sein Zeitsinn befähigt es zur Projektion und der vorgängigen Wahrnehmung von Alternativen, sein freier Wille zur Entscheidung. Zeitgefühl und freier Wille sind maßgebliche Wurzeln des vertraglichen Verhaltens. Ist freier Wille Realität oder Fiktion? Die Antwort kann — wer wollte sie geben? — offen bleiben, denn Voraussetzung für den Vertrag ist nicht ein realer freier Wille, sondern bloß eine Konzeption, die den (realen, postulierten, fiktiven) freien Willen als Gestaltungsfaktor für soziales Verhalten anerkennt[15].

---

explain how mankind first learned to promise, we must go to metaphysics, and find out how it ever came to frame a future tense" (Oliver W. Holmes: The Common Law, Boston 1881, S. 251) und: "It is that as soon as man learned to talk, became able to think about the future and acquired a moral sense, he had all of the equipment essential for making and keeping promises" (Havighurst: The Nature of Private Contract, S. 12).

[15] Im Zusammenhang mit der Willensfreiheit stellt Macneil die wichtige Frage: "If physiological (genetic and environmental, both internal and external) determinism would make meaningless the notion of contract, what then is the effect of social limits on choice?" (The Many Futures of Contracts, S. 702). Obwohl soziale Zwänge den freien Willen stark einschränken können, unterscheidet Macneil strikte zwischen vertraglichem Handeln unter sozialem Druck und determiniertem Handeln. Seiner Ansicht nach steht jedes vertragliche Verhalten unter sozialem Druck; sozialer Druck macht vertragliches Verhalten nicht zu determiniertem Verhalten. Er nennt drei Gründe, weshalb auch Handeln unter großem Druck als vertragliches Verhalten zu betrachten sei:

1. Vertragliches Verhalten unter sozialem Druck deckt ein weites Spektrum. Es reicht vom fast zwanglosen Einkehren bei einem Wirt, der demselben Verein angehört wie der Gast, bis zur Erpressung (‚Geld oder des Kindes Leben!') Sowenig bare Erpressung noch etwas mit Vertrag zu tun hat, so unmöglich erweist es sich, eine vernünftige Grenze zwischen Zwang und Freiheit bei vertraglichem Handeln zu ziehen.

2. Jeder Vertrag wird unter irgendwelchen Formen psychologischen oder sozialen Drucks abgeschlossen. Der Vertrag bedingt seiner Natur nach, daß auf etwas verzichtet wird, um etwas anderes zu erhalten. Jedes vertragliche Verhalten erfolgt unter gewissem Druck.

3. Sozialer Druck tritt in verschiedenen Formen auf. Er beeinflußt unser Verhalten z. B. in Familie, Ehe, Gemeinde und Armee. Soziale Drucksituationen sind schwer vergleichbar, doch will es scheinen, daß z. B. das Familienleben oder die Staatsgewalt viel stärkeren Druck auf uns ausüben, als wir ihm bei Vertragsabschlüssen in der Regel unterliegen. Welche Zwänge wir als solche fühlen, hängt jedoch vom Grad ihrer Internalisierung ab. Die Maßstäbe, die wir an den sozialen Druck, der unser Vertragsverhalten bestimmt, anlegen, sind in dieser Hinsicht relativ. Manche Verhaltensmuster sind tiefer verinnerlicht als andere, werden demnach als weniger zwingend empfunden als andere. Vgl. The Many Futures of Contracts, S. 702 f.

2. Austausch

Der Austausch ist die zweite fundamentale Wurzel des Vertrages. Seine Grundlage ist der wechselseitige Transfer von Leistungen zwischen zwei oder mehreren Interaktionspartnern. Die Leistung des einen Partners ist untrennbar verbunden mit der Gegenleistung des andern, und jedes vertragliche Handeln ist gerichtet auf die Erlangung von etwas Fremdem unter der gleichzeitigen Preisgabe von etwas Eigenem. Die Rolle des Austausches in der Gesellschaft ist von Emile Durkheim in seinem bahnbrechenden Werk ‚De la division du travail social' dargestellt worden und ist seither in den Grundzügen von den Sozialwissenschaften anerkannt. Austausch ist die Voraussetzung für jede gesellschaftliche Spezialisierung. Arbeitsteilung und Austausch sind interdependent; Ursache und Wirkung zugleich. Ein einfaches Beispiel: Der Dorftöpfer wird in kurzer Zeit entweder verhungern oder auf dem Felde zu arbeiten beginnen, wenn die, welche seine Töpfe gebrauchen, nicht bereit sind, die Früchte ihrer Felder mit dem Töpfer zu teilen. Kommt es dagegen zum Austausch, erlaubt dies dem Töpfer, weiterhin seiner spezialisierten Tätigkeit nachzugehen und die Feldarbeit andern zu überlassen. Gleichzeitig bedingt Austausch einen gewissen Grad an Spezialisierung, denn wäre der Töpfer nicht Töpfer, sondern ginge wie alle andern der Feldarbeit nach, so gäbe es nichts auszutauschen; alle hätten das gleiche[16].

Austausch- und Spezialisierungsmechanismen sind überall in der organischen Welt zu beobachten. In der Pflanzen- und Tierwelt ebenso wie in menschlichen Gesellschaften. Bekanntlich zeichnet sich ein Biotop durch das Zusammenleben zahlreicher Pflanzenarten aus, die verschiedene funktionale Aufgaben erfüllen; das wechselseitige Gedeihen ist abhängig von der Spezialisierung. Unterschiedliche Organismen erfüllen unterschiedliche Funktionen. Die Lebensfähigkeit eines Bienenvolkes oder die Organisation eines Ameisenhaufens beruht ebenfalls auf Austausch und Arbeitsteilung. Die Bienenkönigin verhungerte, würde sie nicht von andern gefüttert; die Gattung andererseits stürbe aus, wäre die Königin nicht.

Was die Arbeitsteilung in der menschlichen Gesellschaft besonders macht, ist nicht der Austauschmechanismus an sich, sondern das auslösende Moment.

In nicht-menschlichen Lebensgemeinschaften, in reproduktiven, arbeitsteiligen Populationen beruht der Mechanismus auf einem genetischen Programm, langfristig beeinflußt von den Umweltbedingungen[17].

[16] Beispiel zitiert ebd., S. 698.

[17] Es ist nicht auszuschließen, daß auch höher entwickelte Tiere Austauschverhalten zeigen, das sich nicht durch das genetische Programm oder ex-

In menschlichen Gesellschaften tritt als zentraler[18] auslösender Faktor der Wille und das Bewußtsein des Individuums hinzu[19]. Nur dieser Faktor erklärt die rapide Veränderung menschlicher Gesellschaften durch zunehmende Arbeitsteilung; Arbeitsteilung ist durch diesen Faktor zum dynamischen Prozeß geworden. Jede menschliche Gesellschaft beruht zu einem gewissen Grade auf Austausch und Arbeitsteilung[20]. Auf ihre sozialen oder ökonomischen Strukturen kommt es dabei nicht an. Wirtschaftspolitische Entscheidungen können das Ausmaß der Arbeitsteilung beeinflussen, sie fördern oder hindern, nicht aber aufheben[21]. Austausch und Arbeitsteilung sind es, was die Indi-

terne Umweltbedingungen erklären läßt. Vgl. Margret Grüter: The Origins of Legal Behavior, Journal of Social and Biological Structure 2 (1979), S. 47. Dies ändert jedoch nichts daran, daß die Arbeitsteilung in menschlichen Gesellschaften zu einem quantitativ überwältigenden Teil auf nichtgenetischen Faktoren beruht und auch durch die sich wandelnden Umweltbedingungen nur unzureichend erklärt werden kann.

[18] Genetische und umweltbedingte Determination spielt selbstverständlich auch für die Arbeitsteilung in menschlichen Gesellschaften eine Rolle; als Beispiel sei die Geschlechtertrennung genannt.

[19] Eine reizende Sage, die die Bedeutung des freien Willens als Verstärker des Spezialisierungsprozesses illustriert, sei dem Leser nicht vorenthalten: Merlin, ein Magier, hatte die Aufgabe, den jungen Arthur zu erziehen, damit er eines Tages ein großer König werde. Er kam zur Auffassung, daß sein Schüler etwas über Tiere und Insekten lernen sollte. Zu diesem Zwecke verwandelte er ihn in eine Ameise. Arthur sah sich plötzlich als Teil einer wohlgeordneten, arbeitsgeteilten Ameisengesellschaft. Wie er so umhereilte und sich mit seiner neuen Umgebung vertraut machte, sah er, daß überall an gutsichtbarer Stelle ein Schild angebracht war, welches besagte: ‚Alles, was nicht verboten ist, ist obligatorisch!'. Man darf annehmen, daß diese Schilder sich heute noch in jeder Ameisengesellschaft finden, und man kann sicher sein, daß freiwilliger Austausch oder gar Verträge dort — heute wie zu König Arthurs Zeiten — nicht vorkommen und sich die Arbeitsteilung nicht weiterentwickelt hat. Zitiert in Havighurst, The Nature of Private Contract, S. 3 f.

[20] Austausch und Arbeitsteilung ist nur möglich, wenn die spezialisierten Aufgaben, welche einzelne Mitglieder erfüllen, für die Gesellschaft oder einzelne ihrer Mitglieder von Nutzen sind. Diese Gesetzmäßigkeit ist in Durkheims Werk zentral. Nur Organe, die eine sozial wertvolle Aufgabe erfüllen, können sich in der arbeitsteiligen Gesellschaft ausdifferenzieren. Es sei mir erlaubt, zur Verdeutlichung eine ‚Wegwerfgeschichte' von Franz Hohler, einem Schweizer Kabaretisten, wiederzugeben: „Ein Mann, der den Namen Oskar Vandenbeuren trug, machte einmal eine Erfindung. Es gelang ihm nämlich, aus verschiedenen Substanzen ein Bartfett herzustellen. Dieses Fett bewirkte, daß ein Bart durch und durch fettig wurde, und zwar auf Jahre hinaus. Nach einem solchen Fett bestand aber überhaupt kein Bedürfnis, und so wandte sich Oskar Vandenbeuren wieder anderen Beschäftigungen zu." Wegwerfgeschichten, 3. Aufl. Wien 1977.

[21] Versuche, das Niveau der Spezialisierung und des Austausches herabzusetzen oder zumindest nicht voranzutreiben, wurden in Castros Cuba und Maos China durchgeführt. Dies mag in einem gewissen Maße dem gesamtgesellschaftlichen Wohle dienen, besonders in Ländern mit einer nur oberflächlich differenzierten Wirtschaftsordnung. Wohin die Unterdrückung der Arbeitsteilung durch Aufhebung der Geldwirtschaft im Extremfall allerdings führen kann, hat der Genozid in Kampuchea unter Pol Pot gezeigt.

viduen vereint und als Gesellschaft zusammenhält. Durkheim nennt diese integrierende Kraft ‚organische Solidarität'.

Austausch tritt in zwei Formen auf: als *direkter* Austausch und als *zyklischer* Austausch[22]. Beim direkten Austausch findet ein Leistungstransfer von A zu B statt und im Gegenzug ein Leistungstransfer von B zu A. Dies scheint üblicherweise mit Austausch gemeint zu sein; auf dem direkten Austausch basiert unsere Konzeption vom Vertrag. Austausch ist allerdings auch zyklisch denkbar: A transferiert eine Leistung auf B, B leistet an C und dieser wiederum an A; dies als Beispiel für den kleinsten möglichen Zyklus. Verfolgen wir selbst in einfachen Geldwirtschaften den Güter- und Dienstleistungsfluß, so sehen wir, daß sich praktisch jeder Austausch in einem kleineren oder größeren Zyklus abspielt. Ein Bauer und ein Schuster werden sich vielleicht nie begegnen, obwohl der Schuster das Brot des Bauern ißt und dieser die vom Schuster gefertigten Stiefel trägt. Zwischen ihnen stehen der Müller, Bäcker, Verkäufer oder noch mehr Personen, die den Austausch zum zyklischen werden lassen. Zyklisch erscheint dieser Austausch jedoch nur, solange das Geld außer achtgelassen wird. In der Geldwirtschaft unterteilt nämlich das Geld den vom Güterfluß her beobachteten Austauschkreis in einzelne Abschnitte direkten Austausches. Wesentlich in unserem Zusammenhang ist die Einsicht, daß der direkte Austausch Grundlage des Vertrages ist, unabhängig davon, ob es sich um einen realen direkten Austausch oder um ein durch ein Zahlungsmittel zum direkten Austausch transzendiertes Verhältnis handelt.

Austausch als ein fundamentaler Mechanismus für die Entwicklung der arbeitsteiligen Gesellschaft hat in der Geistesgeschichte Vergötterung und Verteufelung erfahren. Liberale sehen im Austausch die Ursache des industriellen Prozesses, des Fortschrittes und des Wohlstandes. Marxisten betrachten ihn als die Quelle kapitalistischer Ausbeutung, weil er den Proletarier zwingt, seine Arbeitskraft, das einzige, worüber er verfügt, zu Markte zu tragen. Es ist hier nicht der Ort, die philosophischen Konzeptionen des Austausches in ihrer Entwicklung seit der industriellen Revolution darzustellen. Immerhin ist es wichtig zu wissen, daß der Austausch nicht wertfrei betrachtet wurde. Dies hallt im Schrifttum zum Vertrag nach. Nicht zu leugnen ist, daß Austausch und Arbeitsteilung Kultur und Wirtschaft überhaupt erst ermöglichen, daß von individueller Entfaltung des Menschen erst die Rede sein kann, wenn Spezialisierung möglich ist[23]. Freiheit hängt damit zusammen. Wichtig ist es, gleichzeitig zu erkennen, daß Aus-

---

[22] Vgl. Macneil: The Many Futures of Contracts, S. 695.

[23] An einem Beispiel demonstriert Macneil ausführlich, wie Austausch eine Gebrauchswertsteigerung für alle Beteiligten erzeugen kann. Vgl. Contracts, S. 2 ff.

tausch und Arbeitsteilung die Entfaltung des Menschen und seine Freiheit auch beschränken können. Die psychische Natur des Individuums tritt heute als Schranke für weitere Spezialisierungen oftmals sichtbar zu Tage[24].

Der Austausch wurde und wird insbesondere in der Ökonomie als Grundlage eleganter Modelle verwendet. Kristallklar und ungetrübt dient er als Medium, um Gesetzmäßigkeiten des Marktes theoretisch zu demonstrieren. Der freiwillige Austausch und damit verbunden der freie Vertrag wird als Voraussetzung zur optimalen Wertsteigerung der in einer Gesellschaft vorhandenen Güter betrachtet. Posner schreibt in seinem Buch 'The Economics of Contract Law'[25]: "The fundamental economic principle, . . ., is that if voluntary exchanges are permitted — if, in other words, a market is allowed to operate — resources will gravitate toward their most valuable use." Und er illustriert diese Aussage mit dem Beispiel: Wenn A ein Gut besitzt, das ihm 100 wert ist, B jedoch 150, so gewinnen beide, wenn sie es zu irgendeinem Preis zwischen 100 und 150 austauschen. Indem der Austausch beiden dient, nimmt der Reichtum der Gesamtgesellschaft zu[26]. Die Gleichsetzung des beiderseitigen Vorteils — wobei die Proportionen des Gewinnes offen sind — mit dem Vorteil der Gesamtgesellschaft stellt ein Kurzschluß dar, wie er für reduktionistische Analysen dieser Art typisch ist. Sie sind es, die zur Auffassung verleiten, Austausch sei per se gut. "A very common fallacy in microeconomic analysis, where efficiency is measured in terms of the benefits and costs of a transaction to the private parties; but then the results are spoken of as if total economic efficiency had been measured."[27] Ob freier Austausch und freier Vertrag dem gesamtgesellschaftlichen Wohle dienen, läßt sich nur aus dem Kontext beurteilen, in dem der Austauschmechanismus abläuft. Als Mechanismus ist Austausch wertfrei.

[24] Gegentrends zur fortgesetzten Arbeitsteilung sind in den modernen postindustriellen Gesellschaften erkennbar. Als Zeichen können das Ende der Bandarbeit und kooperative Produktionsformen in Alternativkulturen gelten.

[25] Kronman / Posner: The Economics of Contract Law, S. 1 f.

[26] Posner legt dieser Aussage die Annahme zugrunde, daß durch den Austausch das Vermögen eines Dritten nicht mehr belastet wird, als A und B gemeinsam gewinnen. Die Erwähnung der nicht beteiligten Dritten bzw. der gesamtgesellschaftlichen Interessen in Posners Überlegungen zum Austausch ist neu, fehlte sie doch in den beiden Ausgaben seines Buches 'Economic Analysis of Law' von 1972 und 1979. Aber auch in 'Economics of Contract Law' verzichtet Posner, die Drittwirkungen eines Vertrages in seine Analyse einzubeziehen: "Many contracts have third party effects but they are normaly studied in courses of environmental law, property law, and torts rather than in courses on contract law. We shall therefore ignore them" (Kronman / Posner: Economics of Contract Law, S. 2 Anm. 1).

[27] Macenil: Contracts, S. 6, Anm. 10.

Bisher war die Rede vom Zusammenhang zwischen Austausch und Spezialisierung. Der Austausch weist jedoch noch weitere Aspekte auf, die ihn als Wurzel des Vertrages deutlicher charakterisieren. Hierher gehört etwa die Frage nach der Motivation zum Austausch, nach dem Verhältnis zwischen dem Austausch und den gesellschaftlichen Institutionen wie etwa dem Markt oder dem Recht. Und: basiert nicht jede soziale Interaktion auf Austausch? Die Soziologie hat diese Frage längst gestellt und die Bedeutung des Austausches für die Gesellschaft unterschiedlich beantwortet. Uns interessiert vor allem: Wie wird der Austauschmechanismus aus soziologischer Sicht dargestellt? Und: läßt sich der Vertrag mit der personalen Matrix und dem Austausch hinlänglich erklären? Dies führt uns in eine Diskussion, welche die Soziologen nicht nur in Amerika in zwei Lager spaltet: Wir sprechen von den Austauschtheoretikern um George C. Homans und den Strukturfunktionalisten um Talcott Parsons.

a) Homans und der austauschtheoretische Ansatz

Homans[28] sieht im Austausch die Grundform allen sozialen Verhaltens, oder: Jedes soziale Verhalten ist Austausch. Er entwickelt seine Theorie aufgrund von ausgedehnten Untersuchungen über die Kleingruppe[29] und ausgehend von der Fragestellung: Welche Kräfte bestimmen elementares soziales Verhalten? Nach welchen Gesetzen wirken sie und wie erklären sie soziale Stabilität? Die Antwort sucht Homans auf induktivem Wege, indem er von den Eigenschaften, die er bei interpersonalen Interaktionsprozessen beobachtet, die Stabilität gesamtgesellschaftlicher Organismen erklärt. Verhaltensbestimmende Faktoren und ihre Gesetzmäßigkeiten lassen sich nach Homans besonders gut in der Kleingruppe erkennen, am klarsten in der Dyade als der kleinsten Einheit sozialer Interaktion. Seine Beobachtungen teilt er in vier Kategorien ein: activity (eine Art des Verhaltens), sentiment (eine Aktivität, die Ausdruck von Handlungen und Gefühlen ist), interaction (sie entsteht, wenn die Aktivität einer Person durch die Aktivität einer andern belohnt oder bestraft wird) und norms (eine Aussage von Gruppengliedern darüber, wie sich Gruppenglieder verhalten sollen)[30].

In unserem Zusammenhang sind die Beobachtungen zur Interaktion entscheidend. Homans stellt die Hypothese auf, daß soziales Verhalten

---

[28] George C. Homans ist als der wichtigste Vertreter der Austauschtheoretiker zu betrachten. Weitere bedeutende Namen sind Peter Blau, Peter Murdoch, John Thibaut und Harald Kelley.

[29] ‚Kleingruppe' nennt Homans selber sein Forschungsgebiet. Doch das Wort ist irreführend. Die Kleingruppe ist nicht *Gegenstand* seiner Untersuchungen, sondern der *Ort*, wo er elementares soziales Verhalten beobachtet. Vgl. Homans: Social Behavior, S. 7.

[30] Homans: The Human Group, S. 35 ff.

stets in der Grundform des Austausches auftritt. Sobald Menschen miteinander face-to-face Kontakt aufnehmen, gehen sie ein Austauschverhältnis ein. Dieses kann materieller oder immaterieller Natur sein. Güter, Dienstleistungen, Anerkennung oder Dankbarkeit können Gegenstand des Austausches sein. Ein Pfund Kaffee gegen zehn Franken, ein Kuß gegen ein Kompliment, eine wohltätige Stiftung gegen Dankesbezeugungen der Begünstigten. Was immer Gegenstand des Austausches ist, die soziale Beziehung zeichnet sich durch ein wechselseitiges Geben und Empfangen aus. Über diese Erkenntnis kommt Homans zu seiner Definition des sozialen Verhaltens "as an exchange of activity, tangible or intangible, and more or less rewarding or costly, between at least two persons"[31]. In dieser Definition treten als Adjektive die beiden Begriffe 'reward' und 'cost' auf — Belohnung und Kosten. Nach Homans sind sie die Schlüsselbegriffe zum Verständnis des Austausches, denn jedes Austauschverhältnis lasse sich mittels der aus der Ökonomie vertrauten Formel: Profit = Reward — Cost analysieren. Menschen treten miteinander in Austauschbeziehungen, wenn diese ihnen einen Gewinn verschaffen; sie brechen die interpersonelle Interaktion ab, wenn die mit dem Austausch verbundenen Kosten die Belohnung übersteigen. Dies gilt nicht nur für wirtschaftliche Austauschbeziehungen, wo Belohnungen und Kosten sich dank des Mediums Geld relativ leicht bewerten lassen[32], sondern für jede Art des sozialen Austausches bis hin in die intimsten Bereiche sozialen Verhaltens.

Ausgangspunkt jeder sozialen Interaktion ist das Streben des Menschen nach Belohnungen, die er nur von andern erhalten kann. Zahlreiche Belohnungen sind ohne Interaktion zugänglich, sie setzen daher keinen Austausch voraus. Ein Strahler etwa, der einen seine Sammlung bereichernden Kristall findet, erfährt eine Belohnung ohne soziale Interaktion. Viele Belohnungen sind jedoch nur durch den Kontakt mit andern Menschen erhältlich. Soziale Anerkennung, Liebesbezeugungen, Loyalität, Wertschätzung und Prestige finden sich nicht in der freien Wildbahn, sondern erfordern zu ihrer Realisierung soziale Interaktion. Ebenso lassen sich in einer spezialisierten, arbeitsgeteilten Gesellschaft die meisten materiellen Güter nur auf dem Wege des Austausches erlangen. Derartige materielle Güter, Dienstleistungen und Aktivitäten, die Dank, Wertschätzung, soziale Anerkennung oder Zuneigung symbolisieren, sind Aktivposten im Austauschmodell, nach denen der Mensch

[31] Homans: Social Behavior, S. 13.

[32] Die Wirtschaftswissenschaften befassen sich fast ausschließlich mit geldwerten Austauschbeziehungen. Nach Alfred Marshalls Definition der Ökonomie hat sie es zu tun mit dem Verhalten der Menschen "... in the ordinary business of life as so far as their motivation are measurable in terms of money" (Principles of Economics, 9. Aufl. New York 1961 (Erstaufl. 1890), S. 8).

strebt. Da allen Menschen das Streben nach Belohnungen durch soziale Interaktion eigen ist, sind diese nur gegen einen Preis zu erhalten. Wer belohnt werden will, muß selber belohnen.

Das Erbringen einer Belohnung für einen andern setzt Homans mit Kosten gleich[33]. Das Pfund Kaffee ist für den Käufer die Belohnung, für den Verkäufer bedeutet es Kosten; der entrichtete Gegenwert von zehn Franken sind Kosten für den Käufer, die Belohnung für den Verkäufer. Wer küßt, belohnt den Bedachten, setzt sich selber jedoch der Gefahr aus, daß ein Kuß unbeantwortet bleibt. Dieser Unsicherheit wegen stellt die Vorleistung des Küssenden Kosten für ihn dar. Jede Form sozialer Interaktion läßt sich nach Homans als Austauschbeziehung analysieren und auf die um soziologische und verhaltenspsychologische Gehalte erweiterte Formel: Profit = Reward — Cost reduzieren, denn jedes soziale Verhalten ist für die Beteiligten mit Belohnungen und Kosten verbunden. Und — soziale Interaktion kommt nur zustande, wenn die erwartete Belohnung die antizipierten Kosten übersteigt. Dies gilt für beide bzw. alle Beteiligten, denn wenn die Rechnung auch nur für einen einzigen nicht aufgeht, so wird er auf sozialen Austausch verzichten. Es fehlt ihm dann an der Motivation. Ist der Kaffee für den Käufer zu teuer, so sucht er nach Ersatz oder verzichtet darauf; stößt ein Kuß nicht auf Gegenliebe, so wird dieses Verhalten zumindest nach einigen erfolglosen Bemühungen abgebrochen. Soziale Interaktion ist nur möglich, wenn alle Beteiligten einen Gewinn erwarten.

Die Formel: Profit = Reward — Cost ruft nach einer Form der Bemessung und Bewertung, wenn ihr irgend ein Aussagewert zukommen soll. Während den Wirtschaftswissenschaften, die sich mit durch Märkte institutionalisierten Austauschbeziehungen befassen, Geld als ein geeignetes Meßinstrument zur Verfügung steht, fehlt es den Sozialwissenschaften an einem vergleichbaren Maßstab. Oftmals kann soziale Anerkennung als Medium für soziale Austauschbeziehungen herangezogen werden, weil viele der verschiedenen Motivationen, die zum Austausch führen, als Streben nach sozialer Anerkennung gedeutet werden können. In mancher Hinsicht sind Geld und soziale Anerkennung aber als Meßinstrumente nicht vergleichbar, nicht zuletzt, weil soziale Aner-

[33] Daß das Erbringen einer Austauschleistung nicht immer mit Kosten gleichgesetzt werden kann, hat Blau richtig erkannt. Wer für einen Nachbarn Holz spaltet, kann dies durchaus zum eigenen Vergnügen tun. Blau versucht jedoch, diesen Sachverhalt in die Austauschtheorie zu integrieren, indem er sagt, daß die Interaktionspartner in Fällen, wo die Leistung des einen Interaktionspartners von *beiden* als Belohnung erfahren wird, die beiden Belohnungen vergleichen. Die Differenz der Belohnungen wird dann zum Maßstab für die Gegenleistung, die vom mehr belohnten Partner erwartet wird. Blau: Exchange and Power, S. 102 f.

kennung sich nicht in Zahlen und Stellen nach dem Komma ausdrücken läßt. Die Formel: Profit = Reward − Cost stellt nicht nur Schwierigkeiten bezüglich der Bewertung, es ist darüber hinaus auch nicht einfach, soziales Verhalten in einzelne analytische Einheiten aufzulösen und zu messen. Die Ökonomie wiederum hat es vergleichsweise leicht, die Anzahl der Transaktionen festzuhalten; wie soll aber die Anzahl von Transaktionen in sozialen Beziehungen gemessen werden? Von sozialen Austauschbeziehungen läßt sich bestenfalls sagen, sie seien intensiver oder lockerer, seltener oder häufiger, mehr oder minder gewinnbringend. Da weder das quantitative Auftreten noch der Wert vieler sozialer Aktivitäten in Zahlen ausgedrückt werden können, setzt Homans 'quantity' und 'value' als Variabeln ein; dies ermöglicht ihm, funktionale Zusammenhänge deutlich zu machen[34]. Vier seiner fünf Lehrsätze über den Austausch lauten:

1. Wenn die Aktivität einer Person früher während einer bestimmten Reizsituation belohnt wurde, wird diese sich jener oder einer ähnlichen Aktivität um so wahrscheinlicher wieder zuwenden, je mehr die gegenwärtige Reizsituation der früheren gleicht.
2. Je öfter eine Person innerhalb einer gewissen Zeitperiode die Aktivität einer andern Person belohnt, desto öfter wird jene sich dieser Aktivität zuwenden.
3. Je wertvoller für eine Person eine Aktivitätseinheit ist, die sie von einer andern Person erhält, desto häufiger wird sie sich Aktivitäten zuwenden, die von der andern Person mit dieser Aktivität belohnt werden.
4. Je öfter eine Person in jüngster Vergangenheit von einer andern Person eine belohnende Aktivität erhielt, desto geringer wird für sie der Wert jeder weiteren Einheit jener Aktivität sein[35].

Vereinfacht ausgedrückt sagen diese Sätze: Der Mensch lernt sich so verhalten, daß er belohnt wird. Je größer der Gewinn aus einer Austauschbeziehung, desto öfter werden die Beteiligten den Austausch pflegen. Und: der Wert der ausgetauschten Handlungen nimmt nach dem Gesetz der marginalen Utilität ab. Homans formuliert in diesen axiomatischen Sätzen Alltagserfahrungen, die er in dieser verallgemeinerten Form Erkenntnissen der Verhaltenspsychologie verdankt. Insbesondere Skinner hat ihn beeinflußt. Skinners Experimente mit Tauben und Ratten sowie die daraus abgeleitete Lerntheorie haben in den Fünfziger Jahren großes Aufsehen erregt. Er studiert das Verhal-

[34] Homans: Social Behavior, S. 51.

[35] Ebd., S. 53 ff. (Übersetzung aus: Homans: Elementarformen sozialen Verhaltens, 2. Aufl. Opladen 1972, S. 45 ff.).

ten und die Verhaltensänderungen von Ratten und Tauben als Funktion von Belohnungen und Entzug[36]. Homans legt diese Ergebnisse seiner sozialen Verhaltenstheorie zugrunde und erklärt soziale Interaktion als eben eine solche Funktion. Wie Skinner weniger an der Frage interessiert ist, weshalb eine Taube am richtigen Ort pickt, wenn sie mit Körnern belohnt wird, als vielmehr, nach welchen Gesetzen ihr Verhalten sich *ändert*, so gilt auch Homans Interesse vornehmlich den Verhaltensänderungen bei veränderten Bedingungen. Die Ursachen des Verhaltens — so sagt er — sind letztlich psychischer Natur und entziehen sich daher soziologischer Erforschung[37]. Die genannten vier verhaltenspsychologischen Lehrsätze legt er seiner Theorie vom sozialen Verhalten als apriorische Axiome zugrunde[38]. Obwohl sie aus Experimenten mit Tieren gewonnen wurden, zweifelt er nicht, daß sie auch für den Menschen gelten.

Wenn Belohnungen und Kosten den Austausch bzw. die soziale Interaktion ausschließlich bestimmen, welche Rolle kommt dann Normen, Werten und sozialen Institutionen zu? Homans findet eine Antwort, indem er alle normativen Einflüsse in sein Modell integriert. Mitglieder einer Gruppe empfinden die Befolgung von Gruppennormen in der Regel als belohnend, Abweichungen davon als kostspielig. Daher sind Normen nichts weiter als zusätzliche Belohnungs- und Kostenfaktoren, die in der Formel zu berücksichtigen sind. Warum und wie sich Normen auf soziales Verhalten auswirken, ist nach Homans ein ausschließlich psychologisches Problem. Die Antworten liegen im individualpsychologischen Sozialisationsprozeß. Die Soziologie hat sich damit nicht zu befassen, sondern lediglich anzuerkennen, daß internalisierte Wertvorstellungen soziales Verhalten beeinflussen und auf die Formel von Belohnung und Kosten einwirken[39].

Eine weitere Frage, die wir in diesem Zusammenhang stellen müssen, lautet: Wie erklärt Homans' Verhaltensmodell die Stabilität einer

[36] Folgende Versuchsanlage lag Skinners Experimenten zugrunde: Eine Taube, eingesperrt in einen Käfig (the Skinner Box), spaziert im Käfig herum und pickt. Picken gehört zum angeborenen Verhaltensrepertoir einer Taube. Pickt die Taube auf die rote Taste im Käfig, wird sie von Skinner (oder einem Automaten) mit einem Korn belohnt. Skinner stellt fest, daß die Taube lernt, auf die rote Taste öfter zu picken, wenn diese Aktivität wiederholt belohnt wurde. Zudem zeigt sich, daß die Taube öfter auf die rote Taste pickt, wenn sie hungrig ist, weniger oft, wenn gesättigt. B. F. Skinners Werke sind zitiert in Homans: Social Behavior, S. 18 Anm. 1.

[37] Homans ist überzeugt, "that the ultimate explanatory principles in anthropology and sociology, and for that matter in history ... [are] psychological". Sentiments and Activities, Essays in Social Science, New York 1962, S. 29.

[38] Mit 'ultimate psychological reductionism' umschreibt Homans selber sein wissenschaftliches Vorverständnis, wonach die Psychologie theoretisch allen andern sozialen Wissenschaften vorgehe.

[39] Homans: Social Behavior, S. 4 und 46.

Gruppe oder einer Gesellschaft? Soziales Verhalten kommt zustande, wenn zwei oder mehrere Individuen erwarten, dadurch zu gewinnen. Die Erwartungen werden bestimmt durch die gemachten Erfahrungen und durch Kalkulationen. Der Mensch wird sich stets für jenes Verhalten entscheiden, das ihn am reichsten belohnt[40]. Ergeben sich bessere Alternativen, verändert er sein Verhalten. Solange er sein Verhalten immer wieder ändert, ist er nicht stabilisiert. An einem gewissen Punkt wird er jedoch die für ihn optimalen Alternativen gefunden haben und wegen der abnehmenden marginalen Utilität zusätzlicher sozialer Interaktion nicht nach mehr streben[41]. An diesem Punkt kann gesagt werden, das Individuum sei stabilisiert. Soweit das für die große Mehrzahl von Individuen gilt, ist auch die Gruppe oder Gesellschaft stabilisiert[42]. Homans sieht den Austausch als den ausschließlichen Mechanismus für soziale Interaktion. Er wird ausgelöst, sobald die erwarteten Belohnungen die erwarteten Kosten für alle Interaktionspartner übersteigen. Diese wiederum bestimmen sich nach den individualpsychologischen Eigenschaften der einzelnen Interaktionspartner und nach verhaltenspsychologischen Gesetzmäßigkeiten.

b) Parsons und der strukturfunktionale Ansatz[43]

Austausch und soziale Interaktion spielen auch im Denken der Strukturfunktionalisten eine wesentliche Rolle. Allerdings lehnen es diese ab,

---

[40] Dies tönt nach einer Renaissance des homo oeconomicus. Homans spricht von seiner Rehabilitierung: "Indeed we are out to rehabilitate the 'economic man'. The trouble with him was not that he was economic, that he used his resources to some advantage, but that he was antisocial and materialistic, interested only in money and material goods ... what was wrong with him were his values: he was only allowed a limited range of values; but the new economic man is not so limited. He may have any values whatever, from altruism to hedonism, ... Ebd., S. 79.

[41] Ökonomen können den Punkt, an dem es zum Austausch kommt, als Preis und verkaufte Quantität theoretisch exakt festlegen. Er liegt dort, wo eine aufsteigende Angebotskurve sich mit der fallenden Nachfragekurve schneidet. Homans wagt es nicht, diese Gesetzmäßigkeit für soziales Verhalten zu vermuten, doch unterschwellig schwingt sie in seiner Theorie mit. "We dare make no such assumption and therefore ... the point at which our sort of exchange will settle down — if it settles at all — is subject to more complicated repercussions than economics usually takes into account." Ebd., S. 70 f.

[42] Vgl. Homans: Social Behavior as Exchange, American Journal of Sociology 63 (1958), S. 603.

[43] Strukturfunktionalismus ist der Name einer theoretischen Strömung in den Sozialwissenschaften. Ihr hervorragendster Vertreter ist Talcott Parsons. Weitere Namen sind Robert K. Mertons, Kingsley Davis, Neil Smelser, Edward Shils, Robert Bellah und Robin Williams. Die strukturfunktionale Theorie versucht jene Faktoren zu bestimmen, die ein gegebenes Gesellschaftssystem im Gleichgewicht erhalten oder das Gleichgewicht stören. Strukturfunktional wird die Theorie genannt, weil sie Strukturkategorien enthält, die eine vollständige und logische Beschreibung konkreter sozialer

soziale Phänomene und Prozesse allein aufgrund sozialer Interaktion zu erklären und im Austausch zwischen zwei oder mehreren Individuen den elementaren Baustein der gesamten Gesellschaft zu erkennen[44]. Soziale Interaktion ist nicht die analytische Grundeinheit, aus deren Gesetzmäßigkeit sich ohne weiteres auf die Entstehung und Beständigkeit komplexer Gesellschaftsordnungen schließen läßt, sondern nur einer von vielen Faktoren, die integrierend[45] und stabilisierend auf die Gesamtgesellschaft wirken. Das Wesen der Gesellschaft erklärt sich erst aus dem gesellschaftlichen und kulturellen Gesamtzusammenhang, in dem einzelne Faktoren spezifische funktionelle Aufgaben erfüllen[46]. Die Gesamtheit dieser Faktoren und ihr Zusammenspiel muß daher in die Untersuchung gesellschaftlicher Phänomene miteinbezogen werden. Jede Gesellschaft besteht aus:

1. Menschen, realen, biologischen und neurologischen Organismen. Ihnen sind existentielle, physiologische Bedürfnisse eigen, die sie nur zum Teil ohne Bezug auf andere Menschen befriedigen können (behavioural organism)[47].
2. Menschen mit verinnerlichten Wertvorstellungen und Verhaltensmustern, mit Motivationen, Ziele zu erreichen und Wünsche zu befriedigen (personality system).
3. sozialen Beziehungen und einer sozialen Organisationsstruktur, welche aus institutionalisierten Werten, Normen- und Rollenkomplexen aufgebaut ist (social system), und
4. einer Kultur, welche das Erbe an Wissen, Glauben, Ideen, und Technologie enthält und Sprache, Normen, Werte, Bräuche, Recht und Symbole umfaßt (cultural system)[48].

Zustände ermöglichen, und weiter Funktionskategorien formuliert, die strukturerhaltende Prozesse erklären. Vgl. Bergmann: Die Theorie des sozialen Systems, S. 32. Zu Parsons Biographie und Bedeutung für die amerikanische Soziologie, vgl. Rocher: Talcott Parsons, S. 9 ff. und Benton Johnson: Functionalism in Modern Sociology, Morristown, N. J. 1975, S. 2.

[44] Parsons spricht von Interaktion, doch im wesentlichen ist sie gleichzusetzen mit Austausch. Ein Informationsaustausch über die gegenseitige Erwartungen, ein Austausch positiver oder negativer Sanktionen und eine Transaktion materieller oder immaterieller Güter. Da es in unserem Zusammenhang auf geringfügige Unterschiede zwischen den Begriffen Interaktion und Austausch nicht ankommt, sondern auf die Bedeutung, die dem Austausch in der strukturfunktionalen Theorie zukommt, behandeln wir die Begriffe als Synonym. Vgl. Rocher: Talcott Parsons, S. 83.

[45] Die Interaktion erfüllt in der Gesellschaft die Integrationsfunktion (vgl. Parsons: An Outline of the Social System, in: Theories of Society, Bd. I, S. 40). Zum Verhältnis zwischen Interaktion als Teil des sozialen Systems und dem Parsonschen Vier-Funktionen Paradigma vgl. Hans Adriaansens: Talcott Parsons and the Conceptual Dilemma, Boston 1980, S. 107 ff.

[46] Vgl. Bergmann: Die Theorie des sozialen Systems, S. 29.

[47] Parsons: An Outline of the Social System, S. 34.

[48] Parsons / Shils: Toward a General Theory of Action, S. 54 f.

Im folgenden wollen wir die soziale Interaktion, die analytisch zum social system gehört, etwas näher darstellen und ihre Beziehung zu Motivationen, Bedürfnissen, Wünschen und Werten, Normen und Rollen klären[49]. Dazu bedienen wir uns des einfachsten Austauschmodells, der Beziehung zwischen zwei Individuen A und B[50]:

Jedes Individuum hat bestimmte Bedürfnisse und Ziele, die es nur durch soziale Interaktion befriedigen und erreichen kann. Der Interaktionspartner ist ihm Mittel zu ihrer Realisierung. Bedürfnisse, Ziele und Wünsche reichen jedoch zur Interaktion nicht aus. Wie kann B die Absichten des A erkennen? Was motiviert ihn, sie zu erfüllen? A muß seine Absichten in einer Weise ausdrücken, daß B sie verstehen kann. Er bedient sich daher Symbolen, die beiden vertraut sind, Gesten oder Worten. Interaktion erfordert über die Kommunikation hinaus gegenseitige Erwartungen, damit es zur Handlung kommt. Die gegenseitigen Erwartungen, die durch die individuellen Bedürfnisse und Erfahrungen bestimmt werden, müssen miteinander vereinbar sein. Handelt A in einer Weise, die B verständlich ist, und sind die gegenseitigen Erwartungen miteinander vereinbar, so kann A damit rechnen, daß B in der gewünschten Weise reagiert. Gemeinsame Verständigungsmittel und gegenseitige Erwartungen bestimmen den Erfolg der Interaktion. Erfüllt A durch sein Handeln die Erwartungen B's, wird dieser A durch eigenes Verhalten belohnen; widerspricht A's Verhalten dagegen den Erwartungen B's, wird dieser A's Erwartungen seinerseits nicht erfüllen, ihn also bestrafen. Dieser Sanktionsmechanismus verstärkt erwartungskonformes Handeln. Dauert die Beziehung an, bilden sich Verhaltensmuster und wechselseitige Rollen, die beide Handelnden übernehmen; normative Wertvorstellungen über die Interaktion treten auf[51], ge-

[49] Die in den vier Punkten aufgelisteten Kategorien sind lediglich zu analytischen Zwecken getrennt aufgeführt. In Realität sind sie interdependent.

[50] Vgl. die verschiedenen Darstellungen des Interaktionsprozesses in Bergman: Die Theorie des sozialen Systems, S. 39; Rocher: Talcott Parsons, S. 81 ff.; Edward C. Devereux jr.: Parsons' Sociological Theory, in: Max Black (Hrsg.), The Social Theory of Talcott Parsons, Englewood Cliff, N. J. 1961, S. 25 ff.

[51] Zum Problem der Normenbildung in der Dyade sind die Experimente von Thibaut und Murdoch besonders aufschlußreich. Sie untersuchen beide das Verhalten in der Dyade, wobei in der Versuchsanordnung jedem Interaktionspartner ein Machtinstrument in die Hand gegeben wurde, um auf die Austauschbeziehung Einfluß zu nehmen. A hatte die Macht, die Austauschbedingungen zu diktieren, B die Möglichkeit, jederzeit die Beziehung abzubrechen, wenn sie für ihn nicht mehr vorteilhaft genug erschien. Die Experimente zeigen, daß die Partner um so eher bereit sind, sich auf gemeinsame Verhaltensregeln zu einigen, je mehr sie die Machtausübung durch den andern befürchten. Murdoch stellt fest: "[U]nder certain circumstances the members of the dyade become sensitized to such an eventuality [nämlich, daß beide ihre Macht ausspielen könnten] before it takes place and take preventive steps if such steps are available. More generally, if *both* members

meinsame Kommunikationsmuster schleifen sich ein. Entstanden ist dann ein kleines, für die Interaktion von A und B bestimmendes kulturelles System.

Konkrete Austauschbeziehungen finden nie im sozialen Vakuum statt, sondern in bestehenden, einfacheren oder komplexeren Gesellschaftsordnungen. Eine Vielzahl von Normen, Wertvorstellungen, Rollenerwartungen und Kommunikationsmöglichkeiten sind vorhanden, bevor A und B miteinander in Beziehung treten. Sie sind zu einem gewissen Grade jedem Interaktionsprozeß vorgegeben. Die Interaktionspartner sind von ihnen geprägt, nehmen auf sie Bezug und können nie über ihren kulturellen Schatten springen. Jeder hat während seines Sozialisationsprozesses[52] kulturelle Werte und Normen in einer Weise verinnerlicht, die sie zu einem Bestandteil seiner Persönlichkeit werden ließen. Dieser individualpsychologische Prozeß des Lernens und Aneignens von Wertvorstellungen und Verhaltensweisen bestimmt weitgehend die Erwartungen und Motivationen des sozialisierten Menschen. Interaktionspartner bedienen sich zur Verständigung kulturell vorgeformter Symbole, ihre Erwartungen und Rollenbilder geben internalisierte Normen, Werte und Sanktionsmechanismen wieder. Aber es wäre falsch, den sozialen Interaktionsprozeß nur als Reproduktion zu sehen. Ziele und Wünsche können variieren. Überdies versucht nicht jedes Individuum, sie auf die gleiche Weise zu realisieren. Der menschliche Wille ist eine Realität, die auf das Geschehen Einfluß hat[53] und dem Interaktionsprozeß ein individuelles Gesicht gibt.

Damit ist erklärt, wie und warum es zu sozialer Interaktion kommt, doch erst angedeutet, weshalb soziale Interaktionen von Dauer und komplexere Gesellschaftsordnungen stabil sein können. Soziale Interaktion gestaltet und ist gestaltet durch komplementäre Erwartungen und Verhaltensmuster. Die Gesamtheit normativer Verhaltensmuster,

---

of the dyade perceive that the other member is tempted and able to exercice severe punitive power in the relationship they will respond to this situation by attempting to agree, tacitly or explicitly, to refrain from exercising their power." Und weiter: "It seems that contractual norms are most likely to be formed when each member perceives the other as likely to exercise his power." Peter Murdoch: Journal of Personality and Social Psychology, 6 (1967), S. 207.

[52] Wo der Sozialisationsprozeß erfolglos blieb, dienen Mechanismen der sozialen Kontrolle zur Wiederherstellung eines gestörten Gleichgewichts. Sozialisation und soziale Kontrolle sind die Mechanismen, die die Motivationen der Handelnden integrieren und damit die gesellschaftliche Ordnung stabilisieren. Vgl. Bergmann: Die Theorie des Sozialen Systems, S. 41.

[53] Parsons nennt seine Handlungstheorie voluntaristisch. Um Sozialordnungen erklären zu können, darf menschliches Handeln nicht einseitig externen Faktoren, wie dem genetischen Erbe oder der Umwelt zugeschrieben werden. Menschliches Handeln kann ohne den Willen des Individuums nicht erklärt werden. Vgl. dazu Hans Adriaansens: Talcott Parsons and the Conceptual Dilemma, London 1980, S. 32 ff.

die für ein Individuum in einem konkreten Interaktionsprozeß gelten, ist seine Rolle[54]. Je stärker diese Rollen ausgebildet sind, je tiefer gemeinsame normative Wertvorstellungen verinnerlicht sind und je besser Sanktionsmechanismen funktionieren, desto stabiler ist der Interaktionsprozeß. Doch dies reicht nicht aus. Rollen sind mit Bezug auf andere Rollen definiert. Jeder Rolle muß eine Gegenrolle entsprechen, damit Interaktion möglich ist. Der Rolle der Mutter entspricht jene des Kindes, jener des Verkäufers die des Käufers, etc. Verschiedene Rollen, die gemeinsam eine gesellschaftliche Funktion erfüllen, müssen durch Gebote und Verbote aufeinander abgestimmt werden. Dieser Prozeß wird Institutionalisierung genannt[55]. Die Integration wechselseitiger Rollen zur Institution ist die Grundvoraussetzung für eine stabile Gesellschaft. Je besser die verschiedenen Rollen durch Institutionalisierung aufeinander abgestimmt werden und ineinander greifen, desto beständiger ist die Gesellschaft.

Der Austausch ist in Parsons Gesellschaftstheorie ein Teil des Ganzen. Was den Mechanismus auslöst und gestaltet, ist eine Vielzahl von Einflüssen, die ihren Ursprung in den Individuen und im kulturellen Kontext haben. Austausch allein kann soziales Verhalten nicht erklären und erst recht nicht gesellschaftliche Stabilität.

c) Kritik

Homans und Parsons Theorien messen der Rolle des Austausches innerhalb der Sozialordnung unterschiedliche Bedeutung zu. Für Homans ist Austausch die elementare Form sozialen Verhaltens, die auch Rollen, Institutionen und soziale Stabilität erklärt. Individuelle Triebe, Wünsche und Ziele, Wertvorstellungen und Normen beeinflussen den Austausch; sie fallen bei der Kalkulation der Vor- und Nachteile eines Austausches ins Gewicht. Ihrer Natur nach gehören sie alle ins Reich der Psychologie, brauchen den Soziologen also nicht über die Tatsache hinaus zu beschäftigen, daß sie Austausche beeinflussen. Parsons dagegen sieht den Austausch eingebettet in ein kulturelles System, in dem gesellschaftliche Bedürfnisse, Rollen und Institutionen eine eigene Gesetzlichkeit haben. Homans wird vorgeworfen, er versuche soziale In-

---

[54] "[T]he normatively regulated complex of behavior of one of the participants is a *role* ..." Parsons: An Outline of the Social System, S. 42. Vgl. auch Rehbinder: Rechtssoziologie, S. 90 f.

[55] "By *institutionalisation* we mean the integration of the expectations of the actors in a relevant interactive system of roles with a shared normative pattern of values. The integration is such that each is predisposed to reward the conformity of the others with the value pattern and conversely to disapprove and punish deviance. Institutionalization is a matter of degree, not of absolute presence or absence." Parsons / Shils: Toward a General Theory of Action, S. 20 Anm. 26.

stitutionen und Verhaltensweisen ausschließlich vom Verhalten des einzelnen Individuums her zu erklären, während an Parsons Theorie kritisiert wird, er betrachte Institutionen, Gesellschaftsordnungen und Rollen als versachlichte Gegenstände, die ein eigenes, vom individuellen Verhalten losgelöstes Leben führen[56].

Was läßt sich aus diesen antithetischen Ansätzen für das Verständnis des Austausches als soziales Verhalten gewinnen? Strukturfunktionalisten und Austauschtheoretiker sehen in der sozialen Interaktion ein Mittel zur Befriedigung von Wünschen und Bedürfnissen, die nur durch den Kontakt mit andern Individuen erreicht werden kann. Beide anerkennen die zentrale Bedeutung des Austausches für Aufbau und Stabilität der Sozialordnung. Doch hier werden auch die Unterschiede deutlich: Während Austauschtheoretiker das Wesen der gesamten Gesellschaft von den Gesetzmäßigkeiten des Austausches herleiten wollen, weisen die Strukturfunktionalisten diesen Versuch als unzulänglich zurück. Unterschiedlich ist schon der Blickwinkel: Homans studiert menschliches Verhalten in Kleingruppen; er ist Empiriker; Parsons, der nie empirische Forschung betrieben hat, interessieren ganze Gesellschaftssysteme — Mikrosoziologie contra Makrosoziologie. Homans ist überzeugt, daß sich keine klare Trennungslinie ziehen läßt zwischen Kleingruppen und komplexeren Gesellschaften. Alle in der Gesamtgesellschaft wirksamen Mechanismen sind ihm zufolge auch in der Kleingruppe zu beobachten[57]. Gerade dem widersetzt sich Parsons mit aller Kraft: Das konkrete Interaktionsverhalten ist nicht aus der Kleingruppe heraus zu erklären. Viele Eigenschaften der Gesamtgesellschaft finden sich nicht in der Kleingruppe und der Dyade. So wenig man alle Eigenschaften eines Hauses erkennen kann, wenn man dieses nur als die Summe der Eigenschaften seiner Bausteine betrachtet, so wenig vollständig ist das Bild der Gesellschaft, sieht man sie nur als Summe von Austauschverhältnissen[58].

Für Homans ist soziales Verhalten eine Funktion von Belohnungen und Kosten. Er unterscheidet nicht zwischen den verschiedenen Formen von Belohnungen; Geld oder soziale Anerkennung, eine Gegenleistungen materieller oder immaterieller Art sind für ihn ein und dasselbe. Strukturfunktionalisten halten jedoch auseinander: Geld oder soziale Anerkennung sind Medien und damit etwas qualitativ anderes als materielle Gegenstände oder Dienstleistungen, die direkte Befriedigung

---

[56] S. N. Eisenstadt: Societal Goals, Systematic Needs, Social Interaction and Individual Behavior: Some Tentative Explorations, in: Turk / Simpsons (Hrsg.), Institutions and Social Exchange, S. 36 f.

[57] Homans: Commentary, in: ebd., S. 372.

[58] Parsons: Level of Organisation and the Mediation of Social Interaction, in: ebd., S. 35.

menschlicher Bedürfnisse bringen. Als symbolisierte Medien der Interaktion können sich Geld oder soziale Anerkennung nur in einem System komplexer sozialer Organisation entwickeln. Interaktionsmedien so zu behandeln, als wären sie Weizenkörner oder Butterbrote, verkürzt die Perspektive. Austauschtheoretiker dagegen behandeln komplexe soziale Interaktionsmedien, als läge ihr Ursprung in jedem einfachen Austauschverhältnis[59].

Ein wesentlicher Unterschied im Denken zwischen Austauschtheoretikern und Strukturfunktionalisten besteht, soweit der Austausch betroffen ist, in der Erklärung bzw. Nichterklärung der Werte (value) und Normen (standard norms). Mit Wert sind hier nicht ideale Wertvorstellungen gemeint, sondern wir sprechen vom Wert einer Sache oder einer Handlung. Homans gebraucht den Begriff subjektiv und meint damit den Wert, den eine Handlung für den Empfänger darstellt. Welchen Wert eine Handlung für zwei verschiedene Individuen hat, läßt sich nicht vergleichen, da er von den persönlichen Bedürfnissen und Wünschen abhängig ist. Parsons dagegen sieht den Wert einer Handlung als Resultat einer Bewertung, die objektivierten Kriterien standhält. Objektiviert sind die Kriterien, weil sie von den Mitgliedern einer Gesellschaft geteilt werden. Werte sind deshalb vergleichbar. Sie werden durch verschiedene Faktoren bestimmt; einer davon sind die gesamtgesellschaftlichen Bedürfnisse[60]. Homans verneint, daß eine Gesellschaft eigene Bedürfnisse haben kann; Bedürfnisse sind immer jene der Individuen. Wertende Beurteilungen einer Handlung gehen stets auf einzelne Menschen zurück. Die Gesellschaft ‚als solche' ist eine Abstraktion ohne eigene Bedürfnisse und Funktionserfordernisse. Soweit von solchen die Rede ist, handelt es sich um begriffliche Abstraktionen, die sich vom einzelnen Individuum deduzieren lassen[61].

Ähnlich verhält es sich mit den Normen. Parsons sieht sie als Teil der Kultur. Auf dem Wege der Sozialisation und der sozialen Kontrolle steuern sie das individuelle Austauschverhalten. Normen sind als etwas Eigenständiges zu betrachten, sowohl in ihrer Entstehung als in ihrer Wirkung. Parsons verkennt nicht, daß Normen sich auch aus andauernden Austauschbeziehungen entwickeln können. Dies gilt in gleicher Weise für Verhaltensmuster und Rollen. Das allein reicht aber nicht aus: Das Vertragsrecht zum Beispiel ist nicht einfach die Summe der in verschiedenen Austauschbeziehungen entwickelten und internalisierten Normen, sondern ein selbständiger, kultureller Komplex, der den Bedürfnissen der Gesellschaft entspricht. Homans versucht, den Einfluß

[59] Ebd., S. 29.

[60] Ebd., S. 33.

[61] Homans: Commentary, in: ebd., S. 370.

der Normen auf den Austauschprozeß nicht zu erklären. Nach ihm bilden sich Normen in Austauschbeziehungen aus; sie sind überdies durch den individualpsychologischen Prozeß der Sozialisation für das soziale Verhalten relevant; ob eine Norm schließlich eingehalten wird, hängt von nichts Geheimnisvollerem ab als von der Tatsache, daß dies den Handelnden belohnt[62]. Daß Normen irgendeinen selbständigen, von menschlichen Interventionen unabhängigen, regulierenden oder kontrollierenden Effekt auf soziales Verhalten haben können, hält Homans für falsch.

Die unterschiedliche Bedeutung, die dem Austausch zugemessen wird, tritt beim Konzept der Institution weiter deutlich zutage: Homans sieht zwischen einem nicht institutionalisierten Austausch und einem institutionalisierten Austausch keinen qualitativen Unterschied. Interaktionsprozesse in der Dyade und in der Gesamtgesellschaft sind ihrer Natur nach zu vergleichen. Institutionen wie etwa der Vertrag oder der Markt sind lediglich Kristallisationen wiederkehrenden, elementaren sozialen Verhaltens. Nach Parsons lassen sich Institutionen jedoch nur aus ihrem funktionalen Zusammenhang mit der Gesamtgesellschaft erklären. Geld, Märkte, Verträge und Eigentum brauchen zu ihrer Institutionalisierung soziale Stabilität und Autoritäten, die sie garantieren. Ihre Aufgaben und Schranken finden die Institutionen in den Bedürfnissen der Gesamtgesellschaft, die keineswegs mit jenen der Interaktionspartner zusammenfallen müssen.

Was sagt uns das alles für unsere Fragestellung nach den Wurzeln des Vertrages? Homans und Parsons sehen eine Grundlage des sozialen Handelns in den Voraussetzungen, die wir personale Matrix genannt haben. Bedürfnisse, Fähigkeiten, internalisierte Verhaltensmuster, Normen und Wertvorstellungen. Parsons gliedert diesen Komplex, den er anfänglich personality system genannt hat, in zwei Komplexe: in behavioural organism und personality system. Homans versteht sie als der Soziologie vorgegebene Fakten menschlicher Existenz. Die zweite Wurzel des Vertrages ist der Austausch. Parsons und Homans würden dem gleichermaßen zustimmen: Homans, weil Austausch für ihn ohnehin die Grundform allen sozialen Handelns darstellt, Parsons, weil soziales Handeln teilweise wenigstens auf Austausch beruht. Können diese beiden Wurzeln den Vertrag hinreichend erklären? Austauschtheoretiker sagen ja, Strukturfunktionalisten nein. Letztere sehen im kulturellen System eine weitere Wurzel des sozialen Handelns. Ohne in dieser Auseinandersetzung Partei ergreifen zu wollen — beide Theorien haben ihre Vorzüge und Schwächen —, erscheint es mir zweck-

---

[62] Ebd., S. 370.

mäßig, das kulturelle Umfeld, in dem sich vertragliches Verhalten abwickelt, als eigenständige Wurzel des Vertrages zu bezeichnen.

Der Vertrag als eine Form des sozialen Handelns wird ganz besonders stark von kulturellen Elementen geprägt. Die Sprache etwa ist in den meisten Fällen ein entscheidender Faktor im vertraglichen Verhalten, obwohl manche Verträge auch ohne verbale Kommunikation abgeschlossen werden. Verträge basieren überdies auf den Rollen der Beteiligten. Diese Rollen entwickeln sich nicht einfach aus den Verhaltensmustern der Beteiligten, auch Dritte haben auf die Rollenbildung Einfluß. Verträge haben im weitern viel mit Normen zu tun. Ein Teil davon ist rechtlicher Natur. Ob ein Vertrag erlaubt ist oder nicht, beeinflußt vertragliches Verhalten in mannigfacher Weise. Normative Schranken und Inhalte wirken nicht nur indirekt über den Sozialisationsprozeß des Individuums auf den Vertrag, sondern auch durch institutionalisierte Garantien. Diese kulturellen Faktoren, die vertragliches Verhalten mitbestimmen, nennen wir in ihrer Gesamtheit die kulturelle Matrix. Eine selbständige Darstellung dieser dritten Wurzel rechtfertigt sich um so eher, als die psychologische Reduktion, die die Austauschtheoretiker vornehmen, Aspekte der vertraglichen Realität verschütten kann[63].

3. Kulturelle Matrix

Verträge werden nicht im sozialen Vakuum abgeschlossen. Sie sind eingebettet in einen kulturellen Bezugsrahmen. Kommunikationsmittel, normative Wertvorstellungen, Märkte und das Vertragsrecht sind einige der kulturellen Elemente, die den Vertrag ermöglichen und gestalten. Die Gesamtheit dieser kulturellen Elemente nennen wir die kulturelle Matrix[64]. Dazu gehören auch ein Klima des Vertrauens, des gegenseitigen Respekts, und ein Mindestmaß an Unabhängigkeit der Interaktionspartner. Drei Elemente der kulturellen Matrix seien im folgenden kurz diskutiert: Kommunikation, normative Wertvorstellungen und die Reziprozität.

---

[63] Vgl. Deutsch: Homans in the Skinner Box, in: ebd., S. 81, und Benton Johnson: Functionalism in Modern Sociology, Morristown, N. J. 1975, S. 7.

[64] Ohne die kulturelle Matrix sei der Vertrag nicht zu erklären, schreibt Macneil, und weiter: "Any human activity is meaningless and inexplicable when taken out of the context of the social matrix in which it occurs, indeed without such a matrix man is not man, but something else." The Many Futures of Contracts, S. 711 Anm. 57. Vgl. auch Hoebel: The Law of Primitive Man, S. 58 ff.

a) Kommunikationsmittel

Verträge erfordern gegenseitige Verständigung. Diese ist nur möglich, wenn die Vertragspartner über Mittel verfügen, ihre Intentionen zu offenbaren. Das gebräuchlichste Kommunikationsmittel ist die Sprache. Verträge können jedoch auch stillschweigend abgeschlossen werden. Die Verständigung kann sich aus Gesten, aus einzelnen Handlungen oder aus der Unterlassung von Handlungen ergeben. Dabei sind es nicht die Gesten und Worte, die Kommunikation ermöglichen, sondern die inhaltliche Besetzung, die ihnen anhaftet. Gesten und Worte sind in sich nichts mehr als eine Abfolge mechanischer Bewegungen und Schallwellen; als solche sagen sie nichts aus. Sie sind aber gleichzeitig auch Symbole und als solche haben sie einen Aussagewert. Die Ausstattung von Handlungen bzw. unterlassenen Handlungen und Worten mit symbolischen Gehalten ist ein zentraler Beitrag der Kultur, ohne den sich Verträge nicht denken lassen. Das Vertragsrecht selber spielt einen aktiven Part bei dieser Gehaltsbestimmung. Was bedeutet Schweigen auf ein Bestätigungsschreiben? Was meint Schweigen auf eine Offerte? Was, wenn ein praktizierender Anwalt auf eine Offerte nicht reagiert, was, wenn ein Kunde nicht reagiert? Welche Bedeutung kommt einem Handschlag, einer Unterschrift zu, welcher Sinn einem Wort wie ‚abgemacht'? Wann ist dieses Wort als Scherz zu verstehen, wann ernst zu nehmen? Die Antwort auf diese Fragen kann nur in den sozialen und kulturellen Bedingungen gefunden werden, unter denen sich vertragliches Handeln abspielt.

Im Gegensatz zu andern Formen sozialer Interaktion setzen Verträge relativ exakte Kommunikationsmittel voraus. Wir haben vertragliches Verhalten definiert als ein Austauschverhalten, das genau bestimmte Leistungen einschließt. Um die vertraglichen Leistungen bestimmen zu können, müssen die Kommunikationsmittel präzise sein. Die den Worten und Handlungen zuzuordnenden Sinngehalte bedürfen eines bestimmten Schärfegrades. Diese Voraussetzung erfüllen in der Regel die Sprache, manchmal auch Zeichnungen oder Modelle am besten. Daß Kommunikationsmittel in dieser Beziehung auch immer wieder an Grenzen stoßen, zeigen die Fälle des latenten Dissenses[65].

b) Werte

Ein weiteres Element der kulturellen Matrix sind Werte. Der Begriff meint zweierlei: Einerseits werden darunter ideale Vorstellungen ver-

---

[65] Ein Cartoon in Macneils 'Essays on the Nature of Contracts', der sich jeder verbalen Umschreibung entzieht, trifft diesen Sachverhalt im Herzen. Siehe S. 175.

standen, die normativ auf das Handeln der Menschen Einfluß nehmen, andererseits meint Wert die Eigenschaft eines Objektes, den Wert, den eine Sache oder eine Handlung für ein Individuum oder die Gesellschaft hat. In beiden Bedeutungen sind Werte zum Teil kulturbedingt; beide Wertkonzeptionen haben auf das vertragliche Verhalten Einfluß.

Normative Wertvorstellungen, die vertragliches Verhalten steuern, kennt jede Gesellschaft. Diese können religiöser, moralischer, konventioneller oder rechtlicher Natur oder eine Verbindung von allem sein. Der Wert der individuellen Freiheit zum Beispiel ist für die Entwicklung des Vertrages im 19. Jahrhundert schicksalshaft geworden. In jeder Gesellschaft leben Werte wie Gerechtigkeit und Fairness. Soziale Stabilität ist auf die Dauer nicht denkbar, wenn diesen Werten konstant zuwidergehandelt wird. Doch was bestimmt, ob ein Austausch gerecht und fair ist? Die Antwort ist mit dem Wert der ausgetauschten Leistungen verbunden. Sind die Leistungen im Werte äquivalent, so wird der Austausch als gerecht empfunden. Soweit ist man sich einig. Sobald es jedoch um die Wertbestimmung einer Leistung geht, bricht der Konsens auseinander in die antithetischen Konzeptionen des subjektiven und objektiven Wertes. Ist der Wert einer Leistung vom Individuum her zu beurteilen, danach also, wieviel eine Leistung einem bestimmten Individuum bedeutet, oder nach objektiven, allenfalls auch gesellschaftsbedingten Kriterien? Folgt man der subjektiven Wertkonzeption, so ist der Austausch gerecht, wenn die Bedingungen, unter denen er stattfindet, fair sind. Legt man die objektive Wertkonzeption zugrunde, so ist ein Austausch gerecht, wenn die ausgetauschten Leistungen gleichwertig sind. Hier kann der ungelösten Wertfrage nicht weiter nachgegangen werden; es muß die Feststellung genügen, daß beide Konzeptionen das Problem nur teilweise beantwortet haben und beide den Vertrag und das Vertragsrecht beeinflussen[66].

Eine Frage ist indessen noch anzuschneiden: Gibt es nicht eine in allen Kulturen lebendige Wertvorstellung, die als Wurzel des Vertrages bezeichnet werden kann, das Prinzip nämlich, daß einer Leistung des einen eine Gegenleistung des andern zu entsprechen habe? Kann Reziprozität als universelle Norm betrachtet werden?

c) Die Reziprozitätsnorm

Soziologen und Anthropologen sind sich weitgehend einig, in der Reziprozität ein derartiges Prinzip gefunden zu haben. Geht es jedoch

[66] Die objektive Wertkonzeption reflektieren z. B. die Bestimmungen über die Übervorteilung (Art. 21 OR) oder die Konventionalstrafvorschriften (Art. 163 OR). Die subjektive Wertkonzeption liegt den Bestimmungen über den Zwang (Art. 29 OR) zugrunde.

darum, Reziprozität näher zu umschreiben, scheiden sich die Geister; Reziprozität bedeutet nicht bei allen Autoren dasselbe. Becker, der die Reziprozität für so wichtig hält, daß er sein Einführungswerk in die Soziologie mit 'Man in Reciprocity' betitelt hat, verzichtet angesichts der vielen bereits dargebotenen Definitionen auf eine weitere und umgeht damit elegant allfällige Probleme; er überläßt es dem Leser, sich eine eigene zurechtzuzimmern. "I don't propose to furnish any definitions of reciprocity; if you produce some, they will be your own achievements."[67] Dies ist symptomatisch, denn es erweist sich als schwierig, das Reziprozitätsprinzip zu umschreiben.

Als einer der ersten hat der Ethnologe Thurnwald auf die Bedeutung der Reziprozität hingewiesen. Er sieht in ihr eine vorbildliche, moralische, allgemein gültige Regelung des Verhaltens von Menschen. Reziprozität ist der Kern des Rechts in allen seinen Ausdrucksformen[68]. Ob als Vergeltung für angetanes Unrecht, als Erwiderung eines Geschenkes, als angemessene Bezahlung einer Leistung, als Töchtertausch oder Brautkauf, stets ist es die Reziprozitätsnorm, die dieses Verhalten regelt.

Er nennt sie die sozialpsychologische Grundlage allen Rechts; sie ist die Antwort auf die Frage nach dem ‚absoluten Recht', dem ‚Ur-recht'[69]. Er betrachtet die Reziprozität als das eigentliche Charakteristikum des Rechts. Wird die Norm der Reziprozität eingehalten, empfinden Menschen eine Beziehung als gerecht, wird sie verletzt, ist auch die Rechtsordnung gestört. Reziprozität als universelle, rechtliche Norm besagt demnach, daß einer Handlung des einen eine gleichwertige Handlung des andern folgen soll.

Thurnwalds Gedanken wurden vom englischen Anthropologen Malinowski weitergeführt[70]. Er sieht in der Reziprozität die Antwort auf die Frage, warum Verhaltensregeln in primitiven Gesellschaften befolgt werden. Nicht Angst vor Sanktionen, nicht Respekt vor einer Gottheit, nicht Triebe oder blinde Tradition erzeugen normenkonformes Verhal-

---

[67] Howard Becker: Man in Reciprocity. Introductory Lectures on Culture, Society and Personality, New York 1965, S. 1.

[68] „Wenn man aus allen Regelungen zwischen menschlichen Verhaltensweisen und deren Umrankung mit religiös-magischen Phantasien den innersten Kern herauszuschälen sucht, so gelangt man zur Erkenntnis, daß Reziprozität das ist, das die Waage des Rechts einspielen läßt" (Thurnwald: Werden, Wandel und Gestaltung des Rechtes, S. 5).

[69] Ebd., S. 2. Die Fragestellung nach dem Urrecht ist bezeichnend für die Anfänge der Rechtsanthopologie. Gesucht wurden Verhaltensregeln in primitiven Gesellschaften, die irgendwie mit den europäischen Vorstellungen vom Recht im Einklang standen. Typisch auch der Aufbau in Thurnwalds Werden, Wandel und Gestaltung des Rechtes, der Begriffe und Systematik der kontinentalen Rechtslehre direkt übernimmt.

[70] Vgl. Malinowski: Crime and Custom, S. 24.

ten[71], sondern die Menschen sind untereinander durch Verpflichtungen verbunden. Diese erfüllen sie nicht aus Gottesfurcht oder Angst vor Zwang, sondern weil sie sie einander schulden. Mit seinem bekannten Bericht über das Volk auf dem Trobriand Archipel (Neu Guinea) untermauert er seine Aussagen: Er beobachtet dort den reziproken Austausch zwischen Bewohnern eines Fischerdorfes und jenen eines Dorfes im Inland. Die Fischer übergeben den Bauern einen guten Teil ihres Fanges, wenn sie von den Fischzügen zurückkehren. Die Bauern revanchieren sich regelmäßig, indem sie den Fischern Gemüse bringen. Malinowski entdeckt hier "a system of mutual obligations which forces the fisherman to repay whenever he has received a gift from his inland partner, and vice versa. Neither partner can refuse, neither may stint in his return gift, neither should delay."[72] Dieses Arrangement zwischen Fischern und Bauern ist nicht nur als ökonomischer Austausch zu werten; ihm sind vielmehr auch rechtliche Aspekte eigen. Diese scheinen verbunden zu sein mit den für die Gruppen existentiellen Vorstellungen über Reziprozität. Obwohl keiner der Trobriands das Prinzip formulieren könnte, wissen sie, welche Verpflichtungen es mit sich bringt und daß sie vom ökonomischen Austausch und dem sozialen Leben ausgeschlossen wären, wenn sie diesen nicht nachkämen[73]. Malinowski wie Thurnwald gehen davon aus, daß Reziprozität eine rechtliche Norm ist. "What perhaps is most remarkable in the legal nature of social relations is that reciprocity, the give-and-take principle, reigns supreme."[74] Beide sehen überdies die Gleichwertigkeit der ausgetauschten Leistungen als Bestandteil der Norm.

Andere ethnologische Untersuchungen haben sich ausführlich mit dem in manchen primitiven Kulturen üblichen Geschenketausch befaßt. Mauss' 'Essai sur le don' demonstriert, daß auch dieser Geschenketausch strengen, rechtlichen Regeln unterworfen ist. Was vorerst als freiwillige, uneigennützige und spontane Leistung erscheint, erweist sich bei genauem Hinsehen als geschuldete Gabe im eigenen Interesse[75]. Dies gilt sowohl für das Gegengeschenk als für das den Tausch auslösende erste Geschenk, denn Mauss stellt fest, daß in diesen Gesellschaften drei rechtliche Pflichten den Geschenketausch regeln: Die Pflicht zur Leistung eines Geschenkes, die Pflicht, es anzunehmen und

[71] Die Rechtsanthropologie des 20. Jahrhunderts hatte erst einmal die Bilder des letzten Jahrhunderts zu stürzen, die den primitiven Menschen als Hordenwesen zeigten, der den Geboten der Gemeinschaft, der Tradition oder der Autoritäten sklavisch unterworfen war. Vgl. Malinowski: Crime and Custom, S. 3 f. und Pospisil: Anthropology of Law, S. 12 f.

[72] Malinowski: Crime and Custom, S. 22.

[73] Ebd., S. 23 und 40.

[74] Ebd., S. 47.

[75] Mauss: Essay sur le don, Paris, 1923, S. 1.

die Pflicht, es zu erwidern[76]. Im wesentlichen kommt der Geschenketausch in dieser Form dem Vertrag sehr nahe. "Where we have institutionalized the market, they have institutionalized the gift."[77] Auch hier herrscht die Reziprozitätsnorm. Sie führt zur zeitlich unbestimmten Fortsetzung von Austauschbeziehungen, da ihr Abbruch als Zeichen der Feindschaft gewertet und sanktioniert wird. Der Wert der ausgetauschten Leistungen ist entscheidend; oft dient die wertmäßige Differenz der ausgetauschten Leistungen zur Stratifizierung der Gesellschaft[78].

Wir könnten mit Ausführungen zur Reziprozität fortfahren. Kaum ein bedeutender Soziologe oder Anthropologe würde fehlen. Selbstverständlich wäre Durkheims organische Solidarität nicht denkbar ohne die reziproke Strukturierung des Austausches, die die Arbeitsteilung komplementiert. Simmel betrachtet Kohäsion und soziale Stabilität als Resultat der Wechselseitigkeit von Leistung und Gegenleistung[79]. Auch Ehrlich sieht den reziproken Austausch gleichwertiger Leistungen als die Grundlage des Vertrages. Zu nennen wäre weiter Davy's Werk ‚La foi jurée'. Davy's Interesse ist zwar primär auf die Entstehung des individuellen Vertrages aus statusbezogenen und kollektiven Rechtsbeziehungen, wie er sie unter anderem bei den indianischen Institutionen des Potlach beobachtet, gerichtet, dennoch ist es keine Frage, daß er die Reziprozität für den Kern des Vertrages hält[80]. Zu erwähnen wäre weiter Lévi-Strauss' ‚Les structures élémentaires de la parenté'[81]. Reziprozität ist ferner ein Pfeiler der Austauschtheorien und — wie Gouldner nachweist — auch der strukturfunktionalen Theo-

---

[76] Ebd., S. 10 f.

[77] Homans: Social Behavior, S. 319.

[78] Vgl. Homans: Social Behavior, S. 320 und das von Thurnwald gegebene Beispiel der Hirten und Feldbauern, deren reziproker Austausch eine ethnische Schichtung nach sich zieht. Gegenseitigkeit im Aufbau und Funktionieren der Gesellungen, Berlin 1936, S. 91.

[79] „Bei allen wirtschaftlichen Tauschen, die in Rechtsform geschehen, bei allen fixierten Zusagen für eine Leistung, bei allen Verpflichtungen aus einer rechtlich regulierten Beziehung erzwingt die Rechtsverfassung das Hin- und Hergehen von Leistungen und Gegenleistung und sorgt für diese Wechselwirkung, ohne die es keine soziale Balance und Zusammenhalt gibt." Georg Simmel: Soziologie. Untersuchungen über die Formen der Vergesellschaftung, Leipzig 1908, S. 590.

[80] „... les sociétés nord-ouest américaines nous offrent, avec leur potlach, une institution dont nous avons tout lieu de croîre quelle contient la moule même de la relation contractuelle, puisqu'elle produit entre des groupes et entre des individues une réciprocité de droits et de devoirs" (George Davy: La foi jurée. La formation du lien contractuel, Paris 1922, Nachdruck New York 1975, S. 33).

[81] Lévi-Strauss prüft im genannten Werk das Reziprozitätsprinzip an ethnologischen Daten zum Frauentausch (Les structures élémentaires de la parenté, 2. Aufl. Paris 1962).

rien[82]. Schelsky nennt die Reziprozität ‚eine der drei Leitideen des Rechts'. Sie ist die Grundlage personaler Rechtsbeziehungen und unterstreicht vornehmlich die Person-zu-Person-bezogene Struktur der Beziehung[83]. Für Röhl schließlich ist Gegenseitigkeit „ein universales Prinzip sozialen Handelns, das in den verschiedensten Formen des Tauschverkehrs vom primitiven Gabentausch bis zum modernen Konsensualvertrag noch immer unvermittelt wirksam ist. Diese unmittelbar wirksame Reziprozität ist das Vertragliche am Vertrag". Röhl sieht nicht nur das vertragliche Handeln auf diesem Prinzip gegründet, sondern auch das Vertragsrecht. Als ein Mittel der sozialen Kontrolle stellt dieses eine Vergesellschaftung des Reziprozitätsprinzips dar[84]. Trotz dieser generellen Anerkennung, die der Reziprozität gezollt wird, bedürfen einige Punkte der Verdeutlichung und der Diskussion.

Reziprozität ist vorerst abzugrenzen von Komplementät. Unter Reziprozität ist zu verstehen, daß jeder Interaktionspartner Rechte und Pflichten hat; Komplementät dagegen meint, daß des einen Recht des andern Pflicht ist und vice versa. Manche Sozialwissenschafter haben zwischen beiden nicht getrennt, was die Unklarheiten des Reziprozitätsprinzips gefördert hat[85]. Komplementät wurde von Hohfeld an anderer Stelle als ein wirkungsvolles, analytisches Instrument für das Recht entwickelt, indem er acht fundamentale, rechtliche Konzepte entwickelt hat, die sich paarweise ergänzen[86]. Es ist sicher, daß die komplementäre Ausgestaltung sozialer Beziehungen ein wesentlicher Faktor für gesellschaftliche Stabilität darstellt. Solange der eine als Pflicht anerkennt, was der andere als sein Recht ansieht, solange keiner einen Anspruch erhebt auf etwas, was ein anderer als sein exklusives Recht betrachtet, sind Konflikte unwahrscheinlich. Reziprozität meint aber etwas anderes als Komplementät, nämlich: Dem Recht des einen entspricht ein Recht des andern; einer Pflicht des einen eine Pflicht des andern[87].

[82] Gouldner: The Norm of Reciprocity, S. 162 ff.

[83] Helmut Schelsky: Systemfunktionaler, anthropologischer und personalfunktionaler Ansatz der Rechtssoziologie, in: JRR Bd. 1, S. 70 und 72.

[84] Röhl: Über außervertragliche Voraussetzungen des Vertrages, S. 463.

[85] So z. B. Parsons, der reciprocity und complementarity als Synonyme verwendet (Parsons / Shils: Toward a General Theory of Action, S. 191).

[86] Hohfelds komplementäre Begriffspaare sind:

Demand-right	und	duty
privilege-right	und	no demand right
power	und	liability
immunity	und	no power.

Vgl. dazu seine beiden Artikel: Some Fundamental Legal Conceptions as Applied in Judicial Reasoning, Yale L. J., 23 (1913), S. 16 - 59 und Fundamental Legal Conceptions as Applied in Judicial Reasoning, Yale L. J., 26 (1917), S. 710 - 770. Eine Anwendung dieses analytischen Konzeptes findet sich in Hoebel: The Law of Primitive Man.

[87] Vgl. Gouldner: The Norm of Reciprocity, S. 167 ff.

Reziprozität wird manchmal ein Prinzip genannt, andere sprechen von einer Norm. Dahinter verbirgt sich mehr als nur Vorliebe für das eine oder andere Wort. Ist Reziprozität ein empirisches Prinzip, das in allen Kulturen beobachtet werden kann, oder handelt es sich um eine interkulturelle Norm, die als Sollensregel generell für soziale Beziehungen gilt? Ist Reziprozität eine universale Norm oder ist sie ein Sachverhalt, der sich auch bei Abwesenheit jeder normativen Regelung als Resultat der im Austauschprozeß selbst enthaltenen Bedingungen ergibt[88]? Wenn Reziprozität nur ein Prinzip sein soll, dann ist nicht zu sehen, was es Neues sagt, außer daß soziale Beziehungen in der Regel Austauschverhältnisse sind. Austausch zeichnet sich ja gerade durch den wechselseitigen Transfer von Gütern oder Aktivitäten aus. Reziproker Austausch wäre dann eine Tautologie, denn wo gibt es den Austausch, der nicht zugleich reziprok wäre? Wo Reziprozität, die nicht auf irgendeiner Form des Austausches beruht? Reziprozität als Prinzip verstanden fällt mit dem Austausch zusammen. Der Reziprozitätsgrundsatz sei universal, heißt dann nichts weiter, als daß Austauschprozesse universal sind. Das meint wohl auch Blau; für ihn hat daher das Prinzip keine eigenständige Bedeutung. Austausch ist definitionsgemäß wechselseitig und Austauschprozesse sind anerkanntermaßen universal zu beobachten. Also ist auch die so verstandene Reziprozität universal. Anders, wenn mit Reziprozität gemeint ist, in allen Kulturen gelte eine mehr oder weniger bewußte Vorschrift, wonach, wer eine Leistung empfangen hat, eine Gegenleistung erbringen muß. Dann bedeutet Reziprozität etwas Neues. "Contrary to some cultural relativists", schreibt Gouldner in seiner Vorstudie zur Reziprozitätsnorm, "it can be hypothesized that a *norm* of reciprocity is universal."[89] Gouldner macht weiter drei Hauptfunktionen dieser Norm für die Gesellschaft aus[90]:

1. Die Reziprozitätsnorm verlangt nicht, daß auf eine Leistung sofort die Gegenleistung zu erfolgen habe. Im Gegenteil: die Norm bestimmt auch, in welchen Zeiträumen man sich bedankt, wiederbeschenkt, einlädt, zahlt etc. Während dieses Zeitraumes besteht eine Pflicht zur Gegenleistung; die Zeitspanne steht unter der Herrschaft der Reziprozitätsnorm. Diese legt um die Interaktionspartner "a tie that manifests itself in the form of a duty on the part of one and a right on the part of the other to a contract ..."[91]. Implizit besagt die Norm, daß die Zeit,

---

[88] Diese Auffassung vertritt im Anschluß an Blau auch Röhl; vgl. Blau: Exchange and Power, S. 92 und Röhl: Über außervertragliche Voraussetzungen des Vertrages, S. 447.

[89] Gouldner: The Norm of Reciprocity, S. 171. (Hervorhebung von mir, W. S.).

[90] Ebd., S. 170 ff.

[91] Pospisil: Anthropology of Law, S. 82. Pospisil betrachtet die ‚obligatio', das ‚vinculum iuris' zwischen den Mitgliedern einer Gruppe, als ein wesentliches Merkmal des Rechts.

während der die Gegenleistung geschuldet ist, eine Friedenszeit sein soll. In diesem Sinne wirkt die Reziprozitätsnorm stabilisierend.

2. Die Reziprozitätsnorm ist vergleichsweise unbestimmt. Sie verpflichtet zwar zu einer Leistung, sagt jedoch nicht, worin diese im einzelnen zu bestehen habe. Präzisiert werden die Inhalte der Norm durch Statuspflichten, rechtliche Normen, individuelle Vereinbarungen oder Konventionen. Gouldner sieht daher die Reziprozitätsnorm als einen Verteidiger im zweiten Rang, der einschreitet, wenn Austauschbeziehungen einzubrechen drohen. Werden beispielsweise Statuspflichten nicht mehr respektiert, so ist da noch die mehr oder minder internalisierte Norm der Reziprozität, die — wenn auch unbestimmt — gegen den Zusammenbruch einer Beziehung einen Damm errichtet. "The norm, in this respect, is a kind of plastic filler, capable of being poured into the shifting crevices of social structures, and serving as a kind of all-purpose moral cement."[92]

3. Die Norm verhindert — so Gouldner — systemzerstörende Ausbeutung. Die in jeder Gesellschaft geteilte Überzeugung, daß eine erwiesene Gunst zu erwidern sei, kommt dort zum Tragen, wo zwischen den Austauschpartnern Machtungleichheit besteht. Die Norm verhindert Personen mit Macht daran, ihre Position auszunützen. So wie das Inzesttabu die schwächere Tochter gegen geschlechtliche Übergriffe durch den stärkeren Vater schützt, so schützt die Reziprozitätsnorm die Schwächeren in der Gesellschaft. Auf diese Weise trägt sie zur Stabilität der Gesellschaft bei[93].

Es fragt sich, ob der Reziprozitätsnorm tatsächlich so viele Verdienste zukommen, wie Gouldner sie ihr zuspricht. Insbesondere sein Vergleich mit dem Inzesttabu überzeugt nicht. Die Reziprozitätsnorm zeichnet sich — so sagt er selber — durch ihre Unbestimmtheit aus. Dies kann vom Inzesttabu nicht gesagt werden. Dieses setzt klar definierten Handlungen ebenso klar bestimmte Grenzen. Nicht so die universale Reziprozitätsnorm. Wahrscheinlich ist ihre Unbestimmtheit der Preis, den sie für die Universalität zu zahlen hat. Im konkreten kulturellen Zusammenhang kann Reziprozität allerdings scharfe Konturen annehmen. Vorstellungen über Austauschgerechtigkeit sind nicht etwas Diffuses. Versucht man jedoch das ‚Universale' der Reziprozität herauszudestillieren, so wird sie farblos und unbestimmt. Die Norm wirkt, wie Gouldner sagt, nur im zweiten Glied. An der Front stehen die kulturell bedingten sozialen Normen, die den Austausch beeinflussen. Man kann die Wirksamkeit dieser universalen Reziprozitätsnorm anzweifeln zumal, wenn man sich vergegenwärtigt, wie oft Austauschverhältnisse

---

[92] Gouldner: The Norm of Reciprocity, S. 175.

[93] Ebd., S. 174.

quer durch Epochen und Kulturen ‚ausbeuterischen' Charakter angenommen haben und wie stabil solche Verhältnisse oft waren — Verhältnisse, die die universale Reziprozitätsnorm nach Gouldner ja gerade verhindern sollte. Trotz dieser Bedenken ist zu vermuten, daß Gouldner recht hat, wenn er die Reziprozität als eine universale Norm bezeichnet, die auf die wechselseitige Ausgestaltung von Verhaltensmustern und Rollen in Austauschbeziehungen Einfluß hat. Ihr eigen sind — in welchem Ausmaße auch immer — gewisse normative Vorstellungen über das Wertverhältnis der Leistung und der Gegenleistung.

Ist diese Norm etwas typisch Rechtliches? Malinowski und Thurnwald sagen ja. Die Norm dient ihnen dazu, eine anthropologische Definition des Rechtes auszuarbeiten. Heute sind ihre Rechtsbegriffe jedoch überholt und entsprechend kann die Reziprozität nicht mehr als distinktives Kriterium des Rechtes verwendet werden. Malinowski hat, wie schon früh ein Kritiker bemerkt, "... transferred to primitive law the legal emotions of his own cultur. He has simply sought in primitive society those institutions which *in the modern world have come to be the subjet matter of legal obligation.* He has selected the *customs* relating to marriage, inheritance and property, and pronounced these to be *primitive law.*"[94] Malinowski hat die Schwäche seines Rechtskonzeptes erkannt, aber es ist ihm nicht gelungen, diese auszumerzen[95]. Pospisil schreibt: "A reciprocity consideration is certainly responsible for *some* behavior, but to elevate it to a panacea of universal social control is not realistic and has little basis in empirical studies."[96]

In zweifacher Hinsicht verfehlt die Konzeption der Reziprozität als ‚Urrecht' ihr Ziel. Erstens gibt es rechtlich relevantes Verhalten, das nicht von dieser Norm gesteuert wird, und zweitens ist nicht alles, was von ihr beeinflußt wird, Recht. Vieles, was gemeinhin als Brauch und Konvention bezeichnet wird, steht unter der Reziprozitätsnorm. Die Regel, daß eine Geburtsanzeige mit Glückwünschen beantwortet wird, daß man sich für Gastfreundschaft bedankt und gegebenenfalls revanchiert, ist zweifelsohne Ausdruck der Reziprozitätsnorm, doch diese Normen sind nicht rechtlicher Natur. Pospisil "object[s] to Malinowski's view because he defines law so broadly as to include most of the

[94] William Seagle: Primitive Law and Professor Malinowski, American Anthropologist 39 (1937), S. 283.

[95] Malinowski versuchte durch Differenzierungen seines Rechtsbegriffes die Unstimmigkeiten seiner Rechtstheorie zu bereinigen, doch mit der Abgrenzung seines 'civil law' von andern Rechtsbereichen gelang es ihm nicht, Klarheit zu schaffen. Siehe, Einführung zu Herbert I. Hogbin: Law and Order in Polynesia, London 1934, S. XXV.

[96] Pospisil: Ethnology of Law, S. 23. Ähnlich auch Hoebel: Law of Primitive Man, S. 180 ff.

customs of a society"[97] und Bohannan führt aus: "His error was in equating what he had defined with the law. It is not the law that is 'kept in force by, ..., reciprocity and publicity'. It is the custom, as we have defined it here."[98]

Ein letzter Punkt verdient unsere Aufmerksamkeit. Die meisten Autoren sprechen von der Reziprozität als einer Norm, die über die Wechselseitigkeit hinaus auch die Gleichwertigkeit der auszutauschenden Leistungen vorschreibt. So etwa Thurnwald, Malinowski, Simmel und jene Autoren, die in der Aufwertung der Reziprozitätsnorm eine Rückkehr zur materiellen Vertragsethik sehen. Die Norm impliziert Austauschgerechtigkeit. Jene, die Reziprozität nicht als Norm, sondern als ein Handlungsprinzip verstehen, äußern sich ebenfalls zur Frage, ob die approximative Gleichwertigkeit der ausgetauschten Leistungen Bestandteil des Grundsatzes sei. Blau verneint dies und unterscheidet zwischen Reziprozität und Balance; ungleiche Austausche können durchaus reziprok und reziproke Beziehungen ungleich sein. Er nennt ein Beispiel, das ihn folgern läßt: "Attraction is now reciprocal, but the reciprocity has been established by an imbalance in the exchange."[99] Röhl, der Reziprozität ebenfalls als Handlungsprinzip versteht, geht dagegen davon aus, daß dieses Prinzip die grobe Gleichwertigkeit der Leistungen mitumschließe[100]. Es kann daher nicht verwundern, daß er das Wert- und Machtproblem als die eigentliche Schwachstelle des Reziprozitätsprinzips bezeichnen muß[101]. Wer die Wertfrage nicht elegant, wie Blau es tut, aus der Reziprozitätsdebatte ausklammert, muß auf Schwierigkeiten stoßen. Zwar scheinen zahllose Austauschbeziehungen in unserer westlichen, industrialisierten Welt und in andern Kulturen Zeugnis dafür abzulegen, daß Gleichwertigkeit der Leistungen Bestandteil der Reziprozität ist, gleichwohl muß jeder Versuch scheitern, die Gleichwertigkeit in das Reziprozitätsprinzip einzubeziehen, und zwar aus folgendem Grund:

---

[97] Pospisil: Anthropology of Law, S. 42.

[98] Paul Bohannan: The Differing Realms of the Law, in: Friedman / Macaulay, Law and Behavioral Sciences, S. 96.

[99] Blau: Exchange and Power, S. 27 f. Er gibt folgendes Beispiel: Wer von einer Person angezogen ist, versucht, sich für die andere Person anziehend zu verhalten. Ein Junge wird alles tun, um die Aufmerksamkeit und Zuneigung eines Mädchens, das ihm gefällt, zu gewinnen. Er versucht sie zu beeindrucken, er gibt vielleicht Geld für Geschenke aus, er wartet Stunden, um sie Augenblicke zu sehen. Hat er sie für sich gewonnen, unternimmt er mit ihr, was *ihr* gefällt, spricht über Themen, die *sie* interessieren, kurz tut viel, um sie nicht zu verlieren. Wenn ihm mehr an der Beziehung gelegen ist als ihr, kommt es zu einer reziproken, aber ungleichen Beziehung.

[100] Vgl. z. B. Röhl: Über Außervertragliche Voraussetzungen des Vertrages, S. 464 ff.

[101] Ebd., S. 469.

Wer an die Leistungen einen subjektiven Wertmaßstab anlegt, sieht die Gleichwertigkeit stets dann gegeben, wenn es zum Austausch kommt. Mit andern Worten: Austausch ist nur möglich, wenn beide Partner das, was sie aufgeben, nicht für wertvoller erachten als das, was sie sich dafür einhandeln. Gleichwertigkeit ist dann jedem Austausch inhärent. Oder — um Röhl zu zitieren: "In der Dyade ist das Wertproblem daher eigentlich gar keines."[102] Aus der Warte subjektiver Werttheorièn betrachtet, bedeutet ein Prinzip, das die Gleichwertigkeit der ausgetauschten Leistungen mit einschließt, nichts, was sich nicht bereits aus den Gesetzmäßigkeiten des Austausches herleiten ließe. Da aber auch die Vertreter der subjektiven Werttheorien die Augen vor ‚ungerechten' Austauschbeziehungen nicht verschließen können, wird aus dem Wertproblem, das für sie keines sein kann, ein Machtproblem. Wer über mehr Macht verfügt als sein Interaktionspartner, kann die Austauschbedingungen zu seinem Vorteil verschieben.

Geschichte und Gegenwart leben uns vor, daß aus Austauschprozessen keineswegs gleichwertige Reziprozität resultieren muß, daß vielmehr auch ausbeuterische Verhältnisse Ergebnis von Austauschbeziehungen sein können, wo entsprechende Machtdifferentiale vorliegen. Daß dabei stets ein unerläßliches Minimum an Reziprozität übrig bleibt[103], ist eine fast zynische Trivialität und sagt nichts mehr, als daß Ausgebeutete um der Ausbeutung willen am Leben erhalten werden. Angesichts der engen Verknüpfung der Wertfrage mit der Machtfrage[104] und der offensichtlichen Tatsache, daß Austauschprozesse Machtungleichheit nicht aufheben, ist schwer zu sehen, wie Wertgleichheit Teil des Reziprozitätsprinzips sein kann. Wer der Überzeugung ist, daß es einen objektivierten Wertmaßstab für die ausgetauschten Leistungen gibt, kommt ohnehin nicht in Versuchung, die Gleichwertigkeit der Leistungen als Bestandteil eines Handlungsprinzipes zu erklären. Welches immer dieser Wertmesser sei, ungleiche Austauschverhältnisse finden sich stets in so hoher Zahl, daß sie den Glauben an die gleichwertige Reziprozität als Handlungsprinzip erschüttern müssen.

Weniger Probleme stellt die Gleichwertigkeit, wenn wir die Reziprozität als Norm betrachten. Gleichwertigkeit der Leistungen kann dann

[102] Ebd., S. 472.

[103] Ebd., S. 475.

[104] Wir übersehen dabei nicht, daß Wert- und Machtfragen getrennte Problemkreise sind. Wertprobleme wie inflationäre Verzerrungen der Austauschleistungen, und andere clausula rebus sic stantibus-Fälle werfen Reziprozitätsfragen auf, ohne daß dabei Machtdifferentiale vorliegen müssen. Machtunterschiede führen nicht zwingend zu Ungleichgewichten in den Austauschverhältnissen. Gleichzeitig ist nicht zu leugnen, daß Wert- und Machtproblematik eng miteinander verknüpft sind.

als normativer Gehalt der Reziprozität postuliert werden. Wert- bzw. Machtgefälle, die in vielen Austauschprozessen empirisch beobachtbar sind, können dann als Verstöße gegen die Norm verstanden werden. Daß Verstöße vorkommen, ändert nichts daran, daß die Norm Austauschgerechtigkeit vorschreibt. Die Austauschgerechtigkeit ist kulturgebunden und dem sozialen Wandel unterworfen; andere müssen entscheiden, ob Austauschgerechtigkeit eine universale Norm darstellt. Ich kann nur feststellen, daß gleichwertige Reziprozität in unserem Kulturkreis als Norm beobachtbar ist. Reziprozität ist jedoch nicht die einzige soziale Norm, die Austauschprozesse steuert. Andere Normen können mit der Reziprozität in Rivalität treten und sich ihr gegenüber durchsetzen. Reziprozität ist im übrigen, wie wir schon festgehalten haben, eine recht unbestimmte Norm. Bezüglich der Art der geschuldeten Erwiderung und ihres Wertes verlangt die Norm lediglich ein Handeln innerhalb einer Bandbreite.

Auf den Vertrag bezogen läßt sich aus alledem folgendes schließen: Verträge werden stets im Rahmen einer Wechselseitigkeit geschlossen. Für alle Verträge gilt überdies eine vermutlich universale Reziprozitätsnorm, die diese Wechselseitigkeit unterstützt. Darüber hinaus enthält die Norm relativ diffuse Vorschriften über die Austauschgerechtigkeit. Wie diese Vorstellungen über die Austauschgerechtigkeit konkret aussehen, ist kulturspezifisch bedingt. Von Gesellschaft zu Gesellschaft verschieden sind auch jene normativen Kräfte, die die Reziprozitätsnorm abschwächen oder gar neutralisieren. Gerade das Vertragsrecht der westlichen, industrialisierten Welt scheint in einer Spannung zwischen der Reziprozitätsnorm und der Privatautonomie zu stehen. Erstere hinterläßt ihre Spuren in den Bestimmungen zur Übervorteilung, zum Wucher, im Arbeitsvertragsrecht und neuerdings in der Kontrolle der AGB; sie tritt weiter deutlich zutage in einer der Situationsethik zugetanen Rechtsprechung.

Andererseits unterstützen soziale Normen die Freiheit eines jeden einzelnen; wer seine Fähigkeiten, sein Wissen und seine Erfahrung einsetzt, um Verträge zum eigenen Vorteil auszugestalten, gewinnt soziale Anerkennung. Trotz ungleicher Verträge ist er der Erfolgreiche, der Tüchtige, dem die Welt bekanntlich gehört und offenbar gehören soll. Bis zu einem gewissen Grade ist Ungleichheit der Verträge gesellschaftlich nicht nur akzeptiert, sondern erwünscht. Dies, solange die Mittel zur Erreichung ungleicher bzw. vorteilhafter Verträge ‚fair' sind. In der Fairneß der Voraussetzungen, unter denen ein Vertrag abgeschlossen wird, sah das 19. Jahrhundert die Austauschgerechtigkeit selbst. Ein feingliedriges, dogmatisches Gebäude wurde um den Willen gebaut. Willensäußerung, Konsens und Willensmängel sind einige seiner Bausteine. Heute wissen wir, daß formal faire Voraussetzungen allein die Austauschgerechtigkeit nicht immer herstellen. Die Reziprozitätsnorm, die wechselseitige, gerechte Austauschverhältnisse verlangt, ist nur *eine* unter verschiedenen sozialen Normen, die den Vertrag in einer bestimmten Gesellschaft steuern. Die iustum-pretium Problematik, die sich in fast zwei Jahrtausenden juristischer Literatur spiegelt, zeigt z. B., daß die Norm unter gewandelten Verhältnissen immer wieder neu auftaucht. Sie zeigt gleichzeitig, daß die konkrete Antwort auf das Problem immer wieder anders ausgesehen hat, nicht nur, weil die kulturbedingten Gehalte der Reziprozitätsnorm stets verschieden gewesen waren, sondern auch weil andersgeartete soziale Normen mit ihr im Widerstreit standen.

Drittes Kapitel

Deskriptive Aspekte des Vertrages

Wir wollen in diesem Kapitel einige Untersuchungen wiedergeben, die in den letzten zwanzig Jahren zur empirischen und theoretischen Erforschung des Vertragsverhaltens durchgeführt wurden. Zu seinen auffallendsten Veränderungen gehören dabei der Trend von der individuellen Vereinbarung zum standardisierten Vertrag und der Trend von der fixen Transaktion zur flexiblen Kooperation.

Studien über den Arbeitsvertrag schließen wir trotz ihrer großen Zahl[1] hier aus, denn der Arbeitsvertrag ist ein weites Feld für sich und unterliegt seinen eigenen Gesetzmäßigkeiten. Die Kollektivierung der Vertragspartner hat zu Vertragsabschlußmechanismen eigener Natur geführt. Der Arbeitsvertrag ist der bisher einzige Vertragstypus, dessen gestörte Austauschgerechtigkeit wieder herzustellen versucht wurde, indem das Machtungleichgewicht zwischen den Vertragspartnern abgebaut wurde. Er hat überdies einen derart starken persönlichkeitsrechtlichen Einschlag, daß er sich nurmehr schwer mit anderen Vertragsarten vergleichen läßt.

1. Standardisierung des Vertrages

Die Standardisierung des Vertrages ist eine so offensichtliche Erscheinung in der zweiten Hälfte des 20. Jahrhunderts, daß man kaum mehr davon sprechen darf. Die Rationalisierung der Rechtsbeziehungen zwischen den Vertragspartnern — seien es Unternehmen untereinander oder Unternehmen und Einzelpersonen — gehört zu den tiefgreifendsten Wandlungen des vertraglichen Verhaltens. Lehre und Rechtsprechung versuchten, diesem Wandel gerecht zu werden, aber sie tun sich immer noch schwer damit; die Problematik des Standardvertrages ist eine frontale Herausforderung an das Vertragsrecht deshalb, weil sie

[1] Vgl. etwa Archibald Cox: Rights Under a Labor Agreement, Harv. L. Rev. 69 (1956), S. 601 - 657; ders. The Legal Nature of Collective Bargaining Agreements, Mich. L. Rev. 57 (1958), S. 1 - 36; David E. Feller: A General Theory of the Collective Bargaining Agreement, Calif. L. Rev. 61 (1973), S. 664 - 856: Clyde W. Summer: Collecitive Agreement and the Law of Contracts, Yale L. J. 78 (1969), S. 525 - 575.

sich nicht durch eine legislatorische Neuregelung der Rechtsbeziehungen in einer klar abgrenzbaren Wirtschaftsbranche beantworten läßt. Sie kommt in allen Bereichen des wirtschaftlichen Lebens vor.

In der Hoffnung, keine Eulen nach Athen zu tragen, sollen im folgenden einige Studien dargestellt werden, die weniger erforschte Aspekte der Vertragsstandardisierung beleuchten. Uns interessiert hier, ob der Konsument die entscheidenden Inhalte der AGB, die er bei Vertragsabschluß unterzeichnet, kennt, weiter das Problem der AGB-Kollisionen und die Unternehmensintegration durch AGB.

a) Kenntnisse des Konsumenten vom Vertragsinhalt

Es existieren verschiedene Studien zum Verhalten des Kreditnehmers. Noch vor den Rechtssoziologen stellten die Ökonomen die Frage, ob der Kreditnehmer überhaupt wisse, zu welchem Zinsfuß er Geld aufnimmt[2]. Von der Antwort erhoffte sich die Wirtschaftswissenschaft eine Erklärung für die geringe Elastizität der Kreditnachfrage.

1968 führten White und Munger eine Studie durch, um die Sensibilität des Konsumenten auf die Zinssätze zu untersuchen[3]. 235 Personen, die im Vorjahr einen Neuwagen auf Kredit gekauft hatten, wurden mittels Fragebogen, zwei Drittel davon zusätzlich durch Interviews befragt. Sie alle hatten zur Finanzierung ihres Wagens Geld bei einem von drei ausgewählten Finanzinstituten aufgenommen, welche von einander abweichende Zinsniveaus hatten und eine unterschiedliche Kreditpolitik betrieben. White und Munger fragten die Probanden unter anderem nach ihren Kenntnissen über den Zinsfuß der von ihnen aufgenommenen Kredite, über Alternativen zur gewählten Finanzierungsart und nach den Gründen für die getroffene Wahl. Sie untersuchten weiter, ob die Probanden, die ungünstige Kreditangebote angenommen hatten, dies nach irgendwelchen objektiven Gesichtspunkten taten. Als erstes Ergebnis kam heraus, daß die meisten Probanden, die teure Kredite aufgenommen hatten, bei einem andern Finanzinstitut einen günstigeren Kredit erhalten hätten. Der Bank, die zu den besten Konditionen Geld verlieh, wurden nämlich zur Überprüfung der Kreditwürdigkeit die finanzielle Lage von 48 Probanden geschildert, die zu schlechteren Bedingungen Geld aufgenommen hatten. 38 von ihnen hätten den günstigeren Kredit erhalten, wenn sie sich darum beworben hätten.

---

[2] Vgl. z. B. Wallace P. Mors: Consumer Credit: Finance Charges, Rates Information and Quotation, New York und London 1965.

[3] James J. White / Frank W. Munger: Consumer Sensitivity to Interest Rates. An Empirical Study of New-Car Buyers and Auto Loans, Mich. L. Rev. 68 (1969), S. 1006 - 1097.

Das zweite Ergebnis erstaunt: Fehlende Kenntnis von günstigeren Kreditangeboten war *nicht* ausschlaggebend für die Wahl eines teureren Kredites! "A variety of facts suggests that the rate of interest charged on his loan is not an important fact in the eye of the typical automobile buyer."[4] 29 % der Befragten wußten, daß es andernorts günstigere Kredite gab als den, den sie aufnahmen. Diese Kategorie bestand zudem nicht etwa aus Personen, die als großes Kreditrisiko gelten. Ihre finanzielle Lage war nicht schlechter als die des Durchschnitts. Dennoch wählten sie das teurere Angebot. Warum? Fast die Hälfte dieser Personen nannten ‚Bequemlichkeit' und begründeten damit ihren Entscheid, die Finanzierung durch den Autohändler besorgen zu lassen, obwohl das Finanzierungsangebot des Händlers regelmäßig teurer war als jenes der Bank. Die Autoren vermuten, es könnte sich hinter der Antwort 'convenience' die Scheu vieler verstecken, mit einer Bank zu verhandeln.

Ein weiteres Resultat: Von der gesamten Gruppe der befragten Personen wußten nur 43 %, zu welchen Bedingungen sie Kredit aufgenommen hatten. Weit über die Hälfte kannte den Zinsfuß nicht einmal approximativ, dies, obwohl viele von ihnen zur Zeit der Befragung noch regelmäßige Abzahlungen leisteten. 66 % hatten das Finanzierungsarrangement dem Händler überlassen. Warum dies? 35 % gaben an, sie hätten es schon immer so gehandhabt. 15 % fanden es bequemer so und 6 % folgten dem Rat des Händlers.

Gestützt auf diese Fakten bezweifeln die Autoren die Wirksamkeit von Gesetzen, die Kreditunternehmen zu leicht verständlichen, übersichtlichen und für Marktvergleiche tauglichen Darstellungen ihrer Angebote zwingen (truth in lending). Für uns ist die Studie aufschlußreich, weil sie zeigt, daß der Konsument oft nicht einmal die zentralen Bedingungen eines Kreditvertrages kennt. Ebenso interessant sind die angegebenen Gründe, die ihn dazu führen, wissentlich ein finanziell schlechteres Kreditangebot anzunehmen. Sie erschienen im Falle der Automobilkäufer auf den ersten Blick reichlich irrational.

In einer Untersuchung von Whitford finden sich ebenfalls Daten, die die Kenntnisse der Konsumenten über die Vertragsbedingungen betreffen[5]. Whitford prüft den Inhalt und die Praxis zu den Garantieklauseln im Automobilgewerbe und stellt dabei fest, daß die Kunden recht *gut* über die Garantiebedingungen in den Kaufverträgen Bescheid wissen. Auf die Frage, "[w]hether anyone at the dealership ... ever explained to you the provision of the warranty?"[6] antworteten 55 % der

[4] Ebd., S. 1222.

[5] Whitford: Law and Consumer Transaction.

[6] Ebd., S. 1049.

286 befragten Neuwagenkäufer mit ja. Die Garantiefrist wurde 53 % der Kunden erklärt; die mit der Garantie verbundenen Unterhaltsauflagen wurden in 48 % der Fälle mitgeteilt, des Käufers Verantwortlichkeit für den Unterhalt in 45 % der Fälle und der Garantieausschluß wegen unsachgemäßen Gebrauchs wurde 38 % der Kunden mündlich dargelegt. Dieser relativ hohe Grad an Kenntnis über die Garantiebedingungen, die in der Regel nur im Kleingedruckten festgehalten sind, muß überraschen. Doch Whitfords Ausführungen zeigen deutlich, weshalb so viele Käufer über die Garantieklauseln im Bilde sind. Die Autohändler haben nämlich ein Interesse daran, ihren Kunden klaren Wein über die Garantie einzuschenken, um spätere Schwierigkeiten mit unzufriedenen Käufern zu vermeiden.

Besonders interessant ist es zu hören, daß die Mitteilung der Garantiebedingungen an den Kunden zu verschiedenen Zeitpunkten erfolgt, teils vor und teils nach der Unterzeichnung der Vertragspapiere. *Vor* dem Abschluß wird auf die Garantie vor allem dann hingewiesen, wenn diese gegenüber andern Autohändlern oder -marken einen Wettbewerbsvorteil bietet. Sonst wird über die Garantie in der Regel erst nach Vertragsunterzeichnung gesprochen. "The manufacturers and the dealers usually make their major effort to give notice about the warranty at the time the new car is delivered to the owner, ordinarily a week after signing the sales contract. At this time the owner is provided with a manual prepared by the manufacturer that contains the only copy of the formal warranty typically available to the owner, some explanation of it, and operating and maintenance instructions for the new automobile ... Each manufacturer's explanation emphasizes the maintenance and certification conditions. Owners are encouraged to have the required maintenance operation performed at the dealer's service shop ... In addition to the owner's manual, dealers, at the manufacturer's urgings, frequently make an oral explanation of the warranty at the time of delivery."[7] Dies zeigt, daß beachtliche Anstrengungen unternommen werden, um den Kunden über die Garantiebedingungen aufzuklären. Gleichzeitig wird deutlich, daß dies nicht geschieht, um bei der Unterzeichnung des Vertrages des Käufers Zustimmung zu den Garantieklauseln gewiß zu sein, sondern vielfach erfolgt die Information erst *nach* Vertragsabschluß. Mit der Gebrauchsanweisung werden dem Käufer Anweisungen erteilt, wie er den Wagen zu unterhalten und wie er sich bei Reparaturfällen zu verhalten hat.

---

[7] Ebd., S. 1048.

b) AGB-Kollisionen oder 'Battle of the Forms'

Verwenden zwei Unternehmen in ihren Vertragsbeziehungen verschiedene standardisierte Vertragstexte, so stellt dies für die Rechtsprechung dann Probleme, wenn sich die AGB der beiden Unternehmen ganz oder teilweise widersprechen. Jeder Vertragspartner hat ein Interesse daran, den Verträgen, die er abschließt, seine eigenen, für ihn günstigen AGB zugrundezulegen. Jeder versucht, sie dem andern unterzujubeln, sei es auf der Rückseite der Offerte, der Bestellung, der Auftragsbestätigung oder anderswo. Diese 'battle of the forms' hat die Rechtslehre seit kurzem als Problem erkannt, doch die Schritte auf eine Lösung zu sind noch äußerst unsicher[8].

Das interessante an diesem Phänomen ist seine Verbreitung. Macaulay nahm in einer Verpackungsfirma vier Stichproben aus verschiedenen Jahren vor und verglich die AGB der Firma mit den auf den Bestellformularen der Käufer abgedruckten Bedingungen[9]. In gut zwei Dritteln aller Fälle widersprachen sie sich; in mehr als zwei Dritteln der abgewickelten Geschäfte war, folgt man der Dissenslehre, also kein Vertrag zustandegekommen. Ähnliche Ergebnisse finden sich in einer Studie aus England[10]. Die weite Verbreitung der AGB-Kollisionen hat mitunter rein praktische Gründe, denn es wäre einem Unternehmen gar nicht möglich, die eingehenden Bestellungen oder Auftragsbestätigungen mit aufgedruckten AGB auf deren Übereinstimmung mit den eigenen hin zu prüfen. Die Angestellten lesen die Vorderseite solcher Formulare, haben aber weder die Zeit noch die Fähigkeit, das Kleingedruckte auf den vielleicht 100 - 500 Formularen zu lesen, die sie jeden Tag durchsehen müssen[11]. Kollisionen der AGB sind im Geschäftsverkehr offenbar weitverbreitet; die Rechtslehre hat dem bisher noch wenig Rechnung getragen.

c) Vertikale Unternehmensintegration durch den Standardvertrag

Ein dritter, selten beachteter Aspekt der Standardisierung ist die vertikale Integration durch Vertrag. Der Standardvertrag ist vornehmlich ein Organisationsmittel, das es einem Unternehmen erlaubt, Kom-

---

[8] Vgl. Kramer: Art. 1 OR, N 160 und 216 sowie Wolfgang Fikentscher: Schuldrecht, 6. Aufl. Berlin und New York, 1976, § 26 V 5. Letzterer votiert für Dissens in Nebenpunkten und will das dispositive Gesetzesrecht zum Zuge kommen lassen. Er läßt aber Ausnahmen zu: „In Grenzfällen allerdings, wo das Interesse einer Partei *eindeutig* überwiegt, mag ein Übergehen der gegnerischen AGB zulässig sein (selten).“ (ebd.).

[9] Macaulay: Non-contractual Relations, S. 60.

[10] Beale / Dugdale: Contracts between Businessmen, S. 49.

[11] Macaulay: Non-contractual Relations, S. 59.

petenzen abzugrenzen, Untergebene zu kontrollieren und die Geschäftspolitik festzulegen. Whitford zeigt in seiner Studie zur Automobilgarantie, wie Hersteller den Vertrag verwenden, um ihre Garantiebürokratie zu lenken. "The automobile manufacturers could not negotiate the resolution of each claim for a warranty repair without vesting much more decisionmaking authority in dealers and their employees than they consider desirable. Consequently they have established a bureaucracy with rules to guide the lower echelon of the decisionmaking process."[12] Automobilhändler sind um einer zufriedenen Kundschaft willen geneigt, Garantieansprüche der Käufer zu erfüllen. Die Hersteller dagegen sind bestrebt, die Garantie — und damit die Kosten — in engen Grenzen zu halten. Standardverträge, die ein Händler ohne eigenes Risiko nicht abändern darf, dienen ihnen als Mittel dazu.

Standardverträge sind unternehmensinterne oder -externe Integrationsinstrumente. Überdies kommt ihnen eine wichtige Funktion als Kommunikationsmittel innerhalb einer Firma zu[13]. Fast könnte man die Standardverträge eines großen Unternehmens als Charta für die einzelnen Geschäftsabteilungen sehen. Sie erlauben zentrale Planung. Keßler, der 1957 die Franchisen zwischen den Automobilherstellern und ihren Händlern, das Rechtsverhältnis zwischen rechtlich unabhängigen Wirtschaftseinheiten also, untersuchte, stellte fest: "The modern franchise indeed enables the manufacturer to wield great 'vertical power' in the form of supervisory control over retail operations. The franchise is embodied in a detailed standardized contract presented by the manufacturer to the dealer."[14] Vertikale Integration ist einer der entscheidenden Gründe für den Trend zur konsequenten Standardisierung von Verträgen.

2. Gebrauch und Nicht-Gebrauch des Vertrages

'Non-contractual Relations in Business' ist der Titel einer Vorstudie aus dem Jahre 1963, die in der Fachwelt Aufsehen erregt hat. Macaulay untersucht darin empirisch, was in der Geschäftswelt mit Verträgen geschieht. Die Studie basiert auf umfangreichen Daten über das vertragliche Verhalten zwischen Unternehmen, insbesondere zwischen Herstellern. Macaulays Fragen an das Untersuchungsobjekt sind einfach und direkt gestellt: "What good is contract law? Who uses it? When and how?" Mit Vertrag meint er jeden Austausch, der sich durch einen

[12] Whitford: Law and Consumer Transaction, S. 1095.

[13] Macaulay: Non-contractual Relations, S. 64.

[14] Kessler: Automobile Dealer Franchises, S. 1138. Für eine umfassende Diskussion der Unternehmensintegration durch Vertrag vgl. Kessler / Stern: Competition, Contract and Vertical Integration, Yale L. J. 69 (1959), S. 1 - 129.

gewissen Grad an Planung auszeichnet und der mit rechtlichen Sanktionen ausgestattet ist. Je höher der Planungsgrad, je schärfer die Sanktionen, desto vertraglicher nennt er eine Austauschbeziehung[15].

Generelle Aussagen über den Gebrauch und Nicht-gebrauch des Vertrages (lies: der Planung und der rechtlichen Sanktionen) lassen sich nicht machen, doch stellt Macaulay Tendenzen fest. Der Vertrag kann erstens zur Herstellung von Austauschbeziehungen gebraucht werden. Die Planung der Beziehung reicht von der sorgfältigen, schriftlichen Abfassung eines Dokumentes bis zum totalen Fehlen eines Problembewußtseins. Die Planung kann die Präzisierung der Leistungen betreffen, die Folgen der Nicht- oder Schlechterfüllung einschließen und die rechtlichen Sanktionen umschreiben. Wichtige und außergewöhnliche Transaktionen werden in der Regel sehr genau geplant. Am Verkauf des Empire State Buildings in Manhattan — Macaulay nennt ihn als Beispiel eines extrem vertraglichen Austausches — waren 100 Anwälte, die 34 Parteien vertraten und ein Vertragsdokument von 400 Seiten produzierten, beteiligt. Routinegeschäfte dagegen werden heute gewöhnlich standardisiert geplant. Die Planung findet ihren Ausdruck in AGB. Diese werden in großen Firmen von der hauseigenen Rechtsabteilung ausgearbeitet; mittlere und kleinere Unternehmen beziehen sie vom Berufsverband, kopieren sie vom Konkurrenten oder erstehen sie in einer Formulardruckerei.

Die Standardplanung bricht allerdings oft zusammen, wie die bereits erwähnte Praxis der 'battle of the forms' zeigt. Austauschbeziehungen zwischen Unternehmen fehlt es oft nicht nur an präziser Planung, sondern auch an rechtlichen Sanktionen. "[I]t is likely that businessmen are least concerned about planning transactions so that they are legally enforceable contracts."[16] Der rege Gebrauch des 'requirement contracts' belegt diese Aussage. 'Requirement contracts' sind Vereinbarungen, in denen sich die eine Partei verpflichtet, soviel Ware zu liefern, wie von der Gegenpartei benötigt wird. Ihre rechtliche Durchsetzbarkeit war im Staate Wisconsin, wo die Untersuchung durchgeführt wurde, fraglich, da es an der Bestimmtheit oder Bestimmbarkeit der Vertragsleistungen fehlte. Dennoch gaben die befragten Personen an, daß ihre Unternehmen diese Vereinbarungen regelmäßig abschlössen. "None thought that the lack of legal sanction made any difference."[17]

Macaulay schließt aus seinen Daten: "[M]any business exchanges reflect a high degree of planning about the four categories — description, contingencies, defective performances and legal sanctions — but

[15] Vgl. oben Kp. I, 2, e.
[16] Macaulay: Non-contractual Relations, S. 60.
[17] Ebd.

many, if not most, exchanges reflect no planning or only a minimal amount of it, expecially concerning legal sanctions and the effect of defective performances."[18]

Welche Rolle spielt der Vertrag in Konfliktsfällen? Die spätere Anpassung der Beziehung und die Konfliktlösung erfolgt selten auf vertraglicher Basis. Während der Vertrag bei der Aufnahme von Geschäftsbeziehungen oft noch Verwendung findet, treten nach Vertragsabschluß außervertragliche Momente in den Vordergrund. Im Verlauf einer Austauschbeziehung werden die beiderseitigen Verpflichtungen oft sehr informell abgeändert. Ein Lieferant erlaubt einem Kunden zum Beispiel, seine Bestellungen zu annulieren, wenn dieser für die bestellte Ware keinen Gebrauch mehr findet, oder ein Kunde erlaubt dem Lieferanten von nichtspekulativen Gütern, seine Preise während der Dauer der Beziehung anzupassen. Macaulay stellt fest, daß alle Einkaufsagenten der untersuchten Unternehmen der Auffassung waren, sie könnten aufgegebene Bestellungen annulieren, wenn sie wollten. "Often businessmen do not feel they have 'a contract' — rather they have 'an order'. They speak of 'cancelling the order' rather than 'breaching our contract'."[19] Im Rahmen ihrer Verkäufer-Käufer Beziehung betrachten viele Geschäftsleute die Möglichkeit, Bestellungen zu annulieren, als ihr Recht.

Konflikte werden in Geschäftsbeziehungen oft gelöst, ohne daß auf den Vertragstext verwiesen wird, Geschäftsleute zögern, auf ihre rechtlichen Positionen und Sanktionen aufmerksam zu machen[20]. Man bespricht Probleme übers Telefon und liest sich nicht Vertragstexte vor. Ein Kaufmann meinte: "You can settle any dispute if you keep the lawyers and accountants out of it. They just do not understand the give and take needed in business."[21] Doch das Wissen um einen Vertrag kann die Konfliktlösung beeinflussen, selbst wenn niemand den Vertrag erwähnt. Rechtliche Positionen können sich auf die Verhandlungen auswirken. Wer implizit um eine Gunst bitten muß, steht schwächer da, als wer für sein Begehren einen Rechtsanspruch hat. Aus diesen Daten folgert Macaulay: "[W]hile detailed planning and legal sanctions play a significant role in some exchanges between businesses, in many business exchanges their role is small."[22]

[18] Ebd.

[19] Ebd., S. 61.

[20] Ein befragter Geschäftsmann drückte seine Abneigung gegen rechtliche Sanktionen drastisch aus und meinte, seine Kunden täten besser daran, sich nicht auf ihre Rechte zu berufen oder gar auf Vertragsbruch zu klagen, denn er "would not be treated like a criminal" und würde mit allen Mitteln zurückschlagen. Siehe ebd., S. 64.

[21] Ebd., S. 61 (Dieser Satz ist inzwischen fast zu einem geflügelten Wort geworden, so oft wurde er in der Literatur zitiert).

Zwei Fragen, sagt Macaulay, rufen nach einer Antwort: Wie kann das Geschäftsleben erfolgreich funktionieren, wenn der Planung und den rechtlichen Sanktionen so wenig Aufmerksamkeit geschenkt wird? Und: warum werden Verträge überhaupt abgeschlossen, wenn es offenbar auch ohne geht? In vielen Situationen sind Verträge aus folgenden Gründen nicht erforderlich:

Detaillierte Planung und Sanktionen sind überflüssig, weil in der Herstellerindustrie wenig Raum für ehrliche Mißverständnisse und unterschiedliche Auffassungen über die zu erbringenden Leistungen besteht. Entweder sind die Produkte standardisiert, oder die Toleranzgrenzen, die für ein Produkt gelten, sind Allgemeingut der Branche. Qualität läßt sich durch Experten prüfen, Usanzen füllen die Lücken. Risiken werden, wenn sie ein signifikantes Ausmaß annehmen, nicht durch Vertragsklauseln, sondern durch Versicherungen abgedeckt. Rückstellungen für faule Debitoren gehören in jede Buchhaltung.

Das Geschäftsleben kennt kraftvolle außerrechtliche Sanktionen, die bei Verstößen gegen Grundregeln des Geschäftsgebarens eingreifen. Macaulay nennt zwei generell akzeptierte Regeln, denen nachzuleben ist: Eingegangene Verpflichtungen sind einzuhalten, solange dies irgendwie zumutbar ist: Man drückt sich nicht um einen Handel. Und: Man soll ein gutes Produkt herstellen und dafür einstehen.

Geschäftseinheiten sind strukturell auf die Erfüllung von Verpflichtungen hin angelegt. Ein Produktionsunternehmen ist nicht eine geschlossene Einheit, die mit einer Stimme spricht. Verschiedene Abteilungen haben verschiedene Interessen. Ist das Produkt schlecht, sehen sich die Verkäufer verärgerten Kunden gegenüber. Diese machen ihnen das Leben sauer, und die Verkäufer werden versuchen, auf die Produktionsabteilung Druck auszuüben. Viele Unternehmen stehen, obwohl sie rechtlich getrennte Einheiten darstellen, wirtschaftlich und sozial in fast osmotischer Beziehung mit andern Firmen. Käufer und Verkäufer verschiedener Firmen haben oft langjährige Geschäftsbeziehungen. Die Serviceleute sehen sich regelmäßig und sind auf gute Zusammenarbeit angewiesen. Direktoren sind Geschäftsfreunde und treffen sich beim Golfspiel oder im Country Club. Verpflichtungen werden honoriert, weil man weiter miteinander geschäften will, weil

---

[22] Ebd., S. 62. William M. Evan stellt im Anschluß an Macaulay zwei Hypothesen auf:
- Je größer das Differential der Verhandlungsmacht zwischen zwei Organisationen, desto wahrscheinlicher ist die Transaktion ‚vertraglicher' Natur.
- Je größer das Differential, desto weniger wahrscheinlich werden Streitigkeiten aus dem Vertragsverhältnis mit rechtlichen Mitteln gelöst.

Comments, Am. Soc. Rev. 28 (1963), S. 67 - 69. Diese Hypothesen vertragen sich schlecht mit den Ergebnissen, die Murdoch experimentell gewonnen hat. Vgl. dazu oben Kp. II, Anm. 51.

man seinen Ruf nicht aufs Spiel setzen will, weil man auch mit den Töchtern oder dem Mutterhaus des Geschäftspartners im Handel bleiben will, weil man in der Geschäftswelt ganz allgemein mit Freunden besser als mit Feinden fährt.

Außervertragliche Sanktionen sind verläßlichere Garanten für die störungsfreie Abwicklung von Austauschbeziehungen als vertragliche Sanktionen. Ja, das Beharren auf einer detaillierten, vertraglichen Vereinbarung entpuppt sich oft als Hindernis für den Abschluß eines Geschäftes. Manche sehen darin einen Mangel an Vertrauen. Man fürchtet einen pingeligen Geschäftspartner; mit ihm will man lieber nichts zu tun haben. Detaillierte Planung ist überdies teuer. Nicht immer ist es kosteneffizient. Detaillierte Vereinbarungen — so befürchten viele — machten aus einem gemeinsamen Projekt (joint venture) einen antagonistischen Kuhhandel. Konfliktlösung durch den Richter hat seine ganz besonderen Nachteile. Ein Prozeß lohnt sich nur in den seltensten Fällen. Solange der Geschäftspartner noch als potentieller Kunde in Frage kommt, ist es eine traurige Politik, ihn einzuklagen. Ein Gerichtsfall bringt fast ausnahmslos den Abbruch der Geschäftsbeziehungen. Ist ein Partner zahlungsunfähig, bringt der Rechtsstreit erst recht nicht viel. Niemand schätzt zudem die relative Öffentlichkeit des Gerichtsverfahrens.

So fragt sich: Warum wird der Vertrag in Austauschbeziehungen überhaupt gebraucht? Detaillierte Planung und die Bereitstellung rechtlicher Sanktionen kommt überall dort vor, wo dies mehr Vorteile als Nachteile bringt. Ein detaillierter Vertrag kann innerhalb einer großen Gesellschaft als Kommunikations- und Integrationsmittel dienen[23]. Detaillierte Vertragsplanung kann vorteilhaft sein, wenn ein produktspezifisches Risiko ausgeschlossen werden muß[24]. Sind einer Geschäftsbeziehung oder vielmehr deren Auflösung typische Konfliktsmuster eigen, kann sich ein genauer Vertrag auszahlen.

Ob sich ein Vertrag lohnt oder nicht, beurteilen verschiedene Abteilungen eines Betriebes nicht einheitlich. Verkaufsagenten sehen im vertraglichen Papierkram oft nichts weiter als eine zusätzliche Hürde im Wettlauf um einen Geschäftsabschluß. Der Finanz- und Buchhaltungsabteilung dienen schriftliche, womöglich numerierte Verträge als Organisations- und Kontrollmittel. Die Rechtsabteilung verbindet

---

[23] Vgl. oben Abschnitt 1.

[24] Macaulay nennt als Beispiel für ein mit besonderen Risiken belastetes Produkt die Herstellung von Luftkühlern. Ein defekter air-conditioner kann einem Hotel im heißen Sommer große finanzielle Einbußen verursachen, die als Folgeschäden aus einem mangelhaften Produkt betrachtet werden könnten. Gegen derartige Risiken kann sich der Hersteller vertraglich absichern. Vgl. Non-contractual Relations, S. 65.

mit ihnen zum Teil ihre Existenzberechtigung. Doch das Unternehmen entscheidet nicht allein, ob es vertragliche oder nichtvertragliche Austauschbeziehungen unterhalten will. Macaulay weist nach, daß sich z. B. General Motors erfolgreich vertraglichen Beziehungen mit seinen Lieferanten widersetzte. Wer mit diesem Autogiganten ins Geschäft kommen wollte, mußte dies auf einer außervertraglichen Basis tun. Jeder Versuch der Lieferanten, rechtliche Sanktionen in diese Geschäftsbeziehungen einzubauen, wurde von General Motors abgeschlagen.

Macaulays Untersuchung versteht sich als Vorstudie. Die Ergebnisse stützen sich auf empirische Daten aus einem Staat der USA, aus Wisconsin; in diesem Sinne sind sie begrenzt in ihrem Aussagewert. Inzwischen sind andere Studien gemacht worden, die in andern Ländern und Branchen ähnliche Resultate gebracht haben.

In England untersuchten Beale und Dugdale das vertragliche Verhalten von Motorenherstellern und legten das Schwergewicht ihrer Studie auf die Kaufs- und Verkaufspraxis dieser Firmen[25]. Ihre Ergebnisse decken sich weitgehend mit denen Macaulays. Vier Faktoren erklären ihrer Ansicht nach, warum über die Essentialien hinaus kaum etwas vertraglich geregelt wird: 1. Für viele Austauschbeziehungen bestehen Handelsbräuche, stillschweigende Planung und ungeschriebene Gesetze, die allgemein anerkannt sind. 2. Die meisten untersuchten Firmen unterhalten regelmäßige Beziehungen mit andern Firmen. Man kennt sich und vertraut sich. Abschlüsse außerhalb des Motorengeschäfts werden dagegen sorgfältiger geplant. 3. Planung ist teuer, während das Konflikts- und Schadensrisiko eher klein ist. 4. Es wird befürchtet, daß sorgfältig ausgehandelte Verträge ungenügend flexibel sein könnten, sollten besondere Umstände eintreten.

Die Konfliktsrisiken wurden allgemein als gering betrachtet; es bestehe ein beachtlicher Grad an Vertrauen zwischen den Firmen. Der Glaube an die gegenseitige Fairness wird durch persönliche Kontakte zwischen den Angestellten und Direktoren gestärkt. Der gute Ruf steht auf dem Spiel: "Not only did salesmen stress the need to have a good product and to stand behind it, buyers also emphasized the need to maintain a reputation for the firm as fair and efficient, and both said that any attempt to shelter behind contractual provisions or even frequent citation of contractual terms would destroy the firm's reputation very quickly."[26]

Die Autoren der Studie prüften dann die Verwendung detaillierter Vereinbarungen in den verschiedenen Lebensphasen einer Geschäfts-

[25] Beale / Dugdale: Contracts between Businessmen.
[26] Ebd., S. 47.

beziehung: Geschäftsabschluß, Zahlungsmodalitäten, Sicherheiten, Annullierungen, Lieferungsverzug und Nichterfüllung bzw. nicht gehörige Erfüllung. Es überrascht nicht, daß die Zahlungsmodalitäten einen besonders hohen Planungsgrad aufwiesen. Abzahlungspläne, Kredite und ähnliche Probleme wurden nach Angaben der Firmen ausführlich diskutiert. Die Zahlungsmoral sei im allgemeinen gut, wenn jedoch Schwierigkeiten mit dem Schuldner entstünden, so endeten diese nicht selten auf einem rechtlichen Geleise. Unterschiedlich wurden Annullierungen gehandhabt. Wo Verträge sie nicht explizit regeln, werden sie auf einer Basis der Reziprozität behandelt. Keiner soll zu Schaden im Sinne eines negativen Vertragsinteresses kommen. Liefertermine wurden fast in allen Verträgen ausdrücklich geregelt. Sie würden jedoch mehr als Richtdaten verstanden. Gewährleistungsfragen wurden, ausgenommen von den wenigen, detailliert ausgehandelten Verträgen, außerrechtlich gelöst. Die benutzten AGB der Käufer und Verkäufer widersprechen sich ohnehin oft; dies scheint kaum jemanden zu stören. Das Anwendungsfeld für vertragliche Sanktionen ist offenbar sehr begrenzt. Kleine Risiken, beiderseitig akzeptierte branchenübliche Normen und Pflichten und verschiedene außerrechtliche Sanktionsmittel reduzieren den Gebrauch des Vertrages.

Auf den seltenen Gebrauch vertraglicher Sanktionen haben auch Kurczewski und Frieske hingewiesen, die 1974 einen Artikel publizierten, der sich mit dem vertraglichen Verhalten von polnischen Unternehmen befaßte[27]. Verträge spielen in einem planwirtschaftlich geführten Lande naturgemäß eine geringere Rolle als in westlichen Industriestaaten, werden doch für ein Unternehmen zahlreiche wirtschaftliche Entscheidungen bereits mit dem Plan gefällt. Dennoch hat der horizontale Austausch zwischen Firmen mit Teilautonomie seinen Platz in der Geschäftswelt der Volksrepublik Polen.

Interessanterweise stoßen die Autoren trotz des andersartigen Wirtschaftssystems in ihrer Untersuchung auf Daten, die an jene Macaulays erinnern. Einige der Darlegungen haben mit den Besonderheiten Polens zu tun; vieles tönt dagegen vertraut. So zum Beispiel der Gebrauch rechtlicher Sanktionen, die in sozialistischen Vertragsrechtssystemen vorwiegend die Form von Vertragsstrafen annehmen. "Based on all our data, we can say, generally, that contract penalties are very rearly used. Only enterprises that monopolize dealing in an given type of product, or enterprises that are in sporadic contact with a partner, can enjoy the luxury of invoking them ...". Dann wird ein befragter Direktor zitiert: "The majority of directors try to come to terms. There is a small number who tend to use contract penalties. Most frequently,

[27] Kurczewski / Frieske: Some Problems in the Legal Regulation.

they come from enterprises that are independent of others, and they, therefore, can afford to use them. In general we try not to make trouble for each other."[28]

Die Möglichkeit, auf außerrechtliche Sanktionen zurückzugreifen, und die persönlichen Beziehungen im Management scheinen auch in Polen der Schlüssel zum Verständnis zu sein, weshalb Verträge wenig gebraucht werden. Was die Anpassung der Beziehungen und die außerrechtliche Konfliktlösung weiter fördert, scheint ein System wechselseitiger Dienste zu sein, die man sich als interdependente Partner leistet. Ein spezifisch planwirtschaftlicher Faktor ist zusätzlich die Angst, daß Vertragsbrüche zur Kenntnis der Aufsichtsbehörde kommen. Notorische Vertragsbrüche schaden dem Ansehen jedes Direktoren. Es gehört daher zum Comment des polnischen Geschäftsmannes, daß gestörte Austauschbeziehungen ‚in der Familie' bleiben und dort ausgebügelt werden.

Weitere empirische Untersuchungen, die zu ähnlichen Resultaten führten, wurden in Ländern Asiens und Afrikas durchgeführt. Sie zeigen, daß manche der beobachteten vertraglichen Verhaltensweisen unabhängig von Rechts- und Wirtschaftssystemen in verschiedenen Kulturen anzutreffen sind[29]. Wir wenden uns nun aber einer rechtstheoretischen Arbeit zu, die die Frage nach dem Gebrauch und Nichtgebrauch des Vertrages auf einer andern Ebene aufnimmt.

3. ‚Transactional' und ‚Relational' Vertragsverhältnisse

1974 hat Jan R. Macneil mit seinem Artikel 'The Many Futures of Contracts' einen wesentlichen Beitrag zur Vertragsdiskussion geleistet[30]. Seine These heißt: Vertragliches Verhalten läßt sich entlang

[28] Ebd., S. 496 f.

[29] Eine weitere Studie befaßt sich mit den unterschiedlichen Bräuchen zwischen westlichen Geschäftsleuten und Japanern. Interessant ist, welches nach Auffassung des Autors die häufigsten Konfliktbereiche sind. "In the author's experience, some issues seldom arrise in these agreements: whether or not an offer was validly made; what is the proper place of performance, where delivery is to occur, when and where payment is to be made; and there passaccurs. On the contrary the principal aeras of difficulty have been: change in economic circumstances (including currency changes), failure of goods to meet specification, shipping, dealing with trading company, and use by the foreign company of its Japanese staff." Stephen W. Guittart: Negotiating and Administering an International Sales Contract with Japanese, International Lawyer 8 (1974), S. 824. Die Abneigung der Japaner, Prozesse zu führen, sei noch größer als die der westlichen Handelspartner; umgekehrt legen die Japaner viel Wert auf eine detaillierte Vertragsplanung.

[30] Macneil hat seine Analyse in späteren Jahren weitergeführt und vertieft. Vgl. Contract: Adjustment of Long-Term Economic Relations; Essays

von Achsen analysieren; deren einer Pol ist die 'contract transaction', die reine, vertragliche Transaktion; der zweite Pol ist die 'contractual relation', die vertragliche Dauerbeziehung. Er schreibt: "[The] range of behavioral concepts can best be viewed, I think, along a series of axes. Each axes is a behavioral concept with a transactional pole and an opposite relational pole."[31] Auf der transaktionalen Seite steht das scharf abgegrenzte Synallagma, der auf den einmaligen und gegenwartsbezogenen Güteraustausch gerichtete Vertrag. Als Beispiel nennt Macneil das Tanken an einer Tankstelle. "The gas purchase is a transactional event in the sense that, except for the expectation of the driver that the station would have gasoline available and the expectation of the station that any driver stopping would have some means of paying, the exchange has no past. There are no precedent relations between the parties. Nor will there be any future relations between the parties. As to the present, two general characteristics dominate the transaction: it is short; it is limited in scope. A few minutes measure its duration, and no one, even the most gregarious, enters into anything approaching a total human relationship in such a situation. In such a transaction the measured exchange gallons/dollars is what matters."[32]

Anders der 'relational' Pol bzw. die Dauerschuldverhältnisse[33]. Das vertragliche Verhältnis ist auf Dauer gerichtet. Die Interessen der Parteien sind nicht gegenläufig, sondern gehen in die gleiche Richtung. Das Wohlergehen der einen Partei ist wichtig für das Wohlergehen der andern. Macneil nennt als Beispiel eines 'relational' Vertragsverhältnisses die Ehe: "[It] consists not of a series of discrete transactions, but of what happened before (often long before), of what is happening now ('now' itself often being a very extended period), and of what is expected (in large measure only in the vaguest of ways) to happen in the future. These continua forms the relation without a high degree of consciousness of measured transactions. Nonetheless, exchange, both

on the Nature of Contract und Primer of Contract Planning, S. Cal. L. Rev. 48 (1975), S. 627 - 704; The New Social Contract: An Inquiry into Modern Contractual Relations, New Haven, Ct., 1980.

[31] Macneil: The Many Futures of Contracts, S. 737. Diese Pole decken sich mit den Typen, die Blau zur Analyse des Austausches verwendet. Er spricht vom sozialen und wirtschaftlichen Austausch. Sozialer Austausch zeichnet sich durch die Unbestimmtheit der ausgetauschten Leistungen und Aktivitäten aus, der wirtschaftliche Austausch durch fixierte Leistungen und Aktivitäten. Vgl. Blau: Power and Structur, S. 91 ff. und oben Kp. I, 3, a.

[32] Macneil: The Many Futures of Contracts, S. 720 f.

[33] Das Adjektiv 'relational' läßt sich schlecht ins Deutsche übersetzen. Wir kennen wohl das Fremdwort ‚transaktional', nicht aber ein ‚relational'. Da ich es nicht für meine Aufgabe halte, die deutsche Sprache durch Neuschöpfungen zu bereichern, versuche ich mit Umschreibungen wie ‚Beziehungspol', ‚Beziehungscharakter' oder ‚Beziehungselemente' des Vertrages etwas von dem wiederzugeben, was Macneil mit 'relational exchange' meint.

economic and social, takes place in such a relation, even if not in the measured terms of transaction."[34]

Der Transaktions- und der Beziehungspol zeigen Extreme vertraglichen Verhaltens an. Kein Vertrag ist rein transaktional. Selbst beim Tanken spielen neben dem gegenwärtigen Austausch Gallons/Dollars Beziehungsaspekte mit hinein: Die Erfahrungen, die jemand mit einer Benzinmarke gemacht hat, die Werbung, die Ausstattung der Tankstelle und ihr Service. Umgekehrt ist kein Vertrag rein 'relational'. Ein Unternehmensberatungsvertrag, den man als typischen Beziehungsvertrag bezeichnen müßte, enthält transaktionale Aspekte, wie die ungefähre Auftragsdauer, die Tarife zur Salärberechnung und die Widerrufsmöglichkeiten. Konkretes vertragliches Verhalten liegt stets irgendwo zwischen diesen beiden extremen Polen. Einzelne Vertragsverhältnisse haben mehr transaktionalen Einschlag, andere weniger. Macneil beobachtet jedoch, daß vertragliche Verhaltensmuster in den postindustriellen Gesellschaften des 20. Jahrhunderts starken Beziehungscharakter aufweisen.

Gehen wir noch etwas näher auf die unterschiedlichen Eigenschaften der beiden Pole und auf den Trend des Vertragsverhaltens vom Austausch- zum Beziehungspol ein[35]: Transaktionalen Verträgen liegt ein Austausch von Gegenständen zugrunde, die sich leicht messen lassen. Die Vertragsleistung der einen Partei besteht meistens in Geld, die Gegenleistung in einem Gut, das sich leicht in Geldwert bemessen läßt. Ausdruck hierfür ist ein klar bestimmter Marktpreis. Beziehungsverträge sind dagegen gekennzeichnet durch Vertragsleistungen, die sich einer klaren quantitativen oder qualitativen Festlegung entziehen. Es handelt sich um Dauerbeziehungen. Zwar können solche Vertragsbeziehungen analytisch in einzelne Zeitabschnitte aufgelöst und die ausgetauschten Leistungen während eines Zeitabschnittes miteinander verglichen werden, doch diese Segmentierung des Vertrages ergibt nur eine äußerst grobe Annäherung an die Wirklichkeit. So sind die Leistungen eines Arbeitnehmers typischerweise während der Einarbeitungszeit geringer als die eines routinierten Angestellten. Auch die Leistungen des Arbeitgebers sind im Zeitpunkt des Vertragsabschlusses nicht klar bestimmt. Abgangsentschädigungen, Pensionsansprüche, Dienstaltersgeschenke, Gratifikationen und Spesenentschädigungen lassen sich erst während des Verlaufes oder nach Aufhebung des Vertragsverhältnisses genau bestimmen. Prestige und sozialer Status, den die Arbeit oder auch ein Auftrag für jemanden bedeuten kann, Arbeitszeugnisse und Referenzschreiben lassen sich nicht in Geld ausdrücken.

---

[34] Macneil: The Many Futures of Contracts, S. 721.

[35] Vgl. die Tafel ebd., S. 738 ff.

Die geldwerte Meßbarkeit bzw. Nichtmeßbarkeit der auszutauschenden Leistungen charakterisiert die beiden gegensätzlichen Pole.

'Transactional contracts' und 'contractual relations' unterscheiden sich bezüglich der Dauer des Vertragsverhältnisses. Transaktionsverträge sind kurz, die Spanne zwischen Abschluß und Erfüllung minimal: Vorfahren an der Tankstelle, Kommunikation über Quantität und Oktanzahl, einfüllen, zahlen, weiterfahren. Mit Zunahme der Vertragsdauer wachsen 'relational' Aspekte eines Verhältnisses. 'Contractual relations' zeichnen sich durch die unbestimmte Dauer aus. Mieten, Aufträge und Arbeitsverhältnisse etwa sind oftmals nicht für eine bestimmte Dauer vorgesehen. Veränderte Verhältnisse, Wegzug, Todesfall, Erreichung der Altersgrenze, Streit, Umstände also, die zum Zeitpunkt des Vertragsabschlusses oft nicht erkennbar sind, setzen langedauernden Vertragsbeziehungen ein bisweilen unerwartetes Ende.

Transaktionale Verträge haben einen klaren Anfang und ein klares Ende. Den Zeitpunkt des Vertragsabschlusses zu bestimmen, war ein Hauptanliegen der Vertragsdogmatik; sie hat das Problem über das Willensdogma brilliant gelöst. Beendet wird das Verhältnis durch gehörige Erfüllung — durch Erfüllung, wie sie beim Vertragsabschluß vereinbart wurde. 'Sharp in by clear agreement, sharp out by clear performance.'[36] Der extreme Beziehungspol andererseits kennt nur impressionistische Anfangs- und Endpunkte. Man spürt, wo sie sind, aber man kann sie nicht festlegen. Die Parteien wachsen langsam in eine Beziehung hinein. Die Zusammenarbeit kann lange informal bleiben. Der Übertritt zur formalen Kooperation bedeutet wirtschaftlich oft nicht einmal eine graduelle Intensivierung. Die gemeinsamen Interessen können sich ebenso unmerklich abschwächen; ein Verhältnis verblaßt und erlischt oder wird in anderer Form weitergeführt.

Ein wesentlicher Unterschied zwischen den beiden Polen zeigt die Planung. Vertragliches Verhalten hat immer mit Planung der näheren oder ferneren Zukunft zu tun. Bei transaktionalen Verträgen konzentriert sich die Planung auf die Substanz, auf die Vertragsleistungen. Sie werden bei Vertragsabschluß möglichst spezifisch und komplett festgelegt. Wenig bleibt dem Zufall und nichts späteren Verhandlungen überlassen. Die Planung ist für die Vertragsdauer verbindlich. In Vertragsverhältnissen mit Beziehungscharakter beschlägt die Planung vornehmlich die Strukturen und die Anpassungsmechanismen der Beziehung[37]. Die Parteien betreten unbekannte Pfade. Was während ihres

---

[36] Ebd., S. 738.

[37] Vgl. dazu Macneil: Contracts: Adjustment of Long-Term Economic Relations, und Note: Business Practices and the Flexibility of Long-Term Contracts, Virg. L. Rev. 36 (1950), S. 627 ff.

Zusammengehens alles ausgetauscht werden soll, kann zu Beginn der Wegstrecke nicht im Detail geplant werden. Was substantiell geplant wird, unterliegt späteren Veränderungen. Wesentlich an der Planung von langedauernden Vertragsbeziehungen sind die strukturellen und prozeduralen Fragen. Wer mit wem verhandelt, Kompetenzfragen, Kommunikationsprobleme, die gemeinsame Sprache, die gesprochen werden soll, vertrauensbildende und -erhaltende Maßnahmen, die sicherstellen sollen, daß sich jede Partei so verhält, wie es sich gehört.

Entsprechend unterschiedliche Bedeutung kommt auch der künftigen Kooperation zu. Transaktionale Verträge erfordern nach Vertragsabschluß keine Planung mehr. Alles ist bereits vorher abgesprochen worden, Unvorhergesehenes bestimmen Gesetze und Usanzen. In Beziehungsverträgen ist die Kooperation nach Vertragsabschluß ein normaler Bestandteil des Vertrages; sie ist sogar ausschlaggebend für den Erfolg der Beziehung.

Rechte (und beschränkt auch Pflichten) aus Transaktionsverträgen sind grundsätzlich übertragbar. Bei unpersönlichen Marktgeschäften kommt es keiner Partei auf die Persönlichkeit des Gegenübers an. Rechte und Pflichten sind so klar bestimmt, daß diese für jeden in die Transaktion eintretenden Dritten leicht verständlich und erfüllbar sind. Verträge mit Beziehungscharakter dagegen lassen eine Übertragung der Rechte und Pflichten — wenn überhaupt — nur schwer zu. Die Übertragung ist oft unwirtschaftlich. Ein neu eintretender Dritter kann die von der Individualität des Vorgängers getragene Position nur schwer ersetzen.

Und schließlich unterscheiden sich die beiden Pole auch bezüglich der Erwartungen, die mit den entsprechenden Verträgen verbunden werden. Wer einen Transaktionsvertrag abschließt, erwartet keine Probleme mehr. Wenn welche auftauchen, so liegt dies an der Fehlplanung. Eigentlich dürften Schwierigkeiten nicht mehr vorkommen, denn Zweck der Planung ist es ja gerade, die Lösungen für mögliche Zwischenfälle im voraus abzusprechen. Anders bei Beziehungsverträgen: Jede Partei weiß im voraus, daß sich während der Vertragsdauer Probleme ergeben werden. Sie rechnet damit als einem normalen Teil des Vertrages. Das vertragliche Verhalten richtet sich auf die Zusammenarbeit und auf Techniken, gestörte Beziehungen wieder herzustellen. Strukturen und Verfahrensordnungen, wie sie in der Planung vorgesehen wurden, treten dann unterstützend in Funktion.

Dies sind einige der gegensätzlichen Eigenschaften, die die beiden Pole charakterisieren. Ähnlich wie Blau unterstreicht Macneil immer wieder, daß es sich dabei um *Extreme* handelt. Jeder Vertrag vereinigt transaktionale Elemente und Beziehungselemente in sich. Die traditionelle Vertragsrechtslehre behandelt das Institut aus einer betont transaktionalen Warte. Die Grundfigur ist das zweiseitige Rechtsgeschäft, das Synallagma; der Vertrag ist als rechtliches Instrument konstruiert, um gegenläufige Interessen aufeinander abzustimmen und einen störungsfreien Austausch sicherzustellen. Diese Grundfigur des Vertrages will Macneil mit seinem Beitrag angreifen. Er versteht diesen als "an attempt to free contract from the myth of pure transactionism which so dominates many current [contract] concepts, to put exchange in its real life context of relation ... It is intended as an initial effort at conceptualizing contract behavior in the interplay of transaction and relation."[38]

4. Empirische Bilder und das Vertragsmodell

Macaulays Vorstudie (und die weiteren erwähnten Untersuchungen) scheinen die empirische Grundlage für Macneils Artikel darzustellen. Abgesehen von terminologischen Differenzen lesen sie sich fast wie ein Gemeinschaftswerk. Setzt man anstelle von Macaulays 'non-contractual relations' Macneils 'relational exchange', so wird die Übereinstimmung deutlich. Die Eigenschaften, die Macneil seinem transaktionalen Pol zuschreibt, Planung, Sanktionen, präzise Leistungsbestimmung etc., entsprechen genau den Charakteristiken des Vertrages, wie Macaulay ihn versteht. Beide Studien unterstreichen die Bedeutung, die den 'relational' bzw. 'non-contractual' Vertragsbeziehungen zukommt.

Das empirische Bild des Vertrages, das sich heute zeichnen läßt, hat zwei deutliche Schwerpunkte: die Standardisierung des Vertrages und die Beziehungselemente des Vertrages[39]. Es unterscheidet sich scharf vom klassischen Modell, das dem Vertragsrecht zugrunde liegt[40]. Dieses geht von nicht standardisierten Transaktionen aus, von individuellen Vereinbarungen, die gegenläufige Bedürfnisse mittels Austausch befriedigen. Die Vertragsverhandlungen zwischen freien, selbstverantwortlichen Individuen liegt im Zentrum. Die Rechtslehre — im common law mehr noch als im kontinentalen Recht — sieht im Prozeß des 'bargaining' das eigentliche Charaktermerkmal des Vertrages. Dieses Modell stimmt nur mehr mit einem Teil der Wirklichkeit überein. Standardisierung und flexible, auf Dauerbeziehungen angelegte Vertragsverhältnisse passen sich schlecht oder überhaupt nicht in den

[38] Macneil: The Many Futures of Contracts, S. 805 f.

[39] Als Indiz für die zunehmende Bedeutung der Beziehungsverträge kann der wachsende Anteil des tertiären Sektors am Bruttosozialprodukt der modernen, post-industriellen Staaten gelten.

[40] Vgl. Macaulay: Elegant Models, Empirical Pictures, and the Complexities of Contract.

transaktionalen Schematismus des Vertragsmodells ein. Folgende vier Typen des vertraglichen Verhaltens lassen sich ausmachen:

vertragliche Verhaltenstypen	Transaktions-verhalten	Beziehungs-verhalten
nicht-standardisiertes Vertrags-verhalten	1.	2.
standardisiertes Vertrags-verhalten	3.	4.

1. Nicht-standardisiertes, transaktionales Vertragsverhalten ist der Kern des Vertragsrechtes. Zwei unabhängige Personen treffen aufeinander, erkennen die Vereinbarkeit ihrer gegenläufigen Interessen mittels eines Vertrages; sie handeln die Vertragsbedingungen aus und binden sich für die Dauer des Vertrages; nach der Erfüllung ihrer Verpflichtungen sind sie wieder so frei, wie sie zu Beginn der Begegnung waren. Solche Verträge sind heute immer noch in großer Zahl zu beobachten: Einmalige Transaktionen, wie Immobilien- oder größere Kreditgeschäfte werden in dieser Weise abgeschlossen. Gelegenheitsverträge zwischen Einzelpersonen, die sonst nichts miteinander zu tun haben, gehören zu diesem Typ. Er entspricht, grob gesagt, jenen Verträgen, die für keinen der Partner zur beruflichen Routine gehören, die gemeinsam für die spezielle Gelegenheit ausgearbeitet werden und daher ihrer Natur nach einmalig sind. Das klassische Vertragsmodell fängt diesen Typus vertraglichen Verhaltens gut ein und gibt auf eventuelle Probleme adäquate Antworten.

2. Standardisierte, transaktionale Vertragsverhältnisse sind etwa Konsumverträge[41]. Ein kleineres oder größeres Unternehmen bietet seine Güter oder Dienstleistungen einem offenen Kundenkreis an. Der Abschluß gleichgearteter Verträge gehört zur wirtschaftlichen Routinetätigkeit eines Unternehmens genauso wie die Werbung oder die Buchhaltung. Rationalisierungen, die administrative Verarbeitung der Verträge, Konkurrenz und vieles mehr zwingt ein Unternehmen zur Standardisierung seiner Vertragsbeziehungen. Gleichzeitig bleibt dieses Vertragsverhalten transaktional. Genau abgemessene Ware wechselt die Hand gegen eine bestimmte Summe Geld. Dieser Typus vertraglichen Verhaltens stimmt nur unzureichend mit dem traditionellen Vertragsmodell überein. Die Standardisierung wirft Probleme auf.

[41] Dies trifft nur grob zu, denn auch in den Beziehungen zwischen Unternehmern und Endverbrauchern spielen viele Beziehungselemente wie Werbung, Marke, Service, Kundentreue, Kreditkäufe, etc. hinein. Doch der unpersönliche Austausch eines Gutes mit einem Marktwert gegen Geld steht im Vordergrund.

Meistens sind zwar die Rechte und Pflichten, wie sie im standardisierten Vertrag vorgesehen werden, klar und unbestritten, doch ist unklar, ob der Vertrag in dieser Form für den Vertragspartner, dem das Formular vorgelegt wurde, unter allen Umständen verbindlich ist. Da standardisiertes Vertragsabschlußverhalten im Widerspruch zum Vertragsmodell steht, hält dieses nur ungenügende Lösungsmöglichkeiten für den Konfliktsfall bereit, der aus den standardisierten Verträgen erwachsen kann. Die Schwierigkeit mit der dogmatischen Einordnung der AGB und die jahrzehntelange Ratlosigkeit, wie dieses Phänomen rechtlich zu erfassen sei, legen dafür beredtes Zeugnis ab.

3. Nicht-standardisiertes, vertragliches Beziehungsverhalten paßt sich ebenfalls schlecht in das traditionelle Vertragsmodell ein, da die Bestimmtheit vertraglicher Leistungen eines seiner Wesensbestandteile ist. Vertragsbeziehungen, bei denen essentielle Aspekte der Leistung unbestimmt bleiben, entsprechen aber einem wirtschaftlichen Bedürfnis zahlreicher Unternehmen. Solche Vertragsbeziehungen wurden und werden eingegangen, unabhängig davon, ob das Vertragsrecht sie anerkennt oder nicht. Treten jedoch Schwierigkeiten auf, vermag das Vertragsrechtsmodell keine adäquaten Antworten zu erteilen. Allerdings haben Lehre und Rechtsprechung derartige Vertragsbeziehungen in den letzten Jahrzehnten anerkannt und die Anforderungen an die Bestimmtheit bzw. Bestimmbarkeit vertraglicher Leistungen immer wieder neu formuliert. Rechtliche Figuren, wie der Sukzessivlieferungsvertrag, der Kauf auf Abruf, der Rahmenvertrag im kontinentalen Recht oder der 'output contract' und 'requirement contract'[42] im angloamerikanischen Recht versuchen, auf die genannten Bedürfnisse der Wirtschaft einzugehen. Ihre Einordnung ins dogmatische System stößt aber immer wieder auf Schwierigkeiten, weil sie mit dem ihm zugrundeliegenden Modell nicht im Einklang stehen. (Gerade deshalb sind sie wahrscheinlich die Lieblingskinder der Examinatoren in juristischen Prüfungen.)

4. Standardisiertes, vertragliches Beziehungsverhalten nennen wir den vierten Typus. Auf den ersten Blick erscheint dies als Widerspruch, denn standardisierte Verträge werden gewöhnlich im Verhältnis mit

[42] Ein 'requirement contract' ist ein Vertrag, bei dem sich eine Partei verpflichtet, soviele Einheiten einer bestimmten Ware zu liefern, wie die Gegenpartei für ihren Wirtschaftsbetrieb bedarf. Der 'output contract' ist gewissermaßen sein Gegenstück; er verpflichtet den Verkäufer, alles, was er produziert, an den Käufer zu liefern und diesen, die gesamte Produktion des Verkäufers abzunehmen. Vgl. E. Allan Farnsworth / William F. Young: Cases and Materials on Contracts, 3. Aufl. Mineola, N. Y. 1980, S. 77 - 80. Für eine gute Diskussion der rechtlichen Probleme, die aus diesen Verträgen erwachsen können, s. Timothy J. Muris: Opportunistic Behavior and the Law of Contract, Minn. L. Rev. 65 (1981), S. 521 - 590.

einer unbestimmten Zahl von Vertragspartnern verwendet, während langdauernde Kooperationsbeziehungen nur mit einer sehr beschränkten Zahl von Partnern möglich und nötig sind. Gleichwohl scheint diese Form vertraglichen Verhaltens recht verbreitet zu sein. Die Partner sind zwar in dauernde, intensive Beziehungen eingespannt, doch wikkelt sich der Geschäftsverkehr äußerlich auf der Grundlage von standardisierten Verträgen ab. Offerten, Bestellungen, Auftragsbestätigungen und Lieferscheine enthalten in der Regel aufgedruckte AGB; manchmal entsprechen sich diese, manchmal schließen sie sich ganz oder teilweise aus. Obwohl die Vertragsbeziehungen vordergründig auf AGB beruhen, zeigt sich in der Praxis, daß andere Normen maßgebend sind. Technische Standards, Handelsbräuche, berufliche Ethik sind normative Bezugspunkte, auf die die Beziehungen abgestützt werden. Die standardisierten Vertragstexte treten praktisch außer Kraft, wenn sie überhaupt je gültig wurden.

Dieses Vertragsverhalten ist mit dem klassischen Vertragsmodell völlig unvereinbar. Die gegenseitigen Erwartungen, unter denen solche Verhältnisse eingegangen werden, stützen sich auf außerrechtliche Normen; beruft sich eine Partei ‚aufs Recht', so enthalten die ausgetauschten standardisierten Formulare nur wenig von dem, was die Parteien eigentlich beabsichtigt haben. Das Recht aber legt der Konfliktlösung vor allem den Vertragstext zugrunde. Dieser erhält damit eine Bedeutung, die ihm von keiner Partei zugemessen wurde. Widersprechen sich die Vertragsformulare, antwortet das Vertragsrecht — treu dem Vertragsmodell — mit dogmatischen Konstruktionen wie Vertragsdissens, Dissens in Nebenpunkten, der Theorie des letzten Wortes u. a.[43]. Dies sind Schüsse ins Dunkle — nicht nur, weil sie an den typischen Charaktermerkmalen solcher Vertragsbeziehungen vorbeigehen, sondern auch, weil sie oft etwas ins Zentrum des rechtlichen Interesses rücken, was im Verständnis der Parteien nebensächliche Formalitäten waren, nämlich die standardisierten Formulare.

Theoretische Modelle, mit denen das Recht erklärt wird, können der empirischen Wirklichkeit nie ganz entsprechen; es kann sich immer nur um Annäherungen handeln. Die rechtssoziologische Beschreibung des Vertrages, wie sie heute vorliegt, weist auf die große Diskrepanz zwischen dem traditionellen Vertragsmodell und der empirischen Wirklichkeit hin. Dabei erhebt niemand den Anspruch, die vertragliche Wirklichkeit genau zu kennen (richtigerweise ist zu sagen, daß die größten Flächen der Karte noch weiß sind), und empirische Bilder unterlie-

---

[43] Zur Rechtsprechung in Deutschland und den verschiedenen Lösungsvorschlägen der Rechtsliteratur siehe Kramer: Art. 1 OR, N 160. In der Schweiz hat sich das Bundesgericht bisher noch nicht mit der Frage befaßt.

gen selbstverständlich der Kritik. Als seinswissenschaftliche Disziplin hat die Rechtssoziologie nicht darüber zu befinden, ob die aufgezeichnete Diskrepanz ‚gut' oder ‚schlecht' sei. Es ist Aufgabe der Rechtslehre als einer normativen Wissenschaft, darüber zu befinden, welcher Wert Modellen zukommt, die mit der Wirklichkeit nur mehr sehr begrenzt in Einklang stehen.

Angemerkt sei noch: Das empirische Bild der wirtschaftlichen Austauschbeziehung hat nicht nur deutlich gemacht, wie wenig das traditionelle Vertragsmodell der Rechtslehre damit in Einklang steht, auch die Ökonomen haben sich daran gemacht, die ihren Theorien zugrundeliegenden Modelle im Hinblick auf neue empirische Bilder zu prüfen[44].

---

[44] Die Erkenntnis, daß Vertragsverhalten in Wirklichkeit oft mehr Beziehungselemente aufweist, als die transaktionalen Vertragsmodelle vermuten lassen, wurde für manche Ökonomen ein wichtiges Angriffsmittel gegen das Coase Theorem. Dieses besagt in einer seiner Formen: Unter der Voraussetzung, daß Transaktionskosten null sind, erfolgen Austausche solange, bis kein weiterer Austausch mehr möglich ist, der wenigstens eine Partei bereichert, aber gleichzeitig keine Partei schlechter stellt. Vgl. z. B. Oliver S. Williamson: Transaction-Cost Economics. The Governance of Contractual Relations, J. Law & Econ. 22 (1979), S. 233 - 243, sowie die dort in Anm. 1 zitierte Literatur. Victor P. Goldberg stellt zu diesem Problemkreis fest: "The law of contracts to some extent has been forced to come to grips with the complex issues raised by such relationships by the poor fit into the transactional mold of relational fact patterns that are brought before the court. On the other hand, the elegance (and, to be sure, practical merits in many contexts) of analytical models based on choice has led economists to suppress the relational aspects of contracts. Thus, while legal scholars are at least making slow progress toward accommodating long-run complex relations in a broadened theory of contract, economist have, with rare exceptions, not faced up to (or even perceived) the problem." Toward an Expanded Economic Theory of Contract, J. Econ. Issues 10 (1976), S. 49.

Viertes Kapitel

Gesellschaftliche Einflüsse auf das Vertragsrecht

Vertragsrecht, mehr als jedes andere Rechtsgebiet, scheint auf den ersten Blick gegen soziale Einflüsse immun zu sein:

1. Haben nicht schon die Römer die Grundsteine zu unserem heutigen Vertragsrechtssystem gelegt? Haben nicht die Pandektisten und Christopher C. Langdell[1] beidseits des Atlantiks die wissenschaftlichen Grundlagen des Vertragsrechts herausgearbeitet? Diese sind eingegangen in die kontinentalen Kodifikationen und die Rechtsprechung des common law und haben die letzten hundert Jahre fast unbeschadet überstanden. Das Vertragsrecht verfügt, so betrachtet, über eine lange und ungetrübte Geschichte. Dies aber ist Dogmengeschichte, die Geschichte der juristischen Geometrie und ihrer Techniken. Die Geschichte des gelebten Vertragsrechtes war während der letzten hundert Jahre weniger statisch, oft sogar turbulent.

2. Das Vertragsrecht basiert auf der Privatautonomie. Was immer zwei oder mehrere Personen miteinander vereinbaren, anerkennt das Recht innerhalb weiter Grenzen als verbindlich. Das Vertragsrecht spiegelt den freien Markt, d. h. ein Netz privater, staatlich kaum regulierter Austauschbeziehungen. Sie bilden das Rückgrat des wirtschaftlichen Systems. Diese Beziehungen sollen sich möglichst ohne staatliche Interventionen abspielen; sie sind typischerweise selbstausführend. Das Recht hat mit ihnen — abgesehen von der Delegation der Rechtsetzungsbefugnis an die Privatpersonen — nichts zu tun. Erst für den Konfliktsfall bietet der Staat Behörden an, die sich auf Verlangen einer Partei deren Vertragsverhältnisse näher ansehen. Falls die Parteien ihren Streit auch vor Gericht nicht friedlich beilegen, entscheidet dieses mit staatlich verliehener Autorität. Es ist wichtig, sich zu erinnern, daß

[1] Christopher C. Langdell ist der Vater der Fallmethode; er publizierte 1871 das erste 'case book', und zwar über das Vertragsrecht. Im Jahr zuvor reformierte er den Rechtsunterricht an der einflußreichen Harvard Law School. Nach und nach übernahmen die andern Universitäten sein Studienprogramm und seine Methode, die beide einen tiefgreifenden Einfluß auf die amerikanische Rechtswissenschaft hatten. Für ihn war begriffliche Klarheit und Logik der eigentliche Kern des Rechtes; das common law stand im Zentrum seines Denkens, und das Vertragsrecht war sein liebstes Kind.

die allermeisten Vertragsverhältnisse nicht gerichtsnotorisch werden, daß aber nur die vertraglichen Beziehungen, die einer Behörde zur Kenntnis gelangen, das Vertragsrecht beeinflussen können. Vertragsverhältnisse, von denen sie nichts weiß, beeinflussen das Verhalten des Rechtsstabes nicht.

3. Juristen sind es gewohnt, das Vertragsrecht entlang der Obligationenrechtsartikel (die Amerikaner entlang ihrer case books) zu erlernen und zu denken. Wir verfolgen dabei den Vertrag von der Geburt bis zum Tode durch alle seine Lebensphasen. Dabei wird der für die soziale Bedeutung des Vertragsrechtes fundamentale Unterschied zwischen der dispositiven und zwingenden Norm nicht immer in seinem ganzen Ausmaße deutlich. Einige der allgemeingültigen Schranken, wie die Rechtswidrigkeit, die Unsittlichkeit, die Willensmängel und Haftungsminima, sind uns sehr vertraut. Man könnte sie die ‚alten' Schranken des Vertrages nennen. Wie sehr aber auch spezielle, zwingende rechtliche Regelungen dessen Geltungsbereich einschränken, ist weniger tief in unserem Bewußtsein verhaftet. Die meisten dieser ‚neuen' Schranken sind erst in den letzten hundert Jahren errichtet worden.

Solange wir mit Vertragsrecht vor allem das Vertragsprinzip, die Auslegungsregeln, die dispositiven Normen und die ‚alten' Schranken verbinden, lassen sich kaum soziale Einflüsse erkennen. Sozial gewandelte Sachverhalte fließen durch das abstrakte und substanzlose Vertragsrechtssystem, ohne daß sich an den Vertragsrechtsnormen etwas verändert. Es sind die Märkte, die faktisch entscheiden, welche Vereinbarungen möglich sind. Das Vertragsrecht in seiner (gewollten!) Abstraktion[2] und Substanzlosigkeit sagt nichts dazu. Es bietet keine Angriffsflächen für soziale Druckversuche.

Deutlich sind die sozialen Kräfte dagegen bei der Ausgestaltung der ‚neueren' vertraglichen Schranken am Werk. Wo dem Vertragsprinzip Grenzen gesetzt werden und wie diese aussehen sollen, das sind Fragen, die die Gesellschaft beschäftigen. Welche Märkte frei und welche reguliert sein sollen, das erhitzt die Gemüter. Die Interaktion zwischen Gesellschaft und Vertragsrecht findet vor allem in diesen Grenzzonen statt. Jede Analyse der sozialen Wirklichkeit muß die vertraglichen Austauschverhältnisse als Ganzes ins Auge fassen. Die vertragsrechtliche Norm etwa, daß Grundstückskäufe einer zwingenden Form bedürfen, ist nicht ohne soziale Relevanz; viel wesentlicher ist jedoch, ob die Veräußerung von Liegenschaften feudalen, erbrechtlichen oder raumplanerischen Restriktionen unterliegt. Eine hundertseitige Hackfleischverordnung sagt mehr über die Realität des vertraglichen Verhält-

---

[2] Vgl. oben Kp. I, 1.

nisses zwischen Metzger und Kunden aus, als eine dispositive Gesetzesbestimmung, wonach Auslagen von Waren mit Angabe des Preises in der Regel als Antrag gelten[3].

4. Die Abstraktion und Substanzlosigkeit vertragsrechtlicher Regelungen heißt nicht, daß wirtschaftliche Transaktionen chaotisch ablaufen. Jede Branche und Berufsgruppe kennt außerrechtliche Regulierungsmechanismen, die Austauschbedingungen festlegen und die Einhaltung getroffener Vereinbarungen unterstützen. Die ‚zivilisierten' unter ihnen nennt man Usanzen. Das Recht anerkennt sie innerhalb gewisser Grenzen als Inhalt der Parteivereinbarungen[4]. Usanzen und Handelsbräuche reflektieren in hohem Maße technologische, marktwirtschaftliche und gesellschaftliche Veränderungen. Doch auch sie fließen in das abstrakte Vertragsrechtssystem ein und aus, ohne sichtbare Spuren zu hinterlassen. Sie sind nicht Teil des Vertragsrechtssystems selber; da sie aber das dispositive Gesetzesrecht verdrängen und die Bildung selbstregulierter und selbstgenügsamer Wirtschaftsgruppen fördern, sind sie bedeutend für die Frage, welche soziale Funktion dem Vertragsrecht bei der Regulierung von Handelsbeziehungen noch zukommt.

5. Ganz immun gegen soziale Einflüsse sind selbst die abstrakten allgemeingültigen Vertragsprinzipien und das dispositive Gesetzesrecht nicht. Die Rechtsprechung entwickelte sie weiter. Änderungen in der Rechtsprechung zum Vertragsrecht erscheinen zwar auf den ersten Blick unabhängig von gesellschaftlichen Kräften zu erfolgen. Zivilrechtskammern geraten selten unter den Druck der Straße. Als das Schweizerische Bundesgericht den Streit zwischen Willens- und Erklärungstheorie zu entscheiden hatte und sich dabei zur Vertrauenstheorie bekannte[5], hat niemand in Lausanne demonstriert, es wurden keine Farbbeutel geworfen oder Unterschriften gesammelt. Nichts stand am nächsten Tage darüber in den Schlagzeilen. Der Kampf zwischen den beiden dogmatischen Richtungen wurde in Lehrbüchern und Artikeln ausgefochten, die Argumente pro und contra vielleicht gelegentlich einem erlauchten Kreis von Fachjuristen, die Daumiers Zeichnungen entsprungen sein könnten, in der gemessenen Form eines Referates vorgetragen. Und doch vertreten wir hier die Auffassung (und wollen

---

[3] Art. 7 Abs. 3 OR.

[4] Übungen sind nach Schweizerischem Recht für die Parteien nur dann verbindlich, wenn diese sie ausdrücklich oder stillschweigend in den Vertrag einbezogen haben. Stillschweigende Zustimmung zu den Usanzen wird in der Regel angenommen, wenn die Parteien dem lokalen und personellen Geltungsbereich der Usanz angehören. Dieser allgemeine Grundsatz läßt den Gerichten einen gewissen Spielraum bei der Anerkennung von Handelsbräuchen im einzelnen Fall.

[5] BGE 39 II 576 [579].

sie unten mit einer kleinen Studie illustrieren), daß es gewandelte soziale Haltungen und Anschauungen des Rechtsstabes sind, die eine schrittweise Fortentwicklung der Vertragsrechtsprechung auslösen[6].

Bei der weiteren Diskussion der Interaktion zwischen Gesellschaft und Vertragsrecht halten wir uns an eine Empfehlung Friedmans: "One way to look at the legal system is as a process — what legal institutions do, and how they do it. This is one meaning of the word 'system' in modern social science — an actual operating unit in the social system which takes in raw materials, processes them, and produces an output. The comparison between the legal system and a machine is vulgar but useful. It directs our attention to actual moving parts. In these termes, study of the legal system would include study, first of all, of the demands made upon legal institutions, calling for action of one sort or another, second, the responses made by the legal institutions, third, the impact and effect of these responses on the persons making the demands, and on society as a whole."[7] Wir gehen in diesem Kapitel dem ersten Problemkreis nach: Den Forderungen an das Vertragsrechtssystem — dem 'input' ins Rechtssystem.

1. Forderungen an den Rechtsstab

Das Wort Forderungen gebrauchen wir hier in einem weiten Sinne. Es steht für jede Handlung, die auf eine Reaktion des Rechtsstabes abzielt. Wer den Gerichts-, Gesetzgebungs- oder Verwaltungsapparat in irgendeiner Form in Anspruch nimmt, stellt eine Forderung und erwartet eine Antwort. So zählen wir alle Klagen, die bei Gerichten eingebracht werden, alle Gegenklagen, Beweisanträge und Stellungnahmen zu den Forderungen an die Justiz. Desgleichen ist die Einreichung von Gesetzesinitiativen, Petitionen, jede Vernehmlassung, jede öffentliche Stellungnahme eine Forderung an die Legislative. Bewilligungsbegehren, Beschwerden oder die öffentliche Kritik an der Amtsführung sind Forderungen an die Verwaltung. Alle zusammengenommen ergeben den Input ins Rechtssystem.

Forderungen an den Rechtsstab haben stets eine Vorgeschichte. Diese beginnt mit dem Interesse einer Person oder einer Gruppe an der Veränderung einer bestehenden oder an der Beibehaltung einer gefährdeten sozialen Situation. Aus Interessen können Forderungen an den

[6] Vgl. unten Abschnitt 4 e.

[7] Friedman: Legal Culture and Social Development, S. 33. Diese Betrachtungsweise beruht auf dem Stimulus-response-Modell des Behaviorismus, der die richterliche Entscheidung als eine Reaktion auf einen Reiz, nämlich die konkret zu beurteilende Klage versteht. Vgl. Rehbinder: Rechtssoziologie, S. 177.

Rechtsstab herauswachsen, doch die allerwenigsten Interessen entwickeln sich zu Forderungen. Meistens werden Konflikte außerrechtlich ausgetragen. Eine Lösung des Streites kann friedlich gefunden, der heilenden Wirkung der Zeit oder sonst wem überlassen werden; nur in seltenen Fällen wird das Gericht angerufen, und längst nicht allen Personen und Gruppen gelingt es, ihre Interessen an einer Rechtsänderung als Forderung an die Legislative zu formulieren.

Als Rechtsstab bezeichnen wir die staatlichen, institutionellen Entscheidungsträger, die mit der Aufstellung, Ausführung und Durchsetzung von Rechtsnormen beauftragt sind[8]. In den westlichen Demokratien sind dies die Legislative, Judikative und die Exekutive. Jede Behörde erfüllt eine Funktion in der Gesellschaft; ihre Aufgaben und Verfahrensstrukturen variieren. Unterschiedlich ist auch das Rollenverständnis der einzelnen Behörden. Funktionen, Verfahrensstruktur und Selbstverständnis einer Behörde sind Faktoren, die mitentscheiden, ob eine Forderung bei einer bestimmten Behörde Erfolg haben wird oder nicht. Forderungen richten sich stets an jenen Entscheidungsträger, von dem am ehesten eine positive Antwort erwartet werden kann[9]. Institutionelle Faktoren steuern den Fluß der Forderungen maßgeblich.

a) Forderungen an die Gerichte

Die Justiz hat primär die Aufgabe, retrospektive und individualisierende Konflikte zu regeln. Das Gerichtsverfahren entscheidet bereits entstandene Streitverhältnisse; das Urteil wird nur für die Parteien rechtskräftig. Retrospektive und Individualisierung sind entscheidend für das Funktionsverständnis der Gerichte. Richter können nicht von sich aus Themen aufgreifen. Sie müssen sitzen und warten, bis jemand an sie herantritt. Wenn ganze Wirtschaftsbranchen von den Dienstleistungen der Gerichte nicht Gebrauch machen wollen und ihre Konflikte selber lösen, kann der Richter nichts dazu sagen.

Die Rechtsquellenfunktion der Rechtsprechung relativiert indes in allen Rechtssystemen die retrospektiven und individualisierenden Züge der Justiz. Indem sie potentiell die Legitimationsgrundlage für künftige Urteile darstellen, erfüllen gerichtliche Entscheide auch eine zukunftsorientierte Funktion. Diese sprengt gleichzeitig den rein individuellen Rahmen der gerichtlichen Konfliktbehandlung.

Die große Mehrzahl der vertragsrechtlichen Forderungen, die auf den Richtertisch gelangen, wollen jedoch nichts mehr als Hilfe bei der Kon-

[8] Vgl. Rehbinder: Rechtssoziologie, S. 10.

[9] Vgl. Edmundo F. Fuenzalides: Fluctuationes de la Demanda por Justicia en Functión del Cambio Social, Santiago de Chile 1973 und 1974.

fliktregelung. Ist das Verdikt gefallen, sind die Hoffnungen erfüllt oder enttäuscht worden, ist die Sache vorüber. Die einzigen Spuren sind ein paar Akten, allenfalls eine Urteilsbegründung, die erst in einen Ordner abgelegt, später in den Gerichtskeller getragen und schließlich verbrannt werden. Nur wenige Fälle werden berühmt und wirken als 'leading cases' und Rechtsquelle über das Urteilsdatum hinaus. Einige davon sind 'test cases' oder 'class actions', die schon bei der Klageeinleitung auf Breitenwirkung angelegt sind. Der 'test case' will die Rechtsprechung zu einer Änderung bewegen oder in einem bisher jungfräulichen Rechtsgebiet festlegen. Die 'class action' verlangt eine Konfliktlösung, die nicht nur die prozeßführenden Individuen betreffen soll, sondern alle, die sich in der Vergangenheit in der gleichen Konfliktsituation befunden haben. Manchmal steigen auch gewöhnliche Fälle die Instanzenleiter hoch und werden zur Rechtsquelle. So gewöhnlich sind zwar auch diese Fälle nicht. Meistens sind es sehr spezielle Umstände und bisweilen auch sehr spezielle Charaktere, die den Rechtsmittelweg in vertragsrechtlichen Angelegenheiten voll ausschöpfen. 'Ordinary people' und 'ordinary cases' steigen vorher aus.

Forderungen, die an die Justiz gelangen, haben einen kürzeren oder längeren Selektionsprozeß erfolgreich hinter sich gebracht. Man spricht in diesem Zusammenhang von *Zugangsbarrieren* zur Justiz. Sie gehören zu den meist studierten Themen der Rechtssoziologie. Schon in den zwanziger Jahren hat das John Hopkins Institut in den USA 'judicial sociology' betrieben, und dazu gehörte schon damals das Studium der Zugangsschranken[10]. In Deutschland hat die Justizforschung besonders seit den sechziger Jahren starken Auftrieb erfahren[11]. Die ins Uferlose wachsende Diskussion muß hier bis auf zwei Aspekte, die mir für den Vertrag wichtig erscheinen, ausgespart bleiben.

In seinem ausgezeichneten Artikel „Kommunikation über Recht in Interaktionssystemen" hat Luhmann auf die Existenz einer Thematisierungsschwelle hingewiesen[12]. Er stellt darin fest, es sei nicht einfach, über Recht zu reden, wenn es einen selber betrifft. „Jede Thematisierung eröffnet die Möglichkeit der Stellungnahme zum Thema, damit die Möglichkeit unterschiedlicher Stellungnahmen, damit die Möglichkeit des Dissens ... Themen sind mögliche Kristallisationspunkte für Negationen, und das weiß man oder ahnt man bei ihrer Einführung in den Kommunikationsprozeß ..."[13]. Dies gilt ganz besonders für Rechts-

[10] Rehbinder: The Development and Present State of Fact Research in Law in the United States, J. Leg. Educ. 24 (1972), S. 572 f.

[11] Vgl. dazu die zahlreichen Aufsätze, die in Band 6 des Jahrbuches für Rechtssoziologie und Rechtstheorie wiedergegeben sind.

[12] Luhmann: Kommunikation, S. 99 - 112.

[13] Ebd., S. 100.

diskussionen, denn die binäre Struktur des Rechtes ermöglicht nicht beiden Gesprächspartnern, im Recht zu sein. „[Es] gehört ein gewisser Mut dazu, einem andern die Frage zu stellen, ob er im Recht sei oder nicht. Eine zunächst unterstellbare schöne Einmütigkeit des gemeinsamen Lebens wird gebrochen."[14] Als Illustration dieser Thematisierungsschwelle verweist Luhmann auf Macaulays Ergebnisse. Sie zeigen deutlich, wie empfindlich Vertragspartner reagieren können, wenn einer von ihnen ‚das Recht' ins Gespräch wirft[15]. Thematisierung des Rechtes impliziert einen potentiellen Rechtsstreit; sie zeigt die Bereitschaft an, Distanz vom andern zu nehmen, die Intimität der Beziehung preiszugeben und allenfalls Dritte anzurufen.

Die Thematisierungsschwelle ist für verschiedene Rechtsgebiete und Lebensbereiche unterschiedlich hoch. Viele Verträge bleiben unter dieser Schwelle. Man bestellt oder liefert, ohne daß je über Recht gesprochen wird. „Daß man bei bindend gemeinten Vereinbarungen auf schriftlicher Fixierung in prozeß-sicherer Rechtsform besteht, dürfte eher die Ausnahme als die Regel sein."[16] Erzwingt das Gesetz mittels Formvorschriften oder ein Wirtschaftsunternehmen mittels schriftlicher Massenverträge eine Thematisierung des Rechts, so führt dies zu einer Senkung der Schwelle. Die Parteien wissen, daß sie sich den Schriftlichkeitserfordernissen zu beugen haben, und dies entschuldigt die Thematisierung des Rechts.

Von Schriftlichkeitserfordernissen abgesehen gilt wohl folgender Zusammenhang: Da die ‚schöne Einmütigkeit des gemeinsamen Lebens' der Preis für die Rechtsthematisierung sein kann, liegt die Schwelle dort hoch, wo sich die Vertragspartner von der friedlichen Kooperation noch etwas erhoffen, niedrig dagegen dort, wo es sich um einmalige Transaktionen handelt oder wo eine Dauerbeziehung bereits abgebrochen wurde. Gleichzeitig ist in Rechnung zu stellen, daß die Thematisierungsschwellen tief im Seelenleben des Individuums verankert sind, und der Charakter des Einzelnen mehr über diese aussagt als über die Art der Vertragsbeziehung. Manche Leute prozessieren leichter als andere. Die Thematisierungsschwelle ist die erste und vielleicht wichtigste Zugangsbarriere zum Gericht. Es erstaunt daher nicht, daß Forderungen, die aus Vertragsverhältnissen mit einer tiefen Thematisierungsschwelle stammen, den Weg zum Gericht verhältnismäßig häufiger schaffen als andere[17].

[14] Ebd., S. 102.

[15] Vgl. oben die Ausführungen in Kp. III, Anm. 20 und bei Anm. 26.

[16] Luhmann: Kommunikation, S. 107.

[17] In 'Contracts in a Prosperity Year' untersuchte Shephert 500 publizierte Vertragsurteile aus einem Jahr (1951). Die wichtigsten strittigen Vertragsgebiete waren:

Die zweite Selektionsetappe, von der die Rede sein soll, ist die Schiedsgerichtsbarkeit. Sie steht etwas außerhalb des Interaktionsprozesses von Recht und Gesellschaft[18]. Konflikte, die durch Schiedsgerichte gelöst werden, entgehen in der Regel der Kenntnis der staatlichen Gerichte. Die Schiedsparteien können vereinbaren, welche Normenkomplexe zur Beurteilung ihres Streitverhältnisses herangezogen werden sollen. Schiedsentscheide sind keine offizielle Rechtsquelle und werden nicht publiziert. Uns interessiert hier nicht das Verhältnis zwischen Schiedsgerichtsbarkeit und staatlicher Gerichtsbarkeit, sondern die Bedeutung, die der Schiedsgerichtsbarkeit als außerrechtlicher Institution bei der Lösung von vertragsrechtlichen Konflikten zukommt.

Die heute noch führende empirische Untersuchung zur Schiedsgerichtsbarkeit ist Mentschikoffs Artikel 'Commercial Arbitration' aus dem Jahre 1961[19]. Sie mißt der Schiedsgerichtsbarkeit überraschend große Bedeutung zu, indem sie aufgrund ihrer Daten vermutet, daß diese siebzig oder mehr Prozent der gesamten zivilen Gerichtsbarkeit ausmacht[20]. Und Shephert nimmt an, diese Zahl liege für Verträge mindestens gleich hoch oder höher[21]. Mentschikoff findet drei Faktoren, die die Wahl eines Schiedsgerichtes fördern[22]:

Real property (Liegenschaftskäufe)	27,6 %
Services (Arbeits- und Dienstleistungsverhältnisse)	18,7 %
Personal Property (Kaufverträge über Mobilien)	14,9 %
Real estate broker's contracts (Maklerverträge)	9,9 %
Constructions (Werkverträge)	5,4 %
Business agreements (Geschäftsübernahmen, Kartelle, etc.)	4,0 %

Die übrigen Fälle (19,5 %) verteilen sich auf Verschiedenes; Versicherungsvertragsfälle hat Shephert nicht berücksichtigt. S. 213 ff. Der hohe Anteil der Liegenschafts- und Maklerverträge fällt dabei auf. Beides sind ausgeprägte 'one-shot'-Verträge.

[18] Zwischen der Schiedsgerichtsbarkeit und der staatlichen Gerichtsbarkeit können inoffizielle und — je nach der Prozeßordnung — auch offizielle Querverbindungen bestehen. Nicht nur werden amtierende Richter gelegentlich als Schiedsrichter ernannt, vielerorts ist es auch möglich, gegen einen Schiedsentscheid ein Rechtsmittel bei einem staatlichen Gericht einzulegen.

[19] Mentschikoff: Commercial Arbitration, S. 846 - 869. Britt-Mars Blegvad et al. untersuchten die Schiedsgerichtsbarkeit in Dänemark und Schweden. Sie erhoben ihre Daten im Gegensatz zu Mentschikoff nicht bei Handelsgruppen, sondern bei Anwälten und Richtern. Ihre Ergebnisse beziehen sich daher vornehmlich auf den Zusammenhang zwischen Schiedsgerichtsbarkeit und den anderen Konfliktlösungsmechanismen aus der Sicht und Erfahrung der Juristen.

Vgl. Arbitration as a Means of Solving Conflicts, Kopenhagen 1973.

[20] Mentschikoff: The Significance of Arbitration — A Preliminary Inquiry, Law & Contemp. Prob. 17 (1952), S. 698. Mentschikoff meint mit ‚ziviler Gerichtsbarkeit' die gerichtliche Lösung von Konflikten, die aus Handelsverhältnissen erwachsen.

[21] Shephert: Contracts in a Prosperity Year, S. 212.

[22] Mentschikoff: Commercial Arbitration, S. 850 ff.

1. Zwischenhandel mit Gütern: Geschäftsleute, die lediglich den Kauf und Weiterverkauf von Gütern betreiben, wählen die Schiedsgerichtsbarkeit öfters als andere. Für sie reduziert sich die Streitfrage auf Schadenersatz für nicht gelieferte Ware oder mangelhaft gelieferte Ware, sie sind daher besonders an einem billigen und vereinfachten Verfahren interessiert. Überdurchschnittlich viele Verbände, die diese Gruppe von Geschäftsleuten vereinen, haben ständige Schiedsgerichte.

2. Internationale Handelstätigkeit: International tätige Firmen brauchen Schiedsgerichtsklauseln öfter als einheimische Unternehmen. Sie wollen damit nicht nur langwierige Verfahren vor ausländischen Gerichten ausschließen, sondern Unsicherheiten und Unberechenbarkeiten des Internationalen Privatrechtes bzw. seiner Anwendung umgehen. Handelsgruppen, die rechtlichen Unsicherheiten ausgesetzt sind, tendieren dazu, sich ihre eigenen Verhaltensregeln und Standards zu geben und diese bei den Mitgliedern durchzusetzen.

3. Handel mit Gattungssachen: Mentschikoff nennt als weiteren Faktor die Art der gehandelten Güter. Eines der Hauptprobleme in der Geschäftswelt ist die Qualität der gehandelten Güter. Firmen, die mit Gütern geschäften, deren Qualität sich leicht und objektiv durch jeden Dritten oder einen Fachmann feststellen läßt, schließen mehr Schiedsgerichtsklauseln ab als Firmen, die mit Speziessachen handeln. An Gattungssachen läßt sich leichter ein objektiver Maßstab anlegen, daher unterliegen solche Geschäfte häufiger der Schiedsgerichtsbarkeit.

Angemerkt sei noch: Die Neigung einzelner Handelsverbände zur Schiedsgerichtsbarkeit ist nur ein Teilaspekt des ihnen eigenen Trends zur Herausbildung selbstgenügsamer und selbstverwalteter Handelsgruppen. Mentschikoffs Studie ergibt, daß diejenigen Handelsgruppen, die eigene ständige Schiedsgerichte entwickelt haben, auch überdurchschnittlich viele Standardverträge verwenden.

Trotz aller Zugangsbarrieren kommen Leute schließlich zum Richter und bringen ihre Sache vor. Mit vertragsrechtlichen Problemen kommen allerdings gemessen an der Bevölkerungszahl von Jahr zu Jahr weniger. Darauf weist zumindest die umfangreichste Studie hin, die bislang über die Prozeßlast der Supreme State Courts (oberste einzelstaatliche Appellationsinstanz in den USA) durchgeführt wurde[23]. Vertragsklagen nehmen im Verhältnis zur wachsenden Bevölkerung (nicht zu sprechen vom Bruttosozialprodukt) seit der Jahrhundertwende ab. Dies gilt für *alle* untersuchten vertragsrechtlichen Kategorien[24]. Lau-

[23] Robert A. Kagan et al.: The Business of State Supreme Courts 1870 bis 1970, Stan. L. Rev. 30 (1977), S. 121 - 156.

[24] In Prozenten ausgedrückt veränderte sich der Anteil der hier aufgelisteten Vertragskategorien an der gesamten Geschäftslast wie folgt:

rent, der die Geschäftslast eines einzelnen Gerichtes über hundert Jahre durchgesehen hat, findet "[Contract actions] made up a high proportion of the litigation in Circuit Court during the first two decades. Over the 100 year period there was a relative decline in volume."[25]

Bei aller gebotenen Vorsicht gegenüber den erhobenen Daten und ihrer Repräsentativität[26] besteht Konsens darüber, daß Vertragsrechtsfälle heute einen bescheideneren Platz in der richterlichen Agenda einnehmen als früher[27]. Die vielbeklagte Prozeßexplosion erweist sich zumindest im Vertragsrecht als Legende. Mit der relativen Abnahme der Vertragsrechtsfälle geht eine Einbuße des richterlichen Einflusses auf das Vertragsrecht parallel. Warum werden heute pro Kopf weniger vertragliche Forderungen an die Gerichte gestellt? Die Antwort hängt zum Teil mit dem Verfahren und seinen Auswirkungen auf die Parteien zusammen. Davon soll im nächsten Kapitel die Rede sein.

b) Forderungen an den Gesetzgeber

Spätestens seit dem ausgehenden 19. Jahrhundert wurden mehr und mehr Forderungen nach spezifischer, rechtlicher Gestaltung vertraglicher Austauschbeziehungen an die Legislative und Exekutive gestellt[28]. Welches die institutionellen und kulturellen Ursachen für diesen

	1870 - 1900	1905 - 1935	1940 - 1970
Contracts for goods and services	3.3	4.8	2.9
Insurance, employment, others	2.5	4.4	3.8
Contractual claims for ownership or damage to personal property	2.0	1.3	0.8
Real estate contracts	2.2	2.3	1.5
Landlord-tennant disputes	1.5	1.2	1.2

Ebd., S. 133 f.

[25] Francis Laurent: The Business of a Trial Court, 100 Years of Cases, Madison 1951, S. 49.

[26] Die Tabellierung vertragsrechtlicher Fälle stützt sich auf die Klassifizierung durch die Gerichte. Diese ist nicht überall einheitlich, weder bei den einzelnen Gerichten, noch zu verschiedenen Zeiten; sie erfolgt zudem nach dogmatischen Gesichtspunkten. Für die Rechtssoziologie, die Angaben über die den Fällen zugrundeliegenden Konfliktsituationen abzuleiten versucht, ist diese Datenbasis unbefriedigend, doch sie ist die einzige, die relativ leicht zugänglich ist.

[27] Vgl. für viele Richard Speidel: Contract Law: Some Reflections upon Commercial Context and the Judicial Process, Wis. L. Rev. 67 (1967), S. 823.

[28] Wir behandeln hier die Legislative und die Verwaltung nicht gesondert. Angesichts der zunehmenden Delegation der Rechtssetzungsbefugnisse an die Exekutive ist eine scharfe Trennung in unserem Zusammenhang nicht sinnvoll. Es ist klar, daß die Forderungen an den Gesetzgeber und die Verwaltung unterschiedlichen Gesetzmäßigkeiten und Selektionsprozessen unterliegen. Wir können im Rahmen dieser Arbeit jedoch nicht darauf eingehen.

Trend waren, ist ein weites, nur teilweise erforschtes Feld. Das rapide wirtschaftliche Wachstum, die technologische Entwicklung, das Auftreten großer organisatorischer Einheiten in Staat und Wirtschaft, das steigende Selbstbewußtsein der Legislative und der Verwaltung, die Wohlfahrt als Staatsaufgabe und damit verbundene hohe Erwartungen an den Staat sind Faktoren, die für das Vertragsrecht nicht ohne Auswirkungen bleiben konnten. Aus institutionellen und anderen Gründen waren die Gerichte nicht mehr in der Lage, wirtschaftliche Transaktionen rechtlich befriedigend zu regeln.

Richterliche Rechtsschöpfung ist ein zeitraubender Prozeß. Gerichte können sich nur zu Problemen aussprechen, die ihnen zur Beurteilung vorgelegt werden. Sie können keine Präventivmittel einsetzen. Bewilligungen, Kontrollen und Rechenschaftspflichten sind machtvolle Instrumente zur Regulierung der Wirtschaft, die den Gerichten nicht zur Verfügung stehen. Die Legislative kann wirtschaftspolitische Ziele effizienter ansteuern als die Justiz, da sie in der Wahl ihrer Mittel viel freier ist. Sie ist in ihrer Tätigkeit auch nicht an das bestehende Recht gebunden; sie kann es neu schaffen. Flexibilität in der inhaltlichen Gestaltung und Effizienz in der Durchsetzung rechtlicher Regelungen sind zwei Gründe, weshalb immer mehr Forderungen an den Gesetzgeber und die Verwaltung gestellt werden.

Ein weiterer Faktor ist die größere Sensibilität des Gesetzgebers für die öffentliche Meinung (in Ländern, die Gesetzesinitiative und -referendum kennen, ist die Öffentlichkeit selber Gesetzgeber). Abgeordnete müssen sich öfter zur Wiederwahl stellen als Richter. Gelingt es einer Gruppe, die öffentliche Meinung für ihr Anliegen zu gewinnen, so hat sie gute Chancen, daß der Gesetzgeber ihrer Forderung entspricht[29]. Richter dagegen, die oft auf Lebzeiten ernannt sind, reagieren auf öffentlichen Druck weniger. Es gibt keine Lobby in den Gerichtshöfen. Die Exekutive versucht nicht, einzelne Richterstimmen gegen Versprechungen einzuhandeln, wie sie dies z. B. mit amerikanischen Parlamentsabgeordneten tut.

Atyiah führt den Aufschwung der Legislative auf das Mißlingen der privaten Rechtsdurchsetzung zurück. "[O]ne general characteristic which is to be found in much of the legislative interference, was that it resulted from the failure of the atomistic view of society to work properly. And one reason why it failed to work properly was the failure of the law enforcement process of private law, and especially, of

---

[29] In seiner Studie über die Wuchergesetzgebung in Wisconsin zeigt Friedman, wie der Gesetzgeber unter dem Druck verschiedener Interessenslagen das Wucherproblem innerhalb von zehn Jahren viermal gesetzlich neu geregelt hat. The Usury Laws of Wisconsin: A Study in Legal and Social History, Wis. L. Rev. 63 (1963), S. 515 - 555.

contract law. If it had been as easy in practice, as it seemed in theory, for individual rights to be vindicated whenever they were infringed; if the system of rewards and penalties had worked with even a modicum of efficiency; if the frauds and dishonesties could have been dealt with as easily as economic theory seemed to suggest, it is possible that a free market economy could have flourished in fact, as it did in theory."[30] Die Zivilrechtsklage war die Achillesferse, mit ihr ließen sich die wachsenden Probleme nicht mehr lösen.

Zu Forderungen an den Gesetzgeber werden, wie schon diskutiert, nur jene Interessen, die den vorgespannten Selektionsweg erfolgreich zurückgelegt haben. Anders als bei der Justiz sind Zugangsschranken zur Legislative kaum Gegenstand rechtssoziologischer Erörterungen gewesen. Die Politwissenschaft nimmt sich des Themas an; wir diskutieren es hier nicht.

Die Anzahl der Forderungen, die an die Legislative gestellt werden, nehmen von Jahr zu Jahr zu. Im Gegensatz zur Prozeßexplosion ist die Gesetzesexplosion in allen Lebensbereichen eine Realität. Forderungen nach einzelgesetzlicher Regelung wirtschaftlicher Beziehungen machen da keine Ausnahme. Selbst marginale Geschäfte wie der Handel mit Pferden, Rüben, Tomaten und Eiern entgehen nicht einer umfangreichen Regulierung. Die Legislative reagiert auf diese Forderungsflut mit institutionellen und organisatorischen Dammbauten wie Spezialkommissionen, längeren Sessionen und vor allem der Delegation der Rechtssetzungsbefugnis an die Verwaltung.

Die Gesetzesexplosion wird gerne demonstriert, indem die Gesetzbände, die in jedem Jahr erlassen wurden, aufeinander gelegt werden. Mit Genuß wird dann die exponentielle Entwicklung geschildert von der Zeit, als ein Band pro Jahr zur rechtlichen Regelung des Lebens genügte, bis heute, wo es dazu eines babylonischen Turms von Büchern bedarf. An diese Demonstration schließen sich meist wenig schmeichelhafte Aussagen über die Regierung an, die sich in alles einmische. Anerkanntermaßen entwickelt jede Administration — private und öffentliche — eine Tendenz zur Ausdehnung oder Aufblähung ihrer Tätigkeit. Dies darf aber nicht den Umstand verschleiern, daß die Gesetzesexplosion auch die enorme Zunahme der Forderungen spiegelt, die an den Staat gerichtet werden. Ließen sich die Erwartungen an die Regierung wie Bücher stapeln, so ergäbe sich wahrscheinlich ein Bild, das jenen der Gesetzestürme sehr ähnlich sähe.

---

[30] Atyiah: The Rise and Fall of Freedom of Contract, S. 515.

2. Inhalt der Forderungen

Es ist nicht leicht, inhaltliche Gemeinsamkeiten der Anregungen, Wünsche, Klagen und Gesetzesvorschläge, die im Bereiche des Vertragsrechtes an den Rechtsstab gestellt werden, zu formulieren. Zu unterschiedlich lauten die Forderungen. Oft (im Rechtsstreit fast immer) sind sie kontradiktorisch; dies entspricht der binären Struktur unseres Rechts. Ein paar Themen seien jedoch angeschnitten:

a) Forderungen an die Gerichte

In den postindustriellen Gesellschaften werden die entscheidenden vertraglichen Konflikte nicht mehr von den Gerichten entschieden. Manchmal werden sie durch Veränderungen des Marktes obsolet, oft gelingt es einer Handelsgruppe, ohne externe Hilfe ihre Krankheiten auszukurieren. Wenn die autoritative Regelung eines sozial relevanten vertraglichen Problems nötig wird, so richten sich die Forderungen in der Regel an den Gesetzgeber und die Verwaltung. Die Gerichte kommen erst wieder zum Zuge, wenn die Auslegung der Gesetze strittig ist. Stößt die Auslegung auf den Widerstand starker gesellschaftlicher Kräfte, so wiederholt sich der Kreis; neue Forderungen werden an den Gesetzgeber gerichtet und das Gesetz wird revidiert. Friedman schreibt: "The court was therefore increasingly left with a group of very personal cases, or selected business problems ... which arose out of and because of the marginality of the litigants."[31] Solange neue Geschäftstypen auftauchen, neue Techniken erfunden werden und neue Produkte auf den Markt kommen, ergeben sich stets Konflikte, mit denen sich die Gerichte vorerst zu beschäftigen haben. Sind diese jedoch von gesellschaftlicher Bedeutung, so wird der Gesetzgeber auf den Plan gerufen; sind sie marginal, so verbleiben sie den Gerichten. "The combination of institutional pressures — legislative, executive, private — narrowed the court's role in contract litigation to a small corner of the dispute-settling and law-making business within society ..."[32].

Bezüglich der Streitwerte sind die Gerichte nur innerhalb einer gewissen Bandbreite eine effiziente Behörde. Für ganz kleine Streitwerte ist das Verfahren zu aufwendig; ein Prozeß kostet ja nicht nur Geld, sondern auch Nerven und Zeit. Anderseits kommen Auseinandersetzungen, bei denen es um viele Millionen oder Milliarden geht, ebenfalls nur sehr selten vor den Richter. Zuviel steht auf dem Spiel, als daß sich die Parteien dem Risiko einer richterlichen Entscheidung aussetzen wollen. Mit dem Ausgang eines gigantischen Prozesses wäre nicht sel-

[31] Friedman: Contract Law in America, S. 201.

[32] Ebd., S. 209.

ten wirtschaftlich über Leben und Tod der Parteien mitentschieden. Es kommt gelegentlich vor, daß Vertragsklagen über Unsummen anhängig gemacht werden, doch die Klageeinleitung erfolgt dann meistens aus verhandlungstaktischen Gründen; beabsichtigt ist eine Drohgebärde oder Zeitgewinn, nicht aber die Konfliktlösung durch das Gericht[33].

b) Forderungen an den Gesetzgeber

Die Forderungen nach gesetzlicher Regelung wirtschaftlicher Beziehungen lassen sich in vier Gruppen einteilen: 1. Forderungen nach Einschränkung der Abschlußfreiheit: 2. Forderungen nach Einschränkung der Gestaltungsfreiheit; 3. Forderungen nach Einschränkung der Formfreiheit und 4. Forderungen nach effizienter Rechtsdurchsetzung. Alle diese Gruppen enthalten auch ihre kontradiktorischen Forderungen nach Beibehaltung des entsprechenden Rechtszustandes. Die Forderungen werden gemeinhin unter dem Stichwort der Sozialpolitik analysiert; gesetzgeberische Eingriffe erfolgten zum Schutze der schwächeren Vertragspartei und zur Wiederherstellung der Austauschgerechtigkeit. Sicher sind zahlreiche Veränderungen des Vertragsrechtes auf sozialpolitische Forderungen zurückzuführen, man denke etwa an das Miet- oder Arbeitsrecht; doch viele Gesetze gehen auf Forderungen zurück, die man nur in einem weitesten Sinne sozialpolitisch nennen kann.

Die vertragliche Abschlußfreiheit zum Beispiel ist in den letzten hundert Jahren auf Bestreben einzelner Berufsgruppen schrittweise eingeengt worden. Wir sprechen vom Institut der Berufserlaubnis. Juristen sind es nicht gewohnt, die Einführung von Zugangsschranken zu einzelnen Berufen mit dem Vertragsrecht in Zusammenhang zu bringen, weil das Thema aus dogmatischen Gründen in die verfassungsrechtliche Schublade gehört; aus rechtssoziologischer Sicht sind diese Zulassungsschranken aber von größter Bedeutung für die Frage, *wer* einzelne Verträge abschließen darf und wer nicht. Die staatliche Kontrolle über die Zulassung zu einzelnen Berufen ist faktisch eine Schranke der Abschlußfreiheit, eine höchst wirksame übrigens, denn Ärzte, Anwälte, Apotheker, Elektriker, Kaminfeger, Spengler, Fahrlehrer und Wirte, die nicht über ein entsprechendes Patent verfügen und trotzdem Verträge mit Kunden abschließen, werden strafrechtlich verfolgt.

---

[33] Vgl. den Westinghouse Fall, den Macaulay in Elegant Models, S. 516 ff. beschreibt. Wie ungeeignet das Gerichtsverfahren für die Lösung von Konflikten mit gigantischen Streitwerten sein kann, zeigt auch Francis R. Krikham: Complex Civil Litigation. Have Good Intentions Gone Awry?, Law & Liberty, 3 (1977), S. 1.

Die Einschränkung der Abschlußfreiheit von Verträgen ist meistens auf Bestreben der betroffenen Berufsgruppe erfolgt. Wie Friedman in seiner Studie 'Freedom of Contract and Occupational Licensing' zeigt[34], drängten in den USA seit Ende des letzten Jahrhunderts zahlreiche Berufsverbände auf exklusive Kontrolle ihres Tätigkeitsgebietes. Sie forderten vom Gesetzgeber rechtliche Schranken der Berufszulassung und Überwachung der Berufsausübung durch staatliche Behörden, in denen sie Einsitz verlangten, oder besser noch: eine Überwachung der Berufsausübung durch ihre eigenen Organe. Die treibende Kraft hinter dieser Bewegung war das Bedürfnis dieser Gruppen nach Berufsprestige und Konkurrenzschutz. Während die Arbeiter um diese Zeit die Gewerkschaft und den Streik als Kampfwaffe entdeckten, hatten Selbständigerwerbende niemanden, gegen den sie hätten streiken können. Sie verlangten dafür vom Gesetzgeber rechtlichen Schutz für ihr Gewerbe, von dem sie sich eine soziale und wirtschaftliche Besserstellung versprachen.

Welche Gruppen im Kampf um Berufsprestige und exklusive Märkte erfolgreich waren, hing weitgehend davon ab, wieviel Einfluß sie auf den Gesetzgeber ausüben konnten. Die Palette derer, denen es dauernd oder zeitweilig in einzelnen oder allen Staaten der USA gelang, reicht von den Ärzten zu den Hufschmieden, den Anwälten zu den Spenglern, den Veterinären zu den Coiffeuren, den Hebammen zu den Bestattungsunternehmern; in Illinois schafften es 1908 sogar die Kohlenbergleute![35]. Nur selten unternahmen die Staaten von sich aus Schritte, eine Berufstätigkeit bewilligungspflichtig zu erklären. "Typically, ..., the moving force was the influential, organized segment of the occupation, a trade group ... Licensing was an attempt to enforce, through legal mechanisms, goals which a trade of professional association was unable to carry through completely on its own."[36]

Argumentiert wurde im Kampf um Berufszulassungsschranken nicht mit dem Bedürfnis nach Wettbewerbsbeschränkungen und Kontrolle des Marktes, sondern mit höheren Werten wie Gesundheit, Allgemeinwohl, Schutz der Bevölkerung und ähnlichem. Einige Berufsgruppen hatten es dabei einfacher als andere; oftmals hatten diese Argumente durchaus etwas für sich. Aber es war auch den Zeitgenossen klar, daß es primär nicht um diese Werte ging. Ein Richter des Staates Washington machte 1907 in einem Minderheitsantrag seinem Ärger Luft, indem er seine Kollegen pointiert fragte, weshalb das Gericht im vorliegenden Fall der Coiffeure blindlings erklären soll, es gehe um die Gesundheit

[34] Friedman: Freedom of Contract, S. 487 - 534.

[35] Ebd., S. 505.

[36] Ebd., S. 503.

der Öffentlichkeit, wo der ganze Rest der Menschheit ganz genau wisse, daß das einzige anvisierte Ziel der Berufserlaubnis die Kontrolle des Coiffeurgewerbes durch den Verband und seine Mitglieder sei[37]. Stimmen wie diese waren nicht vereinzelt, aber sie konnten den Trend zur Begrenzung der Vertragsfreiheit durch Berufserlaubnisse nicht aufhalten. Die Folge dieses Trendes ist eine zunehmende Segmentierung der Gesellschaft in Berufsgruppen, die allein berechtigt sind, einzelne Vertragsarten abzuschließen.

Die zweite Gruppe von Forderungen verlangt vom Gesetzgeber die zwingende inhaltliche Ausgestaltung wirtschaftlicher Austauschverhältnisse. Seit dem ausgehenden 19. Jahrhundert wurde an der Identität zwischen privatem Vertrag und öffentlichem Wohl mehr und mehr gezweifelt. Die Probleme ließen sich nicht über die Marktkräfte allein lösen. Die zwingende Gesetzesvorschrift wurde als effektives Steuerungsinstrument entdeckt und von allen jenen verlangt, denen der rauhe Wind des Marktes ins Gesicht blies. Wer ihn im Rücken spürte, kämpfte für die Vertragsfreiheit. Die gesetzliche Regulierung von Verträgen wurde zu einem Mittel entwickelt, das verschiedenste sozialpolitische Anliegen verwirklicht. Zum Teil haben die sozialpolitischen Ziele, die hinter einer zwingenden Norm stehen, direkt mit der vertraglichen Beziehung zu tun, zum Teil auch nicht. Moderne Mietgesetze beispielsweise versuchen dem Umstand Rechnung zu tragen, daß Wohnungen nicht irgendwelche Güter, sondern Lebensraum für die eine Vertragspartei bedeuten. Strenge Kündigungsbestimmungen sollen die schwache Partei in der Austauschbeziehung schützen. Die Altersvorsorge dagegen, die primär nichts mit dem Arbeitsverhältnis zu tun hat, wird in den begüterten Teilen der kapitalistischen Welt aus organisatorischen Gründen ebenfalls durch eine zwingende Ausgestaltung vertraglicher Beziehungen sichergestellt. Hier werden zwingende Vorschriften zur Erreichung eines austauschfremden sozialpolitischen Ziels verwendet.

Sozialpolitik ist nicht das einzige Motiv zur Beschränkung der Gestaltungsfreiheit. Viele technologisch und wirtschaftlich komplexe Geschäfte bedürfen teilweise zwingender Normierung. Das Bank- und Versicherungswesen genösse nie das öffentliche Vertrauen, das ihm heute entgegengebracht wird, da der Staat eine Kontrolle ausübt. Moderne Zahlungsmittel hätten nie den hohen Grad an Sicherheit und Effizienz erreicht, wären sie nicht gesetzlich und standardisiert geregelt worden. Schließlich gewähren inhaltlich zwingende Normen bereits etablierten Unternehmen manchmal einen faktischen Wettbewerbsvorteil gegenüber Neulingen. "There is considerable evidence", schreibt

[37] Ebd., S. 519.

Kimball von den Versicherungsgesellschaften, "that, within limits, the companies were not averse to regulation. They recognized that the business was affected with a public interest. They saw also that certain kinds of reserve requirement might be a protection against rate cutting or even against the incursion of new companies into the industry"[38].

Die dritte Gruppe von Forderungen, die an den Gesetzgeber gestellt werden, betrifft die Einschränkung der Formfreiheit; verschiedenste Kreise sind an einer Formalisierung vertraglicher Beziehungen interessiert. "... '[F]orm' itself had a business function", notiert Friedman, "Nothing could be more formal than a negotiable instrument; and its form was created not despite the wishes of the merchants, but because of them. The ideal of business abstraction favored the development of instruments and documents whose legal effectiveness depended upon their formal and abstract character; in order to have as perfect a market as possible, units of investment and bargain ought to be as fungible, that is, as standardized and uniform as possible. Land recording acts were another example of market-oriented formality."[39]

Formvorschriften können auch als sozialpolitisches Instrument eingesetzt werden; sie ermöglichen eine weitgehende Überwachung des Marktes. Auch hier könnte als Beispiel der Liegenschaftshandel genannt werden. Das Grundbuch erlaubt eine strikte Kontrolle und verleiht dem Markt große Sicherheit. Jede regulierte Wirtschaft ist eine formalisierte Ordnung. Formvorschriften fördern die Transparenz des Marktes. In verschiedenen Staaten der USA wurden große Anstrengungen unternommen, das Kreditwesen durch Formvorschriften übersichtlicher zu gestalten. Gefordert wird 'truth in lending'. Die Kreditunternehmen werden gesetzlich verpflichtet, in ihren Offerten alle Kreditkosten offenzulegen, und zwar in einer einheitlichen Form, die Marktvergleiche zuläßt[40]. Der Kunde soll sich die nötige Information nicht mühsam zusammensuchen müssen, sondern verschiedene Angebote leicht vergleichen können. Er soll auch klar erkennen, welche Kosten ihm aus einem Kreditvertrag erwachsen, und nicht erst später überrascht werden. Ähnliche Überlegungen liegen auch der Regelung des Schweizerischen Abzahlungs- und Vorauszahlungsvertragsrechts zugrunde[41]. In den USA sind neuerdings auch Gesetze erlassen worden, wonach Vertragsformulare in einfacher Sprache (plain English) abgefaßt sein müssen. Damit soll dem Juristenchinesisch ein Riegel geschoben werden.

---

[38] Spencer L. Kimball: Insurance and Public Policy, Madison 1960, S. 313.

[39] Friedman: Contract Law in America, S. 92.

[40] Vgl. Carl Felsenfeld / Alan Siegel: Simplified Consumer Credit Forms, Boston 1978.

[41] Vgl. Art. 226 a - 228 OR.

Formvorschriften erschweren Geschäftsabschlüsse. Sie stellen eine Hürde dar, die es zu nehmen gilt. Wir sprachen schon von der Thematisierungsschwelle im Recht. Manche Formvorschriften erscheinen als Kompromiß zwischen Kräften, die eine zwingende Regelung einer Gesetzesbestimmung angestrebt haben, und ihren Gegnern[42].

Schließlich lassen sich als vierte Gruppe die Forderungen nach effizienter Rechtsdurchsetzung ausmachen: In zunehmendem Maße erweisen sich die vertragsrechtlichen Sanktionen als unzureichend und schwerfällig. Das ordentliche Gerichtsverfahren ist zu teuer und zu zeitraubend. Die Rechtsordnungen der meisten Länder haben daher Alternativen entwickelt, die einer Vertragspartei schneller zum Recht verhelfen. Zu nennen wären etwa die Gerichte für Klagen mit geringem Streitwert in den USA und anderswo (Small Claim Courts). In den letzten Jahrzehnten wurden zahlreiche Forderungen nach Spezialgerichten erhoben. Miet-, Arbeits- und Versicherungsgerichte sind heute weitverbreitete Institutionen. Man erhofft sich davon eine effizientere, weniger teure und kompetentere Lösung von Streitigkeiten in den vertragsrechtlichen Spezialgebieten. Am besten fährt ein Gläubiger jedoch, wenn er sich Recht verschaffen kann, *ohne* beim Gericht anklopfen zu müssen. Zahlreiche rechtliche Institute erlauben dies. Der Eigentumsvorbehalt, das Bauhandwerkerpfandrecht oder die Lohnzession seien als Beispiele erwähnt.

Wir werden auf diese Institute in einem späteren Zusammenhang zurückkommen. Hier geht es darum, diese vierte Gruppe von Forderungen zu erwähnen, die an Bedeutung ständig zunimmt.

3. Die Regelung sozial relevanter Austauschbeziehungen verliert an Vertraglichkeit

Die Forderungen der Gesellschaft an den Rechtsstab sind nicht ohne Folgen für das Vertragsrecht geblieben. Die sozial relevanten Regelungen vertraglicher Austauschbeziehungen haben an vertragsrechtlichem Charakter eingebüßt. Sie sind aus dem common law oder dem Obligationenrecht ausgesiedelt worden. Der Rechtsstab hat für jede vertragliche Beziehung, deren rechtliche Regelung von gesellschaftlicher Bedeutung ist, einen eigenen Rechtskörper herausgebildet und dabei die vertraglichen Elemente mehr oder weniger preisgegeben. Wir haben heute ein Versicherungsrecht, ein Mietrecht, ein Arbeitsrecht, ein Verlagsrecht, ein Bankenrecht, um nur ganz wenige zu nennen. Sicher hat

[42] Als Beispiel für einen derartigen Kompromiß wäre die Regelung des Konkurrenzverbotes im Schweizerischen Arbeitsvertragsrecht zu nennen, Art. 340 Abs. 1 OR.

jedes dieser Rechtsgebiete in einem beschränkten Umfang vertraglichen Charakter beibehalten, aber es gibt keine sozial relevante Austauschbeziehungen mehr, die ausschließlich vom Vertragsrecht geregelt werden. Ob diese Rechtskörper im neuen Kleide eines Spezialgesetzes oder in einer abgeänderten Kluft des Obligationenrechtes einhergehen, ist eine rein gesetzessystematische Frage und aus rechtssoziologischer Sicht belanglos. Ihr gemeinsames Charakteristikum ist die Zunahme zwingender Bestimmungen und die Einschränkung des Vertragsprinzipes.

Zwei Bemerkungen sind hier am Platz: Wir sprechen von der sozialen Relevanz einer *rechtlichen Regelung,* nicht von der gesellschaftlichen Bedeutung des Austausches. Es gibt nämlich wirtschaftlich bedeutende Austauschbeziehungen, deren rechtliche Regelung unwesentlich ist. Nehmen wir als Beispiel unsere alltäglichen Einkäufe im Supermarkt: Sie sind in unserer Gesellschaft, in der sich nicht einmal mehr die fünf Prozent Bauern selber versorgen, höchst bedeutend. Ihre rechtliche Regelung dagegen ist es nicht. Was immer das Vertragsrecht zu diesen Alltagskäufen sagt, es wird sich selten oder nie eine Gelegenheit ergeben, sich auf die rechtliche Regelung zu berufen. Niemand geht einer Büchse Erbsen wegen zum Gericht. Die Rechtsgrundlagen des Selbstbedienungskaufes waren bekanntlich jahrelang umstritten. Diese Unsicherheit des Rechtes hat weder Konsumenten davon abgehalten, ihre Einkaufswägelchen durch die Gänge zu schieben, noch die Unternehmer davor abgeschreckt, ihre Ladenketten auszubauen. Die Austauschbeziehung zwischen Kunden und Supermarkt bedürfen auf der vertraglichen Ebene kaum rechtlicher Regelung, weil die institutionalisierten Verhaltensmuster, die den Ladenkauf steuern, auf Konfliktvermeidung angelegt sind. Wo die Institution des Supermarktes zum Problem wird, greifen direkte Regulierungen ein. Öffnungszeiten, Lebensmittelkontrollen, Anschreibepflichten sind Beispiele dafür.

Die Zunahme zwingender Vorschriften, von der wir sprachen, bedeutet nicht per se einen Freiheitsverlust. Sie meint lediglich, daß die Konditionen der Austauschbedingungen in erhöhtem Maße rechtlich zwingend vorgeschrieben werden. Ob und was das mit ‚Freiheit' zu tun hat, kann in dieser Arbeit nicht ausführlich diskutiert werden, wir wollen aber weiter unten noch einmal kurz darauf eingehen[43].

Gleichsam als Zusammenfassung stellen wir hier kurz eine Studie vor, die unsere Ausführungen illustriert: Macaulay hat in seinem Buch 'Law and the Balance of Power' die Beziehungen zwischen den Herstellern und Händlern in der amerikanischen Automobilindustrie ausgeleuchtet.

---

[43] Vgl. unten Kp. VI.

Hersteller und Händler haben eines gemeinsam: Sie wollen Autos verkaufen. Solange das Geschäft floriert, sind ihre Beziehungen problemlos. Anders, wenn der Verkauf hapert. Dann versuchen die Hersteller regelmäßig, die Händler zu größeren Verkaufsleistungen zu zwingen, oft unter der Androhung, die Franchise zu kündigen. Diese Franchisen waren bis in die fünfziger Jahre durchwegs ein übles Papier. Sie auferlegten den Händlern zahlreiche Pflichten, ohne daß sie ihnen ein einziges Recht zugestanden. So waren die Händler verpflichtet, Investitionen in angemessene Schauräume und Reparaturwerkstätten zu tätigen und Verkaufsraten ‚zur Zufriedenheit des Herstellers' auszuweisen. Die Hersteller dagegen verpflichteten sich rechtlich zu nichts, nicht einmal zur Lieferung von Automobilen oder Ersatzteilen; sie behielten sich aber das Recht vor, die Franchise ohne Begründung und jederzeit zu widerrufen. Dieses bedingungslose Kündigungsrecht entwickelte sich in den Händen der Hersteller zu einer wirksamen Waffe, um bei den Händlern alle möglichen und unmöglichen Forderungen und Programme durchzusetzen[44]. Die Franchise zu verlieren ist für viele Händler ein Albtraum. Nicht nur sind ihre Investitionen oft derart spezifisch, daß sie sich nur mit großen Verlusten realisieren lassen, ein gefeuerter Automobilhändler ist überdies als 'looser' stigmatisiert und findet nur selten Aufnahme bei einem der beiden andern großen amerikanischen Automobilkonkurrenten[45].

Das Hersteller-Händlerverhältnis war für die letzteren im allgemeinen unbefriedigend. Nachdem individuelle Gerichtsklagen gegen die Hersteller erfolglos blieben, begannen die einzelstaatlichen Automobilhändlerverbände und in den Fünfziger Jahren auch die National Automobil Dealers Association, sich für eine gesetzliche Lösung zu verwenden. Das Rechtssystem bot Möglichkeiten, die Linderung versprachen. Automobilhändler gehören gewöhnlich nicht zu den 'pressure groups' für Sozialpolitik und zu den Anhängern einer regulierten Wirtschaft. Doch bis Ende der Fünfziger Jahre gelang es ihnen in zahlreichen Staaten, ihre Beziehung zu den Herstellern einer staatlichen Aufsicht zu unterstellen[46]. In vierzehn Staaten wurde diese auf dem

[44] Eine dieser fragwürdigen Praktiken bestand darin, die Händler zur Entgegennahme und Bezahlung unbestellter Automobile zu zwingen. Ford umging damit auf dem Rücken der Händler eine Depression in der Automobilwirtschaft, die ihn zur Aufnahme namhafter Bankkredite gezwungen hätte, Macaulay: Law and the Balance of Power, S. 13.

[45] Die großen drei Automobilhersteller der USA, Ford, Chrysler und General Motors, beherrschten um 1960 über 90 % des amerikanischen Automobilmarktes. Vgl. die Ausführungen in Henningsen v. Bloomfield Motors, Inc., 161 A 2 d 69.

[46] Einzelne Staaten führten statt eines verwaltungsrechtlichen Bewilligungsverfahrens Strafbestimmungen ein, die einzelne Praktiken der Hersteller verbieten. Vgl. Macaulay: Law and the Balance of Power, S. 33 f.

administrativen Wege einer Berufsbewilligung angestrebt. Alle Hersteller, Händler und ihre Vertreter, die auf dem Staatsgebiet tätig werden wollten, hatten eine Erlaubnis einzuholen. Sie mußten sich gleichzeitig auf einen Verhaltenskodex verpflichten, über dessen Einhaltung eine unabhängige staatliche Behörde wachte; Vertreter der Händler erhielten in diesem Gremium beratenden Status.

1955 und 1956 fanden die Schlachten zwischen den Herstellern und Händlerverbänden im Kongreß statt. Sie endeten mit dem Federal Good Faith Act[47], der die Kündigung der Franchise durch die Hersteller erschwerte und die Händler mit einem besonderen Klagerecht ausstattete. Das Resultat war damit auch auf der bundesstaatlichen Ebene eine spezielle gesetzliche Regelung, die zum Schutze der Automobilhändler die vertragliche Gestaltungsfreiheit an einem sensiblen Punkt einschränkte. Dies ist gleichbedeutend mit einem kleinen Verlust an Vertraglichkeit, den diese Austauschbeziehung erlitten hat.

Wird die rechtliche Natur einer Vertragsart verändert, so läuft dieser Wandel oft nach einem bestimmten Muster ab. Macaulay, den ich hier etwas länger zitieren will, beschreibt es so:

"In the process of changing the nature of a relationship through the use of the legal system there is a pattern which involves a typical sequence of stages. In the first stage, individuals seek relief by taking their case to an agency of government. While usually individuals go to court, at times they will turn to an attorney general's office or a regulatory agency. However, usually the individual will fail if the problem requires significant changes in the law. Even if he wins, he may do so in a way that promises little to others in similar situations or his victory may come at unacceptably high costs so that others cannot use his precedent to their advantage. The second stage involves organization of a group of those aggrieved by the problem or the mobilization of a group that already exists. This group usually will attempt to 'collectively bargain' with those who are creating the problem (the opponents). Collective private action succeed sometimes. If it fails, the group reaches the third stage: Collective action to induce the legal system — typically the legislature — to make changes that bring solutions. Success in lobbying usually brings about the fourth and fifth stages. The fourth stages involves attempts by the opponents to deal with the situation and responses of the proponents. The opponent may view the law in its most narrow construction and comply only that far, or at the other extrem, they may seek to make major changes in policies or in organizational structur to modify the circumstances that caused the problem in the first place. The fifth stage involves further legal

---

[47] 15 USC §§ 1221, 25 (1963).

battle when someone thinks that the new legislation has not been complied with. The failure of an individual at this stage may prompt a repetition of at least part of the process — an organisation may begin lobbying for repair to its statute. These stages are like battles in a war. Victory or defeat at any point does not necessarily mean that the war has been won or lost. Only when we have surveyed all of the stages and determined that it is unlikely that the cycle will begin again can we ask who won the war."[48]

4. Gesellschaftliche Einflüsse auf das allgemeine Vertragsrecht und die Rolle der Rechtslehre: Ein empirischer Exkurs

Unsere bisherigen Ausführungen stellen den Sachverhalt in den Vordergrund, daß sich sozial relevante vertragliche Rechtsbeziehungen in der Regel zu rechtlichen Spezialgebieten entwickelt haben. Dabei haben diese rechtlichen Regelungen meistens etwas von ihrem vertraglichen Charakter eingebüßt. Die allgemeinen Bestimmungen des Vertragsrechtes haben dadurch an Bedeutung verloren; doch noch sind sie da und erfüllen eine spezifische, wenn auch bescheidene Funktion. Das allgemeine Vertragsrecht gehört nach den Worten Peters zu jenen Teilen des Obligationenrechts „von bemerkenswerter Konstanz", die „voraussichtlich ohne große Änderungen noch das 21. Jahrhundert erleben [werden]"[49].

a) Die Fragestellung

Das so konstante allgemeine Vertragsrecht ist, wie alles Recht, Änderungen unterworfen. Sie vollziehen sich langsam, aber spürbar. Der Jurist braucht zwar nicht alle zehn Jahre einen Fortbildungskurs zu besuchen, um die Grundlagen des allgemeinen Vertragsrechtes neu zu erlernen, doch bleibt nicht alles beim alten. Neue soziale Gehalte fließen in das veränderte Vertragsrecht mit ein. Dies spiegelt sich auch in der Vertragsrechtslehre. Ein neues Lehrbuch gewichtet anders als ein altes, eine neue Auflage eines Kommentars ist kein Abdruck der alten. Es sei vor allem der Rechtsprechung zu danken, schreibt Larenz, daß das allgemeine Vertragsrecht hundert Jahre ohne gesetzliche Revision überlebt habe[50], und der Rechtswissenschaft, die juristische Konzepte weiterentwickelt, differenziert und neu deutet. Doch *wie* vollzieht sich diese Änderung des allgemeinen Vertragsrechtes?

---

[48] Macaulay: Law and the Balance of Power, S. 22 f.

[49] Hans Peter: Hundert Jahre Schweizerisches Obligationenrecht, Neue Zürcher Zeitung, Nr. 134, 13./14. Juni 1981.

[50] Deutsches Bürgerliches Gesetzbuch, hrsg. und eingf. von Karl Larenz, 13. Aufl. München 1970, S. 21.

Man kann die Veränderungen auf verschiedene Weisen erklären. Manche schreiben sie der Richterpersönlichkeit zu, ihren sozialethischen Anschauungen, ihrer Herkunft, ihrer Fantasie. Andere sehen in den sich wandelnden Sachverhalten die Quelle der Veränderung. Wieder andere betrachten die Rechtswissenschaft als die Wegbereiterin für Neuerungen. Es erweist sich als schwierig, auch nur eine dieser Hypothesen zu beweisen. Niemand kann sich in den Kopf oder das Herz eines Richters versetzen, der sich in einem vertragsrechtlichen Fall für die eine oder andere oder eine dritte Lösung entscheidet. Die Motive, die den Ausschlag geben, sind oft dem Richter selber nicht erkennbar. Der Einfluß einer neuen rechtsdogmatischen Erkenntnis auf den Entscheidungsprozeß läßt sich nicht messen. Die Tatsache, daß ein Konzept in einer Urteilsbegründung genannt wird, sagt nicht, daß es für die Entscheidung ursächlich war. Drei mögliche (bestimmt nicht abschließende) Hypothesen, wie soziale Veränderungen einen schrittweisen Wandel des allgemeinen Vertragsrechtes herbeiführen, wollen wir im folgenden diskutieren und näher prüfen.

b) Drei Hypothesen

1. Die wohl herrschende Auffassung unterstreicht die Rolle der Rechtswissenschaft für die Fortentwicklung des Vertragsrechtes: Die Rechtslehre entwickelt unter dem Einfluß veränderter sozialer Verhaltensweisen das erforderliche dogmatische Instrumentarium, das es den Richtern erlaubt, zeitgemäße Entscheide zu fällen. Sie bietet dem Rechtsstab durch Fortentwicklung ihrer Doktrin immer wieder sichere, rationale Entscheidungsgrundlagen an, die es ihm ermöglichen, neue soziale Sachverhalte adäquaten Lösungen zuzuführen. Die wissenschaftliche Interaktion zwischen Richtern und Rechtsgelehrten ist dabei essentiell. Die Gerichte begründen ihre Urteile und publizieren sie; die Rechtslehre bespricht und kritisiert sie; die Richter wiederum setzen sich mit dieser Kritik und neuen Vorschlägen auseinander. Die wechselseitige ‚Befruchtung‘ sichert die Fortentwicklung des allgemeinen Vertragsrechtes. Offenen Konzepten, die sozialen Fakten gerecht werden, und der teleologischen Auslegung kommen dabei eine wichtige Rolle zu[51].

[51] Als Beispiel eines offenen Konzeptes könnte die Lehre vom sozialtypischen Verhalten angeführt werden, vgl. Kramer, Art. 1 OR, N 21. Sie bietet ein modernes Kriterium zur Auslegung konkludenter Willensäußerungen. Dieses wird derart generell umschrieben, daß auch moderne Austauschbeziehungen, in denen es in der Regel an Willensäußerungen ganz fehlt, dogmatisch erfaßt werden können. Siehe etwa die Definition bei Schönenberger / Jäggi, Art. 1 N 261: „Verhält sich jemand in einer typischen Lebenslage (z. B. beim Einkauf im Ladengeschäft; im Schalterverkehr eines Dienstleistungsbetriebes; bei einer Publikumsveranstaltung) in der Weise, wie sich jedermann unter gleichen Umständen zu verhalten pflegt . . ., so ist höchst-

2. Eine zweite Erklärung für die Anpassung des allgemeinen Vertragsrechtes an sich wandelnde soziale Verhältnisse könnte folgende sein: Die Richter sind sich der sozialen Auswirkungen ihrer Entscheide bewußt geworden; sie nehmen ihren Auftrag als Gesetzgeber ernst und subsumieren neue Sachverhalte nicht mehr einfach unter überkommene Regeln; sie betreiben 'social engineering'[52]. Sie sind offener geworden für Erkenntnisse der sozialwissenschaftlichen Nachbardisziplinen und legen diese ihren Entscheidungen zugrunde. Insbesondere die Rechtssoziologie bietet Hilfe an für eine 'social jurisprudence'[53]. Sie erforscht Rechtstatsachen und veröffentlicht Resultate, an denen die Richter nicht mehr ohne weiteres vorbeigehen.

3. Eine dritte These lautet: Die Veränderung des allgemeinen Vertragsrechts vollzieht sich im wesentlichen unabhängig von rechtswissenschaftlichen Konzepten. Haben sich soziale Sachverhalte in einer Weise verändert, daß bisherige rechtliche Lösungen von den Richtern als ungerecht oder ungeeignet empfunden werden, dann ändern sie die Rechtsprechung. Ob dafür ein passendes neues Konzept bereit steht oder nicht, ändert den Gang der Dinge nicht. Ausschlaggebend sind die Haltungen und Auffassungen des Rechtsstabes und die öffentliche Meinung, soweit es zu Fragen des allgemeinen Vertragsrechtes so etwas überhaupt gibt[54]. Haltungen und Auffassungen (attitudes) führen zu Veränderungen des Rechtes, nicht neue rechtswissenschaftliche Konzeptionen. Manchmal findet sich für eine Änderung der Rechtsprechung eine gute rechtliche Begründung, manchmal eine schlechte oder gar keine. Es reicht aber aus, daß ein Konsens der für Änderungen der Rechtsprechung relevanten Kräfte darüber besteht, daß Resultate, wie sie sich aufgrund alter Normen ergeben würden, untragbar geworden sind und daß ein neues Resultat besser sei.

---

wahrscheinlich, daß sowohl der sich Verhaltende als auch die Person, der gegenüber das Verhalten geübt wird, dem Verhalten die gleiche Bedeutung beigelegt haben, wie sie einem solchen Verhalten gemeinhin von jedermann beigelegt wird."

[52] Zum Richter als 'social engineer' vgl. Roscoe Pound, den Gründer der sociological jurisprudence, in: The Theory of Judicial Decision, Harv. L. Rev. 36 (1923), S. 802 - 825.

[53] Vgl. z. B. Rehbinder: Die Rechtstatsachenforschung im Schnittpunkt von Rechtssoziologie und soziologischer Jurisprudenz, in: JRR Bd. 1, S. 340.

[54] Zum allgemeinen Vertragsrecht gibt es sicher keine öffentliche Meinung im gängigen Sinne des Wortes. Aber unter den Urteilen zum allgemeinen Vertragsrecht gibt es auch solche, die eine weitere Öffentlichkeit interessieren, nicht der juristischen Konstruktion wegen, sondern weil die Entscheidung in einer sensationswürdigen Situation den einen oder andern gewinnen läßt. Diese Entscheidungen werden in die Zeitungen gebracht oder wenigstens ins Verbandsbulletin. Sie werden kritisiert, als gerecht oder ungerecht taxiert. Richter sind im allgemeinen der öffentlichen Meinung viel weniger ausgesetzt als etwa Parlamentsabgeordnete, obwohl sie sich vielerorts ebenfalls regelmäßigen Wahlen zu unterziehen haben.

Wie gesagt, es ist unmöglich, irgendeine dieser Thesen schlüssig zu beweisen. Empirisches Datenmaterial kann allenfalls die eine oder andere These erhärten oder schwächen. Verifizieren oder ganz entkräften kann es keine der Aussagen. Weiter kann keiner dieser Problemkreise *direkt* empirisch oder theoretisch untersucht werden. Ob ein rechtswissenschaftliches Konzept die Änderung der Rechtsprechung in einem Bereich herbeigeführt hat, entzieht sich einem direkten Nachweis. Ob Richter durch rechtssoziologische Literatur beeinflußt werden oder nicht, kann nicht beantwortet werden. Und ob die Rechtsprechung sich auch ohne Hilfe der Rechtsdogmatik fortentwickeln würde, ist praktisch nicht zu beweisen. Man kann dagegen indirekte Fragen stellen, die empirischer Beantwortung zugänglich sind. Die Resultate ihrerseits werfen Licht und Schatten auf die Richtigkeit der einen oder andern These.

c) Kein direkter Einfluß der rechtssoziologischen Literatur auf die Rechtsprechung zum Vertrag

Hat rechtssoziologische Literatur zum Vertragsrecht irgendeinen signifikanten Einfluß auf die Rechtsprechung? Wenn ja, dann könnte die zweite Hypothese richtig sein und den Zusammenhang zwischen Veränderungen in der Gesellschaft und Änderungen des allgemeinen Vertragsrechtes erklären. Daß die Rechtssoziologie direkten Einfluß auf die Rechtsprechung haben kann, setzt voraus, daß Richter rechtssoziologische Bücher und Artikel lesen. Wir wollen diese Frage stellen und an einigen Beispielen untersuchen, ob und wie oft rechtssoziologische Literatur in Urteilsbegründungen zum Vertragsrecht berücksichtigt wird. Dies könnte ein Indiz dafür sein, daß rechtssoziologische Erkenntnisse den richterlichen Entscheidungsprozeß beeinflussen. Natürlich ist der Einfluß rechtssoziologischer Publikationen auf eine richterliche Entscheidung eines und ihr Niederschlag in der Urteilsbegründung ein anderes. Die Vermutung liegt jedoch nahe, daß der Richter mit seinem Wissen nicht hinter dem Berg hält und zitiert, was seiner Entscheidung Autorität verleihen kann. Dies gilt ganz besonders dann, wenn er sich auf Neuland vorwagt. Diese Vermutung müssen wir unserer Untersuchung zugrundelegen. Weiter ist anzumerken, daß wir damit nur den *direkten* Einfluß rechtssoziologischer Literatur messen können. Rechtssoziologische Kenntnisse könnten auch indirekt erworben werden. Richter hören vielleicht davon in Gesprächen, lesen Besprechungen oder erfahren durch Zeitungsreporte von den Ergebnissen.

Wir wählen folgende rechtssoziologischen Studien zum Vertragsrecht und fragen nach ihrem Widerhall in der Rechtsprechung:

— Macaulay: Non-contractual Relations in Business (1963)
— Friedman: Contract Law in America (1965).
— Gilmore: The Death of Contract (1974)
— Macneil: The Many Futures of Contracts (1974).

Diese vier Publikationen dürfen als jene gelten, die die rechtssoziologische Diskussion um das Vertragsrecht in den letzten achtzehn Jahren am nachhaltigsten beeinflußt haben. Zu Gilmores 'Death of Contract' sind nicht weniger als fünfzehn Besprechungen in den verschiedensten Law Reviews erschienen. Ihre gesamte Seitenzahl übersteigt jene des besprochenen Buches bei weitem. An Macaulay's Vorstudie aus dem Jahre 1963 ist seither keine einschlägige Arbeit mehr vorbeigegangen. Sie ist zweifelsohne die meist zitierte Publikation in der rechtssoziologischen Literatur zum Vertragsrecht. Zu vertieften Einsichten über die soziale Natur des Vertrages haben anerkanntermaßen auch Friedmans und Macneils Studien geführt. Wir beziehen in unsere Untersuchung zwei weitere, ältere Artikel ein, die im Grenzgebiet von Rechtsdogmatik und Rechtssoziologie angesiedelt werden könnten.

— Llewellyn: What Price Contract? (1931)
— Kessler: Contracts of Adhesion — Some Thoughts about Freedom of Contract (1943).

Beide Artikel sind 'landmarks' in der vertragsrechtlichen Literatur. Llewellyn hat sich zum Wesen des Vertrages ausgesprochen und die rechtlichen und sozialen Aspekte des Vertrages deutlich gemacht. Kessler reitet eine Attacke gegen die richterliche Beurteilung des Versicherungsvertrages, die verkenne, daß ein zwischen ungleichen Parteien abgeschlossener Standardvertrag anders zu behandeln sei als eine ausgehandelte Vereinbarung zwischen gleichen Partnern. Llewellyns Artikel stammt aus der Blütezeit des Legal Realism[55], Kessler kam etwas danach; beide Publikationen haben die vertragsrechtliche Literatur nachhaltig beeinflußt. Nach Zitaten abgesucht[56] wurden die Gerichtsurteile sämtlicher 50 State Supreme Courts, die in der Zeit zwischen dem Erscheinen der Publikation und April 1981 veröffentlicht wurden. Für die beiden ältesten Artikel gelten allerdings gewisse Einschränkungen[57]. Die Supreme Courts der Staaten wählen wir, weil die Rechtspre-

[55] Vgl. William Twining: Karl Llewellyn and the Realist Movement, London 1973.

[56] Diese mit konventionellen Mitteln unmögliche Arbeit hat mir ‚Lexis' abgenommen. Lexis ist ein Komputersystem, das Gesetzestexte und Gerichtsurteile der USA unter anderm nach Stichwörtern absuchen kann. Heute werden die Gesetze und Entscheide der obersten Gerichte aller 50 Staaten im System gespeichert. Die Gerichtsurteile sämtlicher Staaten sind wenigstens bis zurück ins Jahr 1965 nachgeführt; bei einzelnen Staaten weiter zurück.

chung des common law und seine Fortentwicklung und damit auch des allgemeinen Vertragsrechtes die ureigenste Domäne der obersten staatlichen Gerichte geblieben ist.

Die Resultate lauten: Kessler wurde mit 28 malen am meisten zitiert, Llewellyn, Friedman und Gilmore je dreimal, Macaulay und Macneil keinmal.

Zahlen sind nackt, aber sie sagen mindestens soviel aus: Die rechtssoziologische Literatur zum Vertragsrecht findet in der Rechtsprechung praktisch keinen direkten Widerhall[58]. Nicht einmal Llewellyns 'What Price Contract?' wurde von den Gerichten mehr als dreimal genannt, obwohl Llewellyn der führende Kopf des Realist Movements war und sich sein Artikel über den Vertrag keineswegs primär an Rechtssoziologen richtet. Überraschend auch, daß Macaulays und Macneils Studien, die in der rechtssoziologischen Literatur zum Vertrag höchste Wertschätzung erlangt haben, nie zitiert wurden; dabei weisen beide auf fundamentale Veränderungen des vertraglichen Verhaltens hin. Liegt dies daran, daß Macaulays Artikel in einer rechtssoziologischen Zeitschrift erschienen ist und Richter diese nicht lesen? Das kann, wenn überhaupt, nur ein Teil der Antwort sein, denn Macneils Artikel ist vor sieben Jahren in einer renommierten Law Review erschienen, und dennoch ist ihm das gleiche Los beschieden.

Am besten schneidet Kessler ab, dessen Aufsatz zum Adhäsionsvertrag 28 mal zitiert wurde. Kessler setzt sich direkt mit der Rechtsprechung zum Versicherungsvertragsrecht auseinander und verlangt Änderungen der Rechtsprechung. Ohne konkrete Rezepte anzubieten, weist er doch den Weg, der einzuschlagen sei. Vielleicht sind es die brauchbaren, praktischen Argumente gegen die bisherige Praxis und die Nähe zur traditionellen Rechtswissenschaft, die diesem nur mit wenig rechtssoziologischen Aspekten durchsetzten Artikel Beachtung verschafft haben. Doch das allein kann wiederum nicht die Erklärung sein, denn vor

[57] Die über Lexis erhältlichen Daten gehen nicht für alle Staaten gleich weit zurück. Folgende Einschränkungen gelten: Für die Zeit von 1931 - 1940 sind nur die Urteile von einem Staat erhältlich; von 1940 - 1945 von drei, und von 1945 - 1955 von acht, und von 1955 - 1965 von zwölf Staaten. Erhältlich sind die Urteile aller Staaten, die nach dem 1. 1. 1965 ergangen sind. Es darf aber als sicher gelten, daß eine Durchsicht der älteren, nicht einbezogenen Urteile keine oder nur eine geringfügige Veränderung des Bildes bringen würde.

[58] Für all jene, die der Auffassung waren, Rechtssoziologie könne der Rechtsprechung in irgendeiner Weise Hilfe anbieten, müßten diese Zahlen allein schon schockierend sein. Es scheint, daß die Richter Amerikas dieses Angebot praktisch nie annehmen. Nichts spricht dafür, daß eine ähnliche Untersuchung in andern Ländern anders ausfallen würde. Vielleicht käme man zu andern Ergebnissen, wenn andere Rechtsgebiete untersucht würden. Mag sein, daß Richter in dogmatisch weniger ausgebildeten Bereichen als dem Vertragsrecht eher bei den Rechtssoziologen nach Argumenten suchen.

Kessler haben sich nicht weniger prominente Häupter mit diesem Problem befaßt, und ihre Schriften hatten nicht den gleichen Widerhall, und selbst Kesslers Aufsatz wurde jahrelang nicht beachtet; erst als die Zeit reif wurde, griffen die Richter auf den älteren Band der Columbia Law Review zurück, in dem er erschienen war. Es braucht hier nicht beantwortet zu werden, unter welchen Umständen und weshalb einzelne rechtswissenschaftliche und -soziologische Werke zur Urteilsbegründung beigezogen werden und andere nicht. Eines jedoch ist sicher: Rechtssoziologische Publikationen zum Vertragsrecht, wie beachtlich sie für die wissenschaftliche Diskussion auch seien, finden keine oder nur marginale Beachtung in Gerichtsurteilen. Daß sie einen signifikanten, direkten Einfluß auf die Veränderung der Rechtsprechung haben, darf zumindest für das Vertragsrecht ausgeschlossen werden. Diese Aussage beruht — wir wiederholen — auf der Annahme, daß Publikationen, die für die richterliche Entscheidung ausschlaggebend sind, in den Urteilen zitiert werden[59].

d) Bescheidener Einfluß der Rechtslehre auf die Rechtsprechung zum Vertrag

Wie steht es mit der ersten These, wonach die Rechtswissenschaft die Voraussetzungen für eine Anpassung der Rechtsprechung an neue Gegebenheiten schafft? Ist es so, daß verändertes vertragliches Verhalten die Rechtswissenschafter zu neuen, dogmatischen Lösungen anregt und die Rechtsprechung zum allgemeinen Vertragsrecht entsprechend geändert wird, wenn diese überzeugen und anerkannt werden? Wir wollen den Zusammenhang zwischen Veränderungen des vertraglichen Verhaltens, der Rechtsdogmatik und der Rechtsprechung mit einer kleinen empirischen Studie etwas erhellen. Wir wählen dazu die Standardisierung der Verträge, die für eine augenfällige Veränderung des vertraglichen Verhaltens in diesem Jahrhundert stehen soll, stellen ihr die juristische Konzeption des ‘contract of adhesion’ gegenüber und untersuchen ihren Einfluß auf die Rechtsprechung.

aa) Ein soziales Phänomen: Vertragsstandardisierung

Der standardisierte Massenvertrag ist seit annähernd hundert Jahren als Phänomen den Gerichten bekannt[60]. Er hat sich seither in fast allen

[59] Man könnte natürlich die Auffassung vertreten, die Wirkung des rechtssoziologischen Schrifttums auf die Rechtsprechung sei deshalb nicht an den Zitaten abzulesen, weil Richter sie zwar zur Kenntnis nehmen, aber nicht als legitime Quellen zitieren wollen. Doch dieses Argument erscheint mir so spitzfindig wie unzutreffend.

[60] Vgl. z. B. Urteil vom 8. Dezember 1883 des Deutschen Reichsgerichtes (II Zivilsenat), RGZ 13, 77.

Wirtschaftsbereichen durchgesetzt und ist zum gängigen Instrument für die meisten Vertragsabschlüsse geworden[61]. Das vertragliche Verhalten hat sich grundlegend verändert. Die meisten Vertragsabschlüsse erfolgen heute auf der Grundlage der AGB[62]. All dies ist inzwischen ein juristischer Allgemeinplatz geworden. Zwei Aspekte stehen dabei im Vordergrund: die Standardisierung und die Ungleichheit der Verhandlungspartner[63].

Der Standardvertrag erscheint zumeist als ein längeres, in legalistischem Stil abgefaßtes Dokument, das neben den Essentialien einen ausführlichen kleingedruckten Anhang enthält, in dem vornehmlich Fragen der Risikoverteilung, der Verzugsfolgen, Zahlungsmodalitäten, Rechtsbehelfe und Gerichtsstände geregelt werden. Typischerweise unterzeichnet der Kunde dieses Dokument, ohne über die AGB zu verhandeln und oft ohne diese zur Kenntnis zu nehmen. Im 20. Jahrhundert ist der Übergang von der individuellen Vereinbarung zum standardisierten Massenvertrag wahrscheinlich die Veränderung von größter Tragweite im vertraglichen Verhalten weiter Bevölkerungskreise gewesen[64].

Der zweite Aspekt ist die Ungleichheit der Vertragspartner[65]. Massenverträge werden oft zwischen einem größeren Unternehmen und ein-

---

[61] Llewellyn führte dazu aus: „So wie die Maschinenproduktion von der Einzelanfertigung zur Gattungsware führte, fügte die Standardisierung der Verträge dem System der Gattungsware ein System der Gattungsgeschäfte hinzu." Zitiert in Manfred Rehbinder: Das Kaufrecht in den Allgemeinen Geschäftsbedingungen der deutschen Wirtschaft, Berlin 1970, S. 12.

[62] Selbstverständlich übersehen wir nicht, daß der maßgeschneiderte Vertrag auch heute noch oft Verwendung findet. Sein Platz ist dort, wo Nachbar Schultze seinem Nachbarn Schmitz einen alten Rasenmäher verkauft, oder wo Herr Mettler seine millionenschwere Präzisionswaagenfirma an Ciba-Geigy veräußert. Sogenannte 'one shot' Verträge, wirtschaftlich bedeutende oder unbedeutende, erfolgen vielfach nicht auf der Grundlage von AGB.

[63] Diese beiden Problemkreise spiegeln sich in den verschiedenen Namen, die das Phänomen in den verschiedenen Sprachen erhielt:

Standardvertrag, AGB	— Massenvertrag, Unterwerfungsvertrag
standard form contract	— contract of adhesion
contrat type	— contrat d'adhésion
contratto standard	— contratto per adhesione
contrato tipo	— contrato por adhesión

[64] Vgl. oben Kp. III, 1.

[65] Die Konzepte des Machtungleichgewichtes, des 'unequal bargaining power' gehen so leicht von der Zunge, bzw. der Feder, daß nur selten gefragt wird, ob und worin dieses Ungleichgewicht besteht. Wir können dieser Frage hier nicht nachgehen. Wäre das Ungleichgewicht derart spürbar, wie es in der Literatur zu den AGB oft angenommen wird, dann müßte man sich fragen, weshalb die betroffenen Bevölkerungskreise sich nicht stärker dagegen zur Wehr gesetzt haben. An der fehlenden Organisation der Konsumenten allein kann es nicht liegen. Vielleicht ist das Gefühl der Ohnmacht gegenüber den großen Unternehmen weniger ausgeprägt, als angenommen wird, vielleicht hat sich die Haltung der Verbraucher gegenüber Verträgen verändert.

zelnen Konsumenten abgeschlossen. Meistens besteht nach gängiger Auffassung ein Machtungleichgewicht zwischen den Vertragspartnern, das es dem Kunden unmöglich macht, für ihn günstigere Vertragsbedingungen auszuhandeln. Die Verträge werden ihm auf der 'take it or leave it' Basis angeboten — ‚à prendre ou à laisser'. Besteht in einer Branche wirksame Konkurrenz, ändert diese am 'unequal bargaining power' oft wenig, da die meisten Unternehmen einer Branche dieselben oder ähnliche Verträge anbieten. Standardverträge schwächen in der Regel die rechtliche Stellung des Konsumenten.

Diese Veränderung des vertraglichen Verhaltens hat in allen Staaten der westlichen industrialisierten Welt die Rechtsprechung beeinflußt. Verschiedene rechtliche Konzeptionen versuchen, dieses Phänomen einzufangen und Lösungsmöglichkeiten anzubieten. Ein juristisches Konzept, das in den Vereinigten Staaten Verwendung gefunden hat, ist der 'contract of adhesion'. Contract of adhesion drückt die beiden eben diskutierten Aspekte des Standardvertrages aus: die Standardisierung des Vertragsdokumentes und die Ungleichheit der Parteien. Nicht jeder Massenvertrag braucht ein contract of adhesion zu sein: Wo beide Parteien über vergleichbare Verhandlungsmacht verfügen, liegt kein Adhesionsvertrag vor. Sind beide gleich stark, so sind sie gleichermaßen in der Lage, ihre Interessen wahrzunehmen, auch dort, wo AGB verwendet werden. Sind sie dagegen ungleich, so sagt das Konzept: Es ist Aufgabe des Richters, diesem Ungleichgewicht Rechnung zu tragen und allenfalls in Abweichung von traditionellen vertragsrechtlichen Lehren die Rechtsstellung der schwächeren Partei durch Auslegungen und Konstruktionen zu verbessern.

bb) Ein rechtliches Konzept: 'contract of adhesion'

Der contract of adhesion ist ein rein juristisches Konzept. Außer Rechtsgelehrten, Richtern und Anwälten braucht diesen Begriff sonst niemand. Seine Einführung in die amerikanische Rechtssprache läßt sich genau datieren. Dem Französischen entlehnt, brauchte ihn 1919 erstmals Patterson[66]. Dem Konzept wurde in den folgenden Jahren wenig Beachtung geschenkt. Soweit sich die Rechtswissenschaft mit dem Problem des standardisierten Massenvertrages befaßte, sprach sie von 'standardized contracts'[67]. Erst Kesslers Aufsatz 'Contract of Adhesion

Vielleicht wird das Ungleichgewicht durch andere Mechanismen ausgeglichen. Vgl. dazu auch oben Kp. II, Anm. 15.

[66] Edwin W. Patterson: The Delivery of a Life-Insurance Policy, Harv. L. Rev. 33 (1919), S. 222.

[67] Nathan Isaacs: The Standardizing of Contracts, Yale L. J. 27 (1917), S. 34. O. Pausnitz: The Standardization of Commercial Contracts in English and Continental Law, London 1937; Karl Llewellyn, Book Review, Harv. L. Rev.

— Some Thoughts about Freedom of Contract' aus dem Jahre 1943 hat dem Konzept zum Durchbruch verholfen. Seither sind zahlreiche Abhandlungen zum Adhäsionsvertrag erschienen, und langsam setzt sich das Konzept auch in der Rechtsprechung durch[68]. Kessler weist in seinem Artikel, dem wir oben schon begegnet sind, auf die Unzulänglichkeiten der Rechtsprechung vorab zum Versicherungsvertrag hin und wirft den Richtern unter anderem ihre Emotionalität im Umgang mit der Vertragsfreiheit vor. Das Common Law sei plastisch genug, um befriedigende Lösungen für die Probleme des Standardvertrages herbeizuführen, wenn die Richter nur aufhörten, sich hinter alten Konzepten zu verschanzen; der Weg zum Fortschritt stehe schon offen.

Wir haben also vor uns eine Veränderung des vertraglichen Verhaltens — den Standardvertrag. Im weiteren steht ein rein juristisches Konzept bereit, das dem neuen Kinde einen Namen gibt und den Standardvertrag dadurch von andern Verträgen abhebt. Mehr noch. Das Konzept hat normativen Charakter; es enthält einen Appell an die Richter, der schwachen Partei besonderen Schutz zu verleihen. Und drittens: Wir stellen Veränderungen der Rechtsprechung im Bereich der standardisierten Massenverträge fest. Ein Trend zu verstärktem richterlichem Schutz für die schwächere Partei ist dabei unverkennbar. Ist nun — so lautet die Frage — das rechtliche Konzept funktional für die schrittweise Änderung der Rechtsprechung in diesem Bereich?

cc) Verwendung des Konzeptes in den State Supreme Courts

Eine Durchsicht sämtlicher Urteile der obersten Staatsgerichte zwischen 1965 und April 1981 ergibt, daß dieses Konzept 232 mal erwähnt wurde. Dies ist zahlenmäßig im Vergleich zu älteren, ähnlichen juristischen Konzepten eher wenig[69]. Es fällt dabei auf, daß das Konzept con-

52 (1939), S. 700 - 705. In Anm. 3 nennt Llewellyn fünf weitere Arbeiten, die sich vor seiner Buchbesprechung mit dem Thema befaßt haben.

[68] Albert A. Ehrenzweig: Adhesion Contracts in the Conflict of Laws, Col. L. Rev. 53 (1953), S. 1072 - 1090; Arthur Lenghoff: Contract of Adhesion and Freedom of Contract; Tul. L. Rev. 36 (1962), S. 481 - 494; Addison Müller: Contracts of Frustration, Yale L. J. 78 (1969), S. 576 - 597; Edward A. Dauer: Contract of Adhesion in the Light of the Bargain Hypothesis, Akron L. Rev. 5 (1972), S. 1 - 41; George Shuchman, Consumer Credit by Adhesion Contracts, Temp. L. Q. 35 (1962), S. 125 - 140. Vera Bolgar; The Contract of Adhesion. A Comparison of Theory and Practice, Am. J. Comp. L. 20 (1972), S. 53 - 78.

[69] Das Konzept der ‚duress' wurde während der gleichen Zeit über 300 mal erwähnt, jenes der 'unconcionability' fast 600 mal. 'Duress' ist das angloamerikanische Pendant zur Drohung (Furchterregung) im kontinentalen Recht: Duress ist "a condition where one is induced by wrongful act or threat to make contract under circumstances which deprive him of exercise of his free will (Hyde v. Lewis, 323 N. E. 2d 533, 537). 'Unconscionability' ist ein vertraglicher Anfechtungsgrund im amerikanischen Recht, der sich gegen ‚gewissenlose' Verträge richtet: "If a court as a matter of law finds the

tract of adhesion in den verschiedenen Staaten unterschiedlich oft gebraucht wird. Die Unterschiede lassen sich nicht mit der Bevölkerungsgröße, Prozeßlast oder dem Wirtschaftsvolumen der entsprechenden Staaten erklären, was naheliegend wäre. Texas und Virginia zum Beispiel verwenden das Konzept überhaupt nicht, New York elfmal. New Jersey, das mit seinem Standardvertragsfall Henningsen v. Bloomfield Motors, Inc. Rechtsgeschichte gemacht hat, nennt das Konzept in der Folge noch zehnmal. North Dakota 16 mal, South Dakota zweimal. Spitzenreiter ist Oregon mit 34 mal[70]. Wir belassen es vorerst bei der Feststellung, daß das quantitative Auftreten des Konzeptes in den Urteilen der 50 obersten Staatsgerichte sehr unterschiedlich ist und sich nicht mit den sozial strukturellen Eigenheiten der Staaten erklären läßt.

Wird das Konzept contract of adhesion in einem Urteil erwähnt, so sagt dies noch nichts aus über die Art, wie es gebraucht wird. Contract of adhesion kann als Argument zugunsten eines Konsumenten gebraucht werden; das Konzept kann für den Ausgang des Urteils entscheidend sein, es kann gelegentlich auch nur eine unter verschiedenen Erwägungen sein; es kann manchmal auch erwähnt werden, ohne daß näher darauf eingetreten wird. Das Gericht kann auf das Konzept aufmerksam machen und gleichzeitig entscheiden, hier liege kein Adhäsionsvertrag vor, sei es, weil keine adhäsiven Verhältnisse zwischen den Parteien bestehen, sei es, weil dem Vertrag keine AGB zugrunde liegen. Der Hinweis auf das Vorliegen oder Nichtvorliegen eines contract of adhesion kann von verschiedenen Seiten kommen: von den Mehrheitsrichtern, von den 'concurring judges' oder den 'dissenting judges'[71].

---

contract or any clause of the contract to have been unconscionable at the time it was made the court may refuse to enforce the contract ... (UCC, Section 2 - 302).

[70] Die Zahlen für die einzelnen Staaten lauten:

Alabama	4	Kentucky	3	North Dakota	16
Alaska	14	Louisiana	1	Ohio	1
Arizona	0	Maine	1	Oklahoma	3
Arkansas	1	Maryland	3	Oregon	34
California	22	Massachusetts	5	Pennsylvania	13
Colorado	5	Michigan	4	Rhode Island	5
Connecticut	0	Minnesota	8	South Carolina	0
Delaware	1	Mississippi	0	South Dakota	2
Dist of Col.	0	Missouri	0	Tennessee	1
Florida	4	Montana	4	Texas	0
Georgia	1	Nebraska	0	Utah	1
Hawaii	2	Nevada	1	Vermont	0
Idaho	1	New Hampshire	3	Virginia	0
Illinois	2	New Jersey	10	Washington	3
Indiana	5	New Mexico	3	West Virginia	10
Iowa	11	New York	11	Wisconsin	3
Kansas	9	North Carolina	0	Wyoming	1

[71] Die Gerichtsordnungen der amerikanischen Staaten erlauben es den

Oder es kann von einer Partei bzw. deren Rechtsvertreter in die Diskussion eingeführt werden. Letzteres wird aus den Urteilen jedoch nur ersichtlich, wenn sich ein oder mehrere Richter mit diesem Parteivorbringen auseinandersetzen. Die untersuchten Fälle zeigen, daß die ganze Palette der Verwendungsmöglichkeiten des Konzeptes in der Praxis vorkommt.

α) Gibt es eine Gesetzmäßigkeit?

Gibt es eine allgemeine Gesetzmäßigkeit, nach der das Konzept Verwendung findet? In die Untersuchung wurde ca. ein Viertel der 232 Fälle, in denen contract of adhesion erscheint, einbezogen[72] und auf folgende vierteilige Hypothese hin geprüft:

— Sagt das Gericht, es *liege* ein contract of adhesion vor, dann entscheidet es *zugunsten* der schwächeren Partei[73].

— Sagt das Gericht, es liege *kein* contract of adhesion vor, dann entscheidet es *gegen* die schwächere Partei.

— Entscheidet der dissenting judge, es *liege* ein contract of adhesion vor, dann beantragt er, es sei *zugunsten* der schwächeren Partei zu urteilen.

— Entscheidet der dissenting judge, es liege *kein* contract of adhesion vor, dann beantragt er, es sei *gegen* die schwächere Partei zu entscheiden.

In den 57 untersuchten Urteilen wurden 29 überwiegend oder vollständig zugunsten der schwächeren Partei ausgefällt, 18 Urteile ergingen gegen die schwächere Partei. In zehn Fällen läßt sich die Frage nicht entscheiden[74]. In den unklaren zehn Fällen handelt es sich vor allem um prozeßrechtliche Zwischenentscheide, bei denen sich das Gericht nicht zum Vertragsverhältnis zwischen den Parteien ausspricht. Die genannte vierteilige Hypothese fand sich in 40 Fällen bestätigt, in 7 widerlegt,

---

Richtern, sich der für die Mehrheit der Richter verfaßten Urteilsbegründung (opinion) anzuschließen oder sich mit dem Dispositiv einverstanden zu erklären, jedoch eine andere Begründung dafür zu geben (concurring opinion) oder als dritte Variante einen Minderheitsantrag (dissent) zu stellen.

[72] Es handelt sich genau um 57 Fälle; 34 aus Oregon, 16 aus North Dakota, 3 aus Washington und 2 aus South Dakota.

[73] Der Term ‚schwächere Partei' meint hier und in allen nachfolgenden Passagen jene Partei, der das Vertragsformular vorgelegt wurde; die ‚stärkere Partei' ist jene, die das Formular vorlegt, unbeachtlich, ob sie das Formular selber ausgearbeitet hat oder es von einer ihr nahen Quelle bezogen hat. Diese Terminologie ist allgemein gebräuchlich, doch entgeht uns nicht, daß die ‚schwache' Partei in einzelnen Fällen stark und die ‚starke' Partei schwach sein kann.

[74] Bei den unklaren zehn Fällen handelt es sich vor allem um prozeßrechtliche Zwischenentscheide, bei denen sich das Gericht nicht zum Vertragsverhältnis zwischen den Parteien zu äußern hatte.

und 10 Fälle wiederum lassen sich nicht nach den Kriterien der Hypothese klassifizieren. Diese Zahlen legen nahe[75], daß Richter geneigt sind, zugunsten der schwächeren Partei zu entscheiden, wenn sie eine Adhäsionsvertragssituation erkennen. Oder: sie legen nahe, daß die Richter das Konzept erwähnen, wenn sie sich für die schwächere Partei entscheiden, sei es in der 'opinion' oder im 'dissent'.

Selten entscheidet ein Gericht zugunsten der schwächeren Partei, nur weil dieser ein Standardvertrag vorgelegt wurde. Meistens tritt in der Begründung ein weiteres Kriterium hinzu, das zusammen mit dem Standardvertrag den Ausschlag für ein Abweichen von bewährten vertragsrechtlichen Lehren gibt. Eine weitverbreitete Interpretationspraxis insbesondere bei Versicherungsverträgen lautet: Standardverträge sind gegen den Versicherer auszulegen, wenn sie unklar oder zweideutig sind. Andere Kriterien, die in Verbindung mit Standardverträgen zu konsumentenfreundlichen Entscheidungen führen, sind die 'reasonableness' oder 'fairness' der strittigen Vertragsklauseln und ihre Übereinstimmung mit der 'public policy'. Davon wird noch die Rede sein.

Ein auffallendes, wenn auch nicht überraschendes Ergebnis zeigt die zeitliche Verteilung der contract of adhesion Fälle über die letzten Jahre[76]. Nachdem Kessler den Begriff in der Rechtswissenschaft populär gemacht hatte, vergingen fast zwanzig Jahre, in denen die Gerichte ihn nur sehr vereinzelt benutzten[77]. Erst seit den sechziger Jahren findet sich eine stetig wachsende Zahl von publizierten Entscheidungen, die das Konzept erwähnen. Die letzten vier Jahre zeigen über zwanzig Entscheidungen pro Jahr. Vierzig State Supreme Courts haben das Konzept wenigstens einmal gebraucht. Es scheint nur eine Frage der Zeit zu sein, bis mehr und mehr Gerichte unter Verwendung des Konzeptes auf die spezifische Problematik des standardisierten Vertrages aufmerksam machen und dort, wo sie ein Machtungleichgewicht zwischen den Vertragsparteien feststellen, zugunsten der schwächeren Partei entscheiden, wenn dies ihnen angezeigt erscheint.

β) Unterschiedliche Verwendung in den einzelnen Staaten

Auf eine Frage, die das Untersuchungsresultat aufgibt, haben wir bereits hingewiesen: Weshalb wird dieses Konzept in den verschiede-

[75] Das Resultat ist statistisch signifikant.

[76] Anzahl der Fälle pro Jahr, in denen das Konzept erwähnt wird:

1965:	3	1971:	15	1977:	21
1966:	6	1972:	13	1978:	23
1967:	2	1973:	12	1979:	27
1968:	4	1974:	15	1980:	25
1969:	8	1975:	22	bis 4. 1981:	10
1970:	6	1976:	19		

[77] Diese Aussage unterliegt den in Anm. 57 genannten Restriktionen.

nen Staaten so unterschiedlich häufig gebraucht? Daß Kalifornien das Konzept 22 mal braucht, Nevada dagegen nur einmal, könnte mit der Bevölkerungszahl erklärt werden, leben im ersteren doch fast ein Zehntel der ganzen Bevölkerung der USA, während letzteres kaum 500 000 Einwohner zählt. Daß Pennsylvania den contract of adhesion dreizehnmal nennt, Utah dagegen nur einmal, könnte auf den unterschiedlichen Industrialisierungsgrad der beiden Staaten zurückzuführen sein. Texas, der Riesenstaat im Süden, braucht das Konzept nie, was die nicht verwundert, die den Texanern Rückständigkeit im sozialen Denken nachsagen. Wie aber erklärt sich, daß zwei so ähnliche Staaten wie North und South Dakota den contract of adhesion als rechtliche Begründungen so unterschiedlich häufig heranziehen? Warum ist Oregon mit seinen knapp zwei Millionen Einwohnern Rekordhalter? Einer Antwort können wir nur näher kommen, wenn wir die Rechtsprechung in den einzelnen Staaten genauer untersuchen.

Wir wählen von den 50 Staaten zwei Paare aus, die sich für einen Vergleich besonders eignen: North Dakota und South Dakota, Oregon und Washington. North Dakota verwendet das Konzept 16 mal, sein südlicher Nachbarstaat zweimal; Oregon und Washington 34 bzw. dreimal. Die Wahl fällt auf diese Staaten nicht nur des unterschiedlich häufigen Gebrauchs des Konzeptes wegen, sondern weil sich die zu Paaren zusammengefaßten Staaten in ihren sozialen und wirtschaftlichen Bedingungen sehr gleichen. North und South Dakota liegen in der weiten Ebene des Mittleren Westens, wo im Sommer die goldenen Kornfelder bis an den Horizont reichen und im Winter die kalten Stürme aus Kanada den Schnee abwerfen. Zwischen den Feldern liegen vereinzelt Häuser, Dörfer oder kleine Städte. Größere urbane Zentren gibt es nicht. Beide Staaten sind äußerst dünn besiedelt und zählen je etwa 650 000 Einwohner. Es sind ausgesprochene Agrarstaaten; Viehzucht und Weizen sind die wirtschaftlichen Hauptprodukte. Industrie und Dienstleistungen spielen eine untergeordnete Rolle in beiden Staaten. Die Einkommenssituation ist in North und South Dakota fast identisch und keineswegs rosig. Der weiße, protestantische 'american farmer' ist der typische Dakotianer.

Sehr viel Gemeinsamkeiten teilen auch die beiden Staaten Oregon und Washington. Sie liegen im Nordwesten der USA und baden ihre Füße im Pazifik. Oregon ist flächenmäßig einiges größer als Washington, hat dafür nur 1.8 Millionen Einwohner, während in Washington 2.8 Millionen leben. Beide haben *ein* industrielles und urbanes Zentrum — Portland bzw. Seattle — und einiges an Tourismus. In Portland dominiert die holzverarbeitende Industrie, in Seattle sind die Boingwerke beheimatet. Das Durchschnittseinkommen ist in beiden Staaten fast dasselbe. Die Landwirtschaft nimmt einen wichtigen, aber nicht dominierenden Platz ein. Oregon und Washington stehen für das typische, weiße, aufgeschlossene middle-class Amerika[78].

North Dakota und *South Dakota*

Betrachten wir nun die Rechtsprechung zum contract of adhesion in den einzelnen Staatenpaaren: North Dakota nennt das Konzept 16 mal. Zwei Fälle scheiden aus der Untersuchung aus, da das Gericht das Konzept nur am Rande zweier prozeßrechtlicher Fragen erwähnt, ohne sich zur Gültigkeit eines Vertrages auszusprechen. Elf der verbleibenden 14 Urteile sind Versicherungsstreitigkeiten. Alle elf Sachverhalte sind relativ ähnlich. Ein Todes- oder Schadensfall tritt ein, der Versicherer wird eingeklagt und bestreitet den vertraglichen Anspruch des Versicherten, sei es, weil ein Vertrag noch nicht zustande gekommen sei, oder weil der eingetretene Fall von der Police nicht gedeckt werde. Das Gericht hat jeweils die Aufgabe, den Zeitpunkt, von welchem an oder bis zu welchem ein Vertrag bestand, oder den Sinn einer strittigen Versicherungsklausel zu bestimmen. Das Konzept contract of adhesion dient dabei als Begründung für die strenge Auslegung strittiger Vertragsklauseln gegen den Versicherer. "It is well-established in North Dakota that, because an insurance policy is a contract of adhesion, any ambiguity or reasonable doubt as to its meaning is to be strictly construed against the insurer and in favor of the insured."[79] Der Zeitpunkt des Vertragsabschlusses bzw. der Kündigung oder der Vertragstext wird, wenn irgendwelche Unklarheiten bestehen, so ausgelegt, daß der Versicherte geschützt ist. Die Kriterien für die Eindeutigkeit und Klarheit der Klauseln sind äußerst streng. Ausgegangen wird vom zumeist sehr engen Verständnishorizont des Versicherten. Doch in drei der elf Versicherungsfälle verwirft das Gericht den Einwand der 'ambiguity' und entscheidet für die Versicherungsgesellschaft — eine Witwe geht ohne Versicherungsleistungen aus; ein säumiger Prämienzahler hat den Schaden selber zu berappen, ein Versicherungsnehmer die vom Wind umgeblasenen Silos selber zu ersetzen.

Einmal war die Dauer eines Optionsvertrages strittig. Obwohl die eine Partei einen standardisierten Vertrag vorlegte und einige Klauseln darin unklar abgefaßt waren, interpretierte das Gericht ihn nicht nach den strengen Maßstäben des zweideutigen contract of adhesion. Die Vertragspartner waren Einzelpersonen, die nach Ansicht des Gerichtes beide gleichermaßen in der Lage waren, ihre Interessen wahr-

[78] Vgl. National Atlas of the United States of America, Washington, D. C. 1970, S. 241, 249, 261. Die Angaben zur Bevölkerungszahl stammen aus dem Jahre 1960, also aus der Zeit kurz vor Beginn unserer Untersuchungsperiode.

[79] Finstad v. Steiger Tractor, Inc.; 301 NW 2d 392, 398.

zunehmen. Ein Machtungleichgewicht liege nicht vor und demnach auch kein Adhäsionsvertrag. In den zwei verbleibenden Vertragsprozessen entschied das Gericht zugunsten der schwächeren Partei. Ein Arbeitnehmer wehrt sich erfolgreich für eine finanzielle Entschädigung nicht bezogener Ferien, ein Bauer gegen eine Konventionalstrafe, die ihm von einer Weizenkooperative auferlegt wurde wegen unterlassener Ablieferung versprochenen Getreides. In beiden Fällen stellt das Gericht eine adhäsive Situation fest und gelangt über eine restriktive Auslegung zugunsten der schwächeren Partei zur ‚richtigen‘ Lösung.

South Dakota steuert zwei Entscheidungen bei: In einem Standardvertrag ist die Gerichtsstandsklausel strittig, welche den Kläger zwingt, über tausend Meilen von seinem Wohnsitz entfernt Klage zu erheben. Das Gericht läßt die Klausel gelten, da kein Ungleichgewicht der Verhandlungsmacht gegeben sei. Der Vertrag wurde abgeschlossen zwischen einem Chiropraktiker und der Clinic Master, Inc., die ihm gegen zehntausend Dollar Know How zu einer effizienteren Praxisführung versprach. Im zweiten Fall bricht ein Richter im Dissent die Lanze für eine Witwe, deren Mann in der Zeit zwischen der Anmeldung zur Versicherung und der medizinischen Aufnahmeuntersuchung starb.

Obwohl South Dakota nur in zwei Fällen das Konzept contract of adhesion verwendet, gilt auch dort die Regel, daß unklare Versicherungsklauseln strikte gegen den Versicherer auszulegen sind. “Any uncertainty or ambiguity in a contract of insurance must be construed most strongly against the insurer and in favor of the insured.”[80] Wie die beiden genannten Zitate aus North und South Dakota zeigen, unterscheidet sich die Rechtsprechung diesbezüglich in den beiden Dakota nicht.

Oregon und *Washington*

In Oregon, dem ‚Rekordhalter‘, kommt das Konzept erwartungsgemäß bei verschiedensten Sachverhalten zur Sprache. Nur in einem Viertel der Fälle[81] handelt es sich um Versicherungsverträge. Siebenmal dreht sich der Prozeß um Liegenschaftskäufe und Mäklerprovisionen; fünfmal geht es um Sachmängel aus Kauf oder um Produktehaftung, dreimal um die Auslegung von Bankkontoverträgen. Konventionalstrafen, Gerichtsstände, Konkurrenzverbote, die Auferlegung von Prozeßkosten und Mietstreitigkeiten sind andere Themen, die in den Urteilen erscheinen.

Zweierlei fällt bei den ‘opinions’ und ‘dissents’ aus Oregon auf: Die Richter sind sensibilisiert für die Machtunterschiede zwischen den Par-

[80] Dairyland Insurance Company v. Kluckman, 201 NW 2d 209.

[81] Es sind genau neun Fälle.

teien. Sie sehen sich genau an, wer mit wem einen Vertrag abgeschlossen hat. Schließen zwei gleich starke Partner einen Formularvertrag ab, dann kann die Partei, welcher das Formular vorgelegt wurde, aus dieser Tatsache allein nichts für sich herleiten. Dies gilt vor allem für Firmen, die sich später in die Haare geraten. Es fällt weiter auf, daß viele Male von contract of adhesion die Rede ist, obwohl zwei Einzelpersonen oder zwei Firmen miteinander streiten. Das Gericht muß dann jeweils feststellen, daß kein contract of adhesion vorliege. Weitere Faktoren werden zur Beurteilung des ‚Gleichgewichts' herangezogen. In einem Falle entscheidet das Gericht gegen einen einzelnen Fischer, der seinen Fang nicht, wie vereinbart, an die Kooperative abgeliefert hat. Die in den AGB aufgeführte Konventionalstrafe wurde als gültig anerkannt, obwohl die Parteien nicht gleich mächtig waren; aber das Gericht führte aus, eine Kooperative sei ganz besonders auf die Loyalität ihrer Mitglieder angewiesen. Die Konventionalstrafe sei gültig, obwohl die Klausel nicht mit den Fischern einzeln ausgehandelt wurde, als sie ihren Fang an die Kooperative verkauften.

Ein zweites: Oregons Richter sind nicht ohne weiteres bereit, Adhäsionsverträge zugunsten der schwächeren Partei auszulegen. In sieben der 34 Fälle wurde vom 'dissenting judge' auf das Konzept hingewiesen. In sechs der sieben Fälle hätte er entgegen der Mehrheit zugunsten des Konsumenten entschieden. Klar kommt in den Ausführungen zum contract of adhesion zum Ausdruck, daß Adhäsionsverträge nur dann entgegen die allgemein gültigen vertragsrechtlichen Prinzipien ausgelegt werden dürfen, wenn zur ‚adhäsiven' Situation spezielle Umstände hinzutreten. Wenn Unklarheiten im Vertragstext enthalten sind, wenn die umstrittenen Klauseln unfair oder unvernünftig sind; wenn sie gegen die 'public policy' verstoßen. An die 'ambiguity' wird ein relativ strenger Maßstab gelegt. Zweideutigkeit meint in Oregon nicht Haarspalterei, und die Richter verwerfen das in Kalifornien verwendete Konzept der ‚konstruktiven Zweideutigkeit' zur Auslegung von Versicherungsverträgen[82].

Der Supreme Court des Staates Washington spricht in drei Urteilen vom contract of adhesion. Das Konzept ist dort seit langem bekannt[83], aber es wird offensichtlich wenig gebraucht. Einmal wird der Term am Rande einer in diesem Zusammenhang nicht relevanten Analogie erwähnt; einmal im Rahmen einer Checkliste, die der Richter bei der

---

[82] In einem Urteil heißt es: "Admittedly there have been cases in which a theory of constructive ambiguity has been employed in the absence of any ambiguity [Zitat eines Entscheides aus Kalifornien]. Nevertheless, we are unable to decide the case at bar on the basis of a fiction which we deem inapplicable." Morgan v. State Farm Life Insurance Company; 400 P 2d 223, 225.

[83] Norway v. Root; 361 P 2d 162.

Prüfung von Verträgen zu berücksichtigen habe. Nur einmal hat das Gericht einen Standardvertrag unter Verwendung des Begriffs contract of adhesion der Sache nach beurteilt. Als der enttäuschte Käufer eines Ferienhauses die Immobiliengesellschaft, die es ihm verkauft hatte, einklagte, hatte das Gericht Gelegenheit, sich dazu zu äußern. Standardverträge können nicht ihrem Wortlaute nach Geltung beanspruchen, wenn sie gegen die 'public policy' verstoßen. Dies war im vorliegenden Fall gegeben, wo sich die Immobilienfirma nach einer mündlichen Zusicherung, die Seesicht bleibe unverbaut, im nachhinein auf die später unterzeichneten AGB berief, denen zufolge mündliche Absprachen unbeachtlich seien[84].

Angemerkt sei noch, daß auch Washington die Regel kennt, daß Versicherungsverträge gegen den Versicherer auszulegen sind. Nicht im Zusammenhang mit einem contract of adhesion Fall, aber an anderm Ort, sagt das Gericht: "It is fundamental that ambiguities in an insurance policy be construed against the insurer and in favor of the insured."[85]

dd) Bedeutung des juristischen Konzeptes für die Rechtsprechung zum Standardvertrag

Was können wir aus diesen 57 Fällen lernen? Wir fragten nach der Relation einer Veränderung im vertraglichen Verhalten, einer Änderung der Rechtsprechung und der Rolle, die dabei ein neues juristisches Konzept spielt. Wir gehen davon aus, daß die Standardisierung der Verträge eine Verhaltensänderung ist, die sich relativ gleichmäßig in allen Staaten der USA vollzogen hat, daß in bevölkerungsreichen Staaten mehr Standardverträge abgeschlossen werden als in bevölkerungsarmen, in Staaten mit einem großen Wirtschaftsvolumen mehr als in jenen mit einem kleinen, und daß in Staaten mit mehr Standardvertragsabschlüssen öfter wegen Standardvertragsklauseln prozessiert wird als in Staaten mit wenigen. Aus allen untersuchten Fällen geht hervor, daß die Gerichte im Prinzip bereit sind, in besonderen Fällen Standardverträge zugunsten der schwächeren Partei zu korrigieren. Das gilt gleichermaßen für die Staaten, die das Konzept contract of adhesion oft gebrauchen (Oregon und North Dakota), wie für jene, die es selten gebrauchen (Washington und South Dakota). Welches diese ‚besonderen Umstände' sind, die die Gerichte in Abweichung zu den AGB für die schwächere Partei entscheiden lassen, ist der springende Punkt.

Wir erfahren: Zweideutigkeiten und Unklarheiten im Vertragstext, Unfairness und Unvernunft der Klausel, Verstoß gegen die public

[84] Black v. Evergreen Land Developers, Inc., 450 P 2d 470.

[85] Witherspoon v. Paul Fire & Marine Insurance Co., 548 P 2d 302, 302.

policy können besondere Umstände sein. Wir erfahren weiter, daß *alle* vier Staaten die Versicherungsgesellschaften diesbezüglich hart anfassen. Wenn sich auch nur eine leise Zweideutigkeit im Vertragstext ausmachen läßt, wird gegen die Versicherer ausgelegt. Erstaunlicherweise gilt das nicht nur in Fällen, in denen sich eine Einzelperson und ein Versicherungsunternehmen gegenüberstehen, sondern auch dort, wo der Versicherungsnehmer selber ein Unternehmen ist[86]. Es scheint, daß die Richter bei Versicherungsverträgen vom Erfordernis des Machtungleichgewichtes absehen und auch dort bereit sind, Verträge gegen die Versicherer auszulegen, wo beide Vertragsparteien gleich stark sind. Die Rechtsprechung in Versicherungssachen ist in den Staaten, die contract of adhesion oft gebrauchen, nicht wesentlich anders als in jenen, die das Konzept selten gebrauchen. Es zeigt sich auch, daß das Konzept nicht etwa dort häufig gebraucht wird, wo eine starke Position gegen die Versicherungsgesellschaften zu beziehen wäre. Der Supreme Court Kaliforniens, der, wie wir in einem Oregon Entscheid lesen[87], eine viel konsumentenfreundlichere Rechtsprechung zum Versicherungsvertrag kennt als Oregon, hat das Konzept während unserer Untersuchungsperiode nur sechsmal auf Versicherungsstreitigkeiten angewandt. Dies ist relativ selten, zieht man in Betracht, daß Kalifornien der bevölkerungsreichste Staat der USA ist und sein oberster Gerichtshof seit geraumer Zeit als die Avantgarde der amerikanischen Rechtsprechung gilt.

Wir erfahren weiter, daß die Gerichte vorsichtiger sind, wenn sie Verträge aus andern Branchen als dem Versicherungswesen korrigieren. Die beteiligten Parteien werden genauer unter die Lupe genommen und die Klauseln weniger rigoros auf Klarheit, Fairness, Vernunft und 'public policy' hin geprüft. Wir haben als Regel gefunden, daß Richter, die das Konzept contract of adhesion ins Feld führen, zugunsten der schwächeren Partei votieren. Entsprechend müßten in den Gerichten, die das Konzept oft gebrauchen, mehr konsumentenfreundliche Richter sitzen. Das untersuchte Material legt nahe, daß dem nicht so ist. Nichts spricht dafür, daß North Dakota und South Dakota in Standardvertragsfällen unterschiedlich urteilen. Nichts deutet darauf hin, daß Oregons oberstes Gericht speziell konsumentenfreundlich eingestellt wäre. Im Gegenteil: die Urteile aus Oregon sind in der Frage des Standardvertrages eher zurückhaltend. Nichts weist weiter auf einen direkten Zusammenhang zwischen dem Konzept contract of adhesion und Veränderungen der Rechtsprechung zum Standardvertrag, die unzweifelhaft in allen Staaten festgestellt werden können. Wir

---

[86] z. B. Corwin Chrysler-Plymouth, Inc. v. Westchester Fire Insurance Company, 279 NW 2d 638.

[87] s. Anm. 82.

können zwar einen Zusammenhang zwischen verändertem vertraglichen Verhalten und Änderungen in der Rechtsprechung sehen, aber wir stellen gleichzeitig fest, daß das Konzept contract of adhesion zu dieser Änderung keinen erkennbaren Beitrag geleistet hat.

Man kann berechtigterweise einwenden, contract of adhesion sei nur eines unter verschiedenen juristischen Konzepten, die der Standardisierung der Verträge Rechnung tragen, und es könnte sein, daß jene Gerichte, die das Konzept contract of adhesion nicht oder selten gebrauchen, eine Änderung der Rechtsprechung z. B. unter Verwendung des Konzeptes des standard form contract herbeiführen. Die empirische Prüfung dieses Einwandes jedoch entkräftet ihn zugleich. Wir stellen fest, daß das Konzept des standard form contract keineswegs komplementär zum Konzept des contract of adhesion auftritt[88].

Wenn die Verwendung oder Nichtverwendung des juristischen Konzeptes auf die Rechtsprechung zum Standardvertrag grundsätzlich keinen Einfluß hat, was unsere Daten nahelegen, dann stellen sich zwei entscheidende Fragen: Weshalb wird das Konzept überhaupt verwendet? und: Was ist es *dann*, was die Änderung in der Rechtsprechung herbeigeführt hat? Wir können darüber nichts Sicheres sagen, sondern nur mehr oder weniger fundierte Vermutungen äußern:

Gerichte müssen ihre Entscheide begründen. Die Begründung rationalisiert die Entscheidung und verleiht ihr dadurch Legitimation. Gute Urteilsbegründungen machen einen guten Richter aus. Dies gehört zu unserer Rechtskultur. Und gute Urteilsbegründungen sind jene, die sich auf ‚bewährte Rechtsprechung und Lehre' abstützen können. Wir vertreten hier, daß juristische Konzepte keinen signifikanten Einfluß auf die *Entscheidung* der Gerichte haben, wir bestreiten nicht, daß sie die Urteils*begründungen* färben. Sie dienen als Argumente für oder wider eine Entscheidung. Aber sie sind für die Entscheidung nicht ausschlaggebend. Rationale Argumente für die eine oder andere Lösung lassen sich fast immer finden, zumal, wenn derart vage Begriffe wie 'fairness', 'reasonableness' und 'public policy' zu Entscheidungskriterien erhoben werden. Contract of adhesion erscheint hier und dort in den Urteilen, meistens, wenn Argumente für eine konsumentenfreundliche Entscheidung gesucht werden. Daß dieses Konzept Verwendung findet, ist dabei im wesentlichen eine Frage des juristischen Stils. Das Konzept schlägt manchenorts ein, andernorts nicht — ähnlich wie ein neu geschaffenes Wort. Kenntnis des Konzeptes ist natürlich Voraussetzung für seinen Gebrauch als Stilmittel, aber Kenntnisnahme des Konzeptes sagt nichts

---

[88] In South Dakota kommt das Konzept des 'standard form contract' während der Untersuchungsperiode nie zur Sprache; in North Dakota zweimal, in Oregon siebenmal und in Washington viermal.

darüber aus, ob es benutzt wird. Washingtons Supreme Court — das zeigt ein Beispiel — hat bereits 1961 auf den Fall Henningsen v. Bloomfield Motors, Inc. verwiesen, der im Jahr zuvor unter ausführlicher Darlegung des Konzeptes contract of adhesion entschieden wurde. Dennoch brauchte das oberste Gericht in Washington das Konzept in der Folge nur sehr selten.

Sind neue dogmatische Konzepte und Theorien nur eine Frage des Stils[89]? Wir bejahen diese Aussage mit folgender Korrektur: Juristische Konzepte und Theorien können gelegentlich und in Einzelfällen Einfluß auf eine Entscheidung haben. Am ehesten dort, wo sich die Entscheidung für den Richter als eine rein technische darstellt, wo weder der Sachverhalt noch die Lösung Raum für irgendwelche Emotionen läßt. Dort kann ein neues juristisches Konzept allenfalls den Ausschlag geben. Weiter sind Fälle denkbar, in denen ein Richter zwischen zwei gleichwertigen Lösungen abwägen muß. In solchen Momenten kann ein gutes juristisches Argument den Entscheid steuern. Von diesen Ausnahmen abgesehen überzeugen juristische Argumente — um mit Kessler zu reden — nur die bereits Überzeugten[90]. Oder anders gesagt: sie halten die Richter nicht von der nach ihrer Überzeugung ‚richtigen' Lösung ab. Wäre das Konzept des contract of adhesion und wahrscheinlich auch die Lehre zum Recht der AGB nicht entwickelt worden, so hätte dies an der Entwicklung der Rechtsprechung kaum etwas geändert. Die Gerichte wären auch ohne diese Konzepte dazu übergegangen, auf die offensichtlichen Veränderungen im vertraglichen Verhalten durch eine Stärkung der Rechtsstellung der schwächeren Partei zu reagieren. Dem einzelnen Individuum verstärkten Rechtsschutz in seinen Auseinandersetzungen mit wirtschaftlichen Großunternehmen zu gewähren, lag im Trend der Zeit, um es ganz allgemein zu sagen. Die juristischen Konzeptionen zum Standardvertrag mochten diesen Prozeß vielleicht geringfügig beschleunigt haben oder eher: die bestehenden Vertragsrechtstheorien haben ihn etwas verlangsamt. Aber am Gang der Dinge haben sie nichts Wesentliches geändert.

e) Soziale Anschauungen der Richter

Wenn nicht die Rechtswissenschaft, was dann hat die Fortschritte in der Rechtsprechung zum Standardvertrag gebracht? Ausschlaggebend ist m. E. die Wandlung der sozialen Anschauungen und Haltungen der Richter, ihre Auffassungen, ihre 'attitudes' und ihr Gerechtigkeits-

---

[89] Friedman und Macaulay vermuten, "that the quality of legal reasoning, in all but a few instances, touches only a small number of law professors and political scientists, and thoses judges who seek their praise". Law and the Behavioral Sciences, 2. Aufl., S. viii.

[90] Kessler: Contract of Adhesion, S. 639.

gefühl. Ich kann diese Aussage nicht verifizieren, aber durch die folgende Analyse dreier Entscheidungen zum contract of adhesion unterstützen. Wir wählen Henningsen v. Bloomfield Motors, Inc., ein Urteil des Supreme Court von New Jersey aus dem Jahre 1960, das als 'landmark' in die amerikanische Rechtsgeschichte eingegangen ist[91]. Als zweiten Fall eine Entscheidung aus Indiana: Weaver v. American Oil Co.[92], die es noch bis zu einer Besprechung in der lokalen Law Review gebracht hat, und ein Urteil aus Oregon, William C. Cornitius, Inc. v. Wheeler, das seit seiner Verkündigung 1976 unbeachtet in der Entscheidsammlung verstaubt[93].

Henningsen v. Bloomfield Motors, Inc.: Ein vom Verkäufer Bloomfield Motors erworbenes und von Chrysler hergestelltes Automobil geriet unerwartet über den Straßenrand und verletzte dabei Frau Henningsen, die am Steuer saß. Ursache des Unfalls war ein Steuerungsdefekt des neugekauften Wagens. Frau Henningsen hatte den Wagen eben erst von ihrem Gatten geschenkt bekommen, der den Kaufvertrag mit dem Automobilhändler abgeschlossen hatte. Verwendet wurde ein Vertragsformular, welches am untern Rande einen kleingedruckten Hinweis auf die AGB auf der Formularrückseite enthielt. Die dort aufgeführte ‚Garantieklausel' reduzierte die Haftung des Verkäufers auf den Ersatz defekter Teile. Wie das Gericht später feststellte, wurde das identische Formular von allen größeren Automobilherstellern und ihren Verkäufern benutzt; gemeinsam deckten sie über neun Zehntel des amerikanischen Automobilhandels ab.

Das Gericht hatte bei der Begründung seines Entscheides zugunsten der Henningsens zwei Probleme zu lösen. Wie konnte die Haftungsausschlußklausel getötet werden und wie konnten die Beklagten für Körperverletzungen der Frau Henningsen haftbar gemacht werden, obwohl diese nicht Vertragspartei war? Die erste Schwierigkeit löste das Gericht, indem es auf die adhäsive Situation verwies. Praktisch bestehe bezüglich der Haftungsausschlußklausel ein Monopol. Der Konsument sei gezwungen, sich zu unterwerfen, wenn er ein Fahrzeug kaufen wolle. Das einstimmig gefällte Urteil führt aus: "There is no competition among the car makers in the area of the express warranty. Where can the buyer go to negotiate for better protection? Such control and limitation of his remedies are inimical to the public welfare and, at the very least, call for great care by the courts to avoid unjustice through application of strict common-law principles of freedom of contract."[94]

[91] 161 A 2d 69.

[92] 276 NE 2d 144.

[93] 556 P 2d 666.

[94] 161 A 2d 69, 87.

Das Gericht sah hier ein ins Auge springendes Machtungleichgewicht zwischen dem David Henningsen und den Goliaths der amerikanischen Automobilindustrie; dies war eines der Motive für die Entscheidung. Die zweite Schwierigkeit löste das Gericht, indem es sich auf Präzedenzfälle stützte, die die Haftung der Produzenten und Verkäufer nicht auf die vertragsschließenden Parteien beschränkten, sondern zuerst auf die Familienmitglieder und dann generell auf die Benützer ausgedehnt haben. Wer immer ein Gut herstellt und auf den Markt bringt, soll gegenüber jedem haften, der durch die Benützung zu Schaden kommt.

In *Weaver v. American Oil Co.* klagte Howard Weaver, ein gut fünfzigjähriger Tankstellenhalter, der eineinhalb Jahre High School Ausbildung besaß, gegen die American Oil Company. Er hatte mit ihr einen Leasevertrag über eine Tankstelle abgeschlossen, die er seit einigen Jahren betrieb. Der Vertrag enthielt eine kleingedruckte, rigoros formulierte Haftungsausschlußklausel. American Oil befreite sich darin nicht nur von der Haftung für alle offenen und verdeckten Mängel der Anlage, sondern auch von der Haftung für Schäden, die durch Fahrlässigkeit ihrer Angestellten beim Auffüllen, Unterhalt und Reparatur der Tankstelle eintreten könnten. Weaver ist in den fünf Jahren, in denen er die Tankstelle führte, nicht reich geworden. Er arbeitete sieben lange Tage die Woche und verdiente jährlich nicht mehr als $ 6000.—. Im fünften Vertragsjahr geschah der Unfall. Ein Angestellter der Ölfirma reparierte die Benzinpumpe; dabei wurde Weaver mit Benzin besprüht, das sich entzündete. Als dieser auf Schadenersatz wegen Körperverletzung klagte, hielt die American Oil ihm die Haftungsausschlußklausel entgegen.

Das Gericht erklärte diese ungültig. Es machte in der Begründung vor allem folgendes geltend: Kein vernünftiger Mensch würde einen derart ungleichen Vertrag abschließen, es sei denn unter Zwang. Das Gericht war beeindruckt von dem niedrigen Einkommen, das Weaver trotz seiner Schufterei aus der Tankstelle ziehen konnte. Ein weiteres Argument war der niedrige Bildungsgrad des Mannes: "It seems a deplorable abuse of justice to hold a man of poor education, to a contract prepared by the attorneys of American Oil, for the benefit of American Oil which was presented to Weaver on a 'take it or leave it' basis."[95] Das Gericht hielt die Haftungsausschlußklausel für gewissenlos[96] und kam zum Schluß, daß Weaver, der den Vertrag ungelesen unterschrieben hatte, diese Klausel nicht bewußt oder willentlich unterzeichnet hatte, und daher konnte sie nicht gegen ihn geltend gemacht werden.

[95] 276 NE 2d 144, 147.

[96] Gewissenlosigkeit, 'unconscionability', ist ein vertraglicher Anfechtungsgrund im amerikanischen Recht, vgl. Anm. 69.

Der 'dissenting judge' kam zum gegenteiligen Resultat: Obwohl die Parteien von unterschiedlicher wirtschaftlicher Stärke waren, sah er kein 'unequal bargaining power' bezüglich der unterzeichneten Klausel. Falls in Fällen wie diesem das Recht geändert werden sollte, so sei dies Aufgabe des Gesetzgebers, nicht des Richters.

William C. Cornitius, Inc. v. Wheeler handelt ebenfalls von einem Tankstellenvertrag. 1956 hatte der Beklagte mit der Shell Oil Company einen Leasevertrag abgeschlossen. Dieser war auf drei Jahre befristet, wurde in der Folge jedoch regelmäßig und diskussionslos erneuert; der Zins wurde jeweils anläßlich der Erneuerung den neuen Umständen angepaßt, die übrigen Bedingungen blieben sich gleich. 1973 verkaufte Shell ihr Verteilernetz in Südoregon und damit auch die Tankstelle, die Wheeler betrieb, an den Kläger. Der alte und der neue Eigentümer versicherten dem Beklagten, es werde sich an den Verhältnissen nichts ändern; Wheeler unterzeichnete daraufhin einen neuen, auf ein Jahr befristeten Leasevertrag, der ihm vom neuen Eigentümer vorgelegt wurde und der die Restzeit des ursprünglichen 3-Jahresvertrages abdeckte. Als der Vertrag im August 1975 auslief, weigerte sich der Kläger ohne Grundangabe, ihn zu erneuern und hieß den Beklagten, die Tankstelle zu räumen. Der Tankstellenhalter weigerte sich.

Das Gericht hatte sich mit der Frage zu befassen, ob trotz des Vertragstextes eine implizite Pflicht des 'lessor' bestehe, den Vertrag jeweils zu vernünftigen Bedingungen zu erneuern. Der Beklagte stützte seine Verteidigung vor allem auf das Argument der 'unconscionability'. Ein Tankstellenvertrag, der keine Erneuerungsklausel enthalte, sei gewissenlos, denn "as a matter of public policy, oil companies and those who stand in their shoes should not be permitted to terminate, or to refuse to renew, their leases and agreements with retail service station operators except for cause"[97]. Angesichts des großen Machtungleichgewichts zwischen den Ölfirmen und den Tankwarten könnten sich letztere gegen kurze Mietdauern nicht zur Wehr setzen. Sie hätten die Verträge so zu unterschreiben, wie sie vorgelegt würden. Auch Wheeler sei es nicht besser ergangen: In den neunzehn Jahren, während denen er die Tankstelle betrieb, habe er nie Gelegenheit erhalten, mit der Ölgesellschaft über den Vertrag oder einzelne Bedingungen zu reden.

Das Gericht anerkannte, daß die Tankstellenhalter auf die Verträge mit den Ölgesellschaften keinen Einfluß ausüben können. "Defendent is not alone in his belief that the service station dealer lessee is in a difficult position."[98] Die Ölgesellschaften versuchen nämlich mit allen Mitteln, das Maximum aus ihren kapitalintensiven Tankstellen heraus-

[97] 556 P 2d 667.

[98] 556 P 2d 668.

zupressen. Lange Öffnungszeiten, sieben Tage die Woche, und die Zwangsabnahme von Nebenprodukten wie Batterien und Accessoires über dem Marktpreis werden von den Tankstellenhaltern unter der Androhung verlangt, die Lease nicht zu erneuern. "It is generally conceded that the gasoline station situation is almost hopeless and offers a prime example of the worst abuses in franchising."[99] Dennoch wurde der Fall gegen den Beklagten entschieden. Das Gericht betrachtete es als Aufgabe des Gesetzgebers, gegen Mißbräuche einzuschreiten. In verschiedenen Staaten, so wurde ausgeführt, seien vergleichbare Vorstöße bereits Gesetz geworden. In Oregon selber sei eine Gesetzesvorlage, die den Ölgesellschaften verbietet, ihre Verträge mit den Tankstellenhaltern unbegründet zu kündigen oder nicht zu erneuern, eingebracht, aber noch nicht verabschiedet worden. Das Gericht wollte in diesen Prozeß nicht eingreifen. Überdies sah es dieses Problem nicht auf die Tankstellenverträge beschränkt. Viele kleine Unternehmen seien in derselben Lage. Ohne einen Hinweis des Gesetzgebers sei eine Ungleichbehandlung der Tankstellen und anderer Betriebe nicht gerechtfertigt.

Allen drei Fällen liegt folgendes Muster zugrunde: Es wurde ein Standardvertrag abgeschlossen, der die stärkere Partei offensichtlich begünstigt. Im Prozeß verlangt die schwächere Partei etwas, was ihr nach dem Wortlaut des Vertrages nicht zukommt. Das Gericht hatte jeweils zu entscheiden, ob es unter Mißachtung des Vertragstextes eine für die schwächere Partei vorteilhafte Lösung befürworten soll. Wenn es *etwas Gemeinsames* gibt, was den Ausgang aller drei Fälle bestimmt hat, so sind es m. E. folgende Haltungen der Richter, die sich aufgrund der gewandelten sozialen und wirtschaftlichen Bedingungen in den letzten Jahrzehnten herausgebildet haben. Sie könnten als Tendenzen so umschrieben werden:

— Der Vertragstext ist wichtig, aber nicht allein ausschlaggebend. Unter Umständen ist Gesichtspunkten der Austauschgerechtigkeit der Vorzug zu geben.

— Das Recht des Schwächeren verdient besonderen Schutz.

— Große Schäden, insbesondere Schäden an Leib und Leben, sind von dem zu tragen, der sie am besten verkraften kann.

In Henningsen v. Bloomfield Motors, Inc. hat das Gericht eine vierzigseitige, doppelspaltige juristische Begründung geliefert, weshalb die Haftungsausschlußklausel keine Gültigkeit haben könne. Aber war es letztlich nicht die Tatsache, daß Frau Henningsen schwere Verletzungen erlitten hatte, die unbestrittene Folge eines Produktionsfehlers bei

[99] Ebd.

Chrysler waren, was den Prozeß zu ihren gunsten ausgehen ließ? Der Schaden war für Frau Henningsen sehr groß; für Chrysler — zur Zeit des Urteils noch kein Sozialfall — würde die Ersatzleistung lediglich ein paar Zahlen in der Buchhaltung ändern. Daß Henningsen eine Haftungsausschlußklausel unterzeichnet hatte, spielte keine Rolle, denn ungerechte Verträge dürfen nicht mit richterlichem Schutz rechnen. Hatte nicht Justice Frankfurter selber die Frage gestellt und beantwortet: "[I]s there any principle which is more familiar or more firmly embedded in the history of Anglo-American law than the basic doctrine that the courts will not permit themselves to be used as instruments of unequity and injustice?"[100]

Ähnlich liegt Weaver v. American Oil: Der Kläger wurde schwer verletzt. Er hatte keine Versicherung, die für die Schäden aufgekommen wäre. Er wäre zweifellos sein Leben lang der staatlichen Wohlfahrt anheimgefallen. Jemand hatte den Schaden zu tragen, American Oil — so wenig ein Emmaladen wie Chrysler — bot sich dafür an. Sicher, Weaver hatte den Vertrag unterzeichnet, und zwar jedes Jahr von neuem. Die Klausel war kleingedruckt, aber nicht auf der Rückseite des Formulars. Doch das Gericht war schockiert über die ungleichen Bedingungen des Handels. Weaver krampfte sich für wenig Lohn fast zu Tode, und American Oil übernahm nicht einmal die Haftung für Fahrlässigkeit ihrer Angestellten. Der Vertrag war ungerecht. So ungerecht, befand das Gericht, daß ein Mensch bei gutem Verstand ihn niemals bewußt unterzeichnet hätte. Weaver war ungebildet und ohne große Berufserfahrung. Er war deutlich die schwache Partei. Man mußte ihn aus dem Vertrag entlassen. Ein Arsenal von rechtlichen Begründungen für diesen Entscheid stand bereit: 'unconscionability', 'contract of adhesion' verbunden mit 'fairness', 'reasonability' oder 'public policy'. Aber Indianas oberstes Gericht gehört nicht zu den radikalen Neuerern des Landes, und eine Abweichung von den bewährten Prinzipien des Vertragsrechtes fiel ihm schwer. Es wählte deshalb nach einer Verbeugung vor der Heiligkeit der Vertragsfreiheit den Weg über den fehlenden Konsens. Weaver hätte dieser Klausel, hätte er sie gelesen, nie zustimmen können. Es habe ihm diesbezüglich am Vertragswillen gefehlt.

Der dritte Fall zeigt Grenzen der richterlichen Bereitschaft, vom Vertragstext abzuweichen. Der Vertrag war zugegebenermaßen kein Meisterstück der Ausgewogenheit, doch er entsprach dem Landesüblichen. Dies ließe sich zwar auch von Weavers Vertrag mit American Oil sagen, und vermutlich waren die beiden Verträge sogar sehr ähnlich[101].

---

[100] Justice Frankfurter in einem Minderheitsantrag aus dem Jahre 1942, United States v. Bethlehem Steel Corp., 315 US 289, 326.

In William C. Cornitius, Inc. v. Wheeler war aber nicht nur der Vertrag, sondern auch die Konfliktsituation nichts Außergewöhnliches. Millionen von Amerikanern verloren in jenen Jahren ihre Stelle und mußten sich oft nach jahrelanger Tätigkeit in einem Betrieb nach einer neuen Arbeit umsehen. Wheeler verlor zusätzlich noch den Goodwill, der sich mit seiner Tankstelle verband; doch allzu hoch wurde dieser nicht eingeschätzt. Die Nichterneuerung des Vertrages enttäuschte im Wesentlichen nur Wheelers Hoffnung, er habe sich mit der Tankstelle ein Geschäft auf Lebzeiten aufgebaut. Durch die Nichterneuerung erlitt er faktisch bestimmt einen Schaden, doch seine Erwerbsfähigkeit blieb unberührt. Der Verlust einer Stelle, einer Chance, einer Hoffnung ist das Gegenstück zu Glück, Aufstieg und Wohlstand. Der Vertrag war ungerecht, aber die Situation, die sich für den Beklagten daraus ergab, war nicht ungewöhnlich. In solchen Fällen nützt auch die Berufung auf das Konzept contract of adhesion nichts, nicht einmal in Oregon[102]!

---

[101] Tankstellenverträge scheinen auch in Europa ähnliche Probleme zu stellen. Vgl. Manfred Rehbinder: Der Tankstellenvertrag im Blickfeld der Rechtstatsachenforschung, Berlin 1971.

[102] Zu einem ähnlichen Resultat ist Whitford gekommen, der die Rechtsprechung zur Produktehaftung von Automobilherstellern untersuchte. Er fand dabei, daß der Übergang von der Verschuldenshaftung zur strikten Produktehaftung kein revolutionärer Schritt war, sondern sich evolutiv vollzog. Langsam waren die Anforderungen an das Verschulden derart ausgehöhlt worden durch die Gerichte, daß sie faktisch einer Kausalhaftung gleichkam. "It seems clear that at least with regard to automobiles much of the current controversy about the application of strict liability ... simply is not terribly relevant." Strict Products Liability, S. 160.

Fünftes Kapitel

Der Einfluß des Vertragsrechtes auf die Gesellschaft

Die Wirkungen des Rechts auf die Gesellschaft zu erforschen, ist die Aufgabe der sog. 'impact research'. Es geht dabei darum, die Folgen rechtlicher Normen, Entscheidungen und Prozesse auf die Rechtsunterworfenen und die sozialen Institutionen zu untersuchen. Die 'impact research' steckt noch in den Anfängen. Jones beklagt, daß diese seiner Meinung nach wichtigste Aufgabe der Rechtssoziologie noch ungenügend wahrgenommen werde[1]. Dies trifft jedenfalls für das Vertragsrecht zu.

Seit Theodor Geiger wird die soziale Effektivität des Rechts als Verhältnis der Häufigkeit des rechtlich erwarteten Verhaltens zum abweichenden Verhalten definiert[2]. Im Gegensatz zu andern Rechtsgebieten schreibt das Vertragsrecht jedoch nur wenige Verhaltensweisen zwingend vor. Sein Kern ist die Delegation der Rechtssetzungsbefugnis an die Vertragsparteien. Es handelt sich, überspitzt gesagt, um ein ‚Hände-weg-Recht'. Seine Wirkung auf die Gesellschaft fällt daher weitgehend mit jener der freien Marktwirtschaft zusammen. Da das Institut des freien Marktes in jedem wirtschaftlichen und sozialen Kontext unterschiedliche Folgen zeitigt — es gibt ja nicht nur *einen*, sondern unzählige Märkte —, läßt sich auch nur wenig Generelles über die Wirkungen des Vertragsrechtes sagen.

Immerhin ist das Vertragsrecht mehr als nur Delegation der Rechtssetzungsbefugnis an die Privaten[3]. Es hält Sanktionen bereit, es stellt Rechtsbehelfe und Verfahren zur Verfügung, mittels denen eine Partei die Gegenpartei zu einem bestimmten Verhalten zwingen kann. Diese Optionen, die das Rechtssystem den Rechtsunterworfenen anbietet, haben Einfluß auf das Verhalten der Vertragspartner. Im weiteren sind

[1] Ernest M. Jones: Impact Research and Sociology of Law. Some Tentative Proposals, Wis. L. Rev. 66 (1966), S. 331 - 339.

[2] Theodor Geiger, Vorstudien zu einer Soziologie des Rechts Neuwied a. Rh. und Berlin, 1964, S. 68 ff.

[3] Mors R. Cohen schreibt: "Is is an error then to speak of the law of contract as if it merely allows people to do things ... The law of contract plays a more positive role in social life, and this is seen when the organized force of the state is brought into play to compel the loser of a suit to pay or to do something." The Basis of Contract, Harv. L. Rev. 46 (1933), S. 585.

dem Vertragsprinzip Schranken gesetzt. Einzelne Verträge werden vom Recht nicht geschützt, andere gar bekämpft. Ob Verträge nichtig oder gültig sind, ist von sozialer Relevanz. Am offensichtlichsten sind die Wirkungen des Vertragsrechtes im *Prozeß;* der Rechtsstab beurteilt einen Vertragskonflikt aufgrund vertragsrechtlicher Normen. Der Ausgang des Prozesses wird zum Teil wenigstens direkt durch sie bestimmt. In welchem Ausmaß das Vertragsrecht auch *außergerichtliche* Konfliktslösungen beeinflußt, ist schwieriger zu sagen. Niemand zweifelt jedoch daran, daß das Vertragsrecht auf sie einen *gewissen* Einfluß hat. Ob schließlich das Vertragsrecht auch jene Vertragsbeziehungen zeichnet, die ohne bewußte Bezugnahme auf das Recht geplant und konfliktfrei abgewickelt werden, ist umstritten.

1. Wirkungen der Sanktionen

‚Pacta sunt servanda' ist eine weitverbreitete und über das Recht hinausreichende Norm. Solange eine Vereinbarung unter fairen Bedingungen ausgehandelt wurde und keine sozialschädlichen Ziele verfolgt, dient die Einhaltung von Verträgen den gesellschaftlichen Interessen[4]. Vertragliche Sanktionen unterstützen diese Norm. Pacta sunt servanda ist allerdings nicht der einzige vertragliche Grundsatz. Andere Prinzipien, wie Fairness, wirtschaftliche Effizienz und Gerechtigkeit im Einzelfall, stehen mit ihr im Wettstreit; gemeinsam bestimmen sie, ob und in welchem Umfange vertragsrechtliche Sanktionen zur Anwendung kommen.

Warum Vertragspartner in der Regel ihre Versprechen einhalten oder es wenigstens versuchen, läßt sich mit einem Verweis auf die vertragsrechtlichen Sanktionen nicht hinreichend erklären. Verschiedene rechtliche und außerrechtliche Normensysteme und Sanktionsmechanismen überschneiden sich. Wer Verträge bricht, sieht sich einem vielschichtigen Druck ausgesetzt.

Wigmore nennt drei Sanktionsarten, die das Vertragsverhalten steuern und korrigieren: die 'ethical', 'social' und 'jural' Sanktionen[5]. Unter den ethischen Sanktionen versteht er das menschliche Gewissen, die internalisierten Wertvorstellungen, die eine Person zur Vertragstreue anhalten. Ohne diese psychologischen Sanktionsmechanismen zu unter-

[4] Die Auffassung, daß die Norm ‚pacta sunt servanda' der Verkehrssicherheit, einer effizienten Wirtschaft und dem allgemeinen Wohle dient, wird fast überall geteilt. Vor kurzem wurde sie jedoch von zwei Ökonomen in Zweifel gezogen. Vgl. Duncan Kennedy / Frank Michelman: Are Property and Contract Efficient?, Hofstra L. Rev., 8 (1980), S. 711 - 770.

[5] John H. Wigmore: The Scope of the Contract Concept, Col. L. Rev. 43 (1943), S. 565.

schätzen, wollen wir sie aus unserer Diskussion ausklammern. Mit sozialen Sanktionen bezeichnet er die potentiellen Reaktionen der Gruppe auf einen Vertragsbruch, "the potential action of some portion of the community (trade, industry, clubs, neighbors, fraternities, etc.), as feared, admired or respected by the individual."[6] Die dritte Gruppe der Sanktionen entspringt dem Recht. Ihnen vor allem gilt unsere Aufmerksamkeit, doch sei angemerkt, daß die Vielschichtigkeit des allgemeinen Sanktionsdrucks es schwierig macht, die Wirkung der einzelnen Sanktionsarten isoliert zu erkennen.

Das Recht stellt eine ganze Palette von Kontroll- und Sicherungsinstrumenten bereit, die vertragliches Verhalten beeinflussen. Einige rechnet man allgemein dem Vertragsrecht zu; weitere finden sich in andern Rechtsgebieten. So sichert z. B. der Eigentumsvorbehalt oder die Lohnzession oft die Einhaltung von Verträgen. Diese Institutionen gehören jedoch nach der juristischen Terminologie nicht dem Vertragsrecht an. Aus soziologischer Sicht sind sie aber als vertragsrechtliche Sanktionen zu betrachten, die vertragliches Verhalten beeinflussen.

a) Vertragsrechtliche Sanktionen

Die Rechtsbehelfe, die das Vertragsrecht bereithält, werden in der Literatur übereinstimmend als wenig wirksam bezeichnet. Atiyah sieht darin den Hauptgrund für das Versagen der freien Marktwirtschaft und die zunehmenden Interventionen des Gesetzgebers in fast allen Lebensbereichen[7]. Müller schreibt: "it is an open secret that a contract breaker rearly stands to lose as much by his breach as he would by performance."[8] Er führt zur Exemplifizierung aus, daß ein Verkäufer, der seine Ware vertragswidrig an jemanden andern zum inzwischen gestiegenen Marktpreis verkauft, dem enttäuschten Käufer an Schadenersatz höchstens soviel zu bezahlen braucht, wie er durch den Vertragsbruch gewonnen hat. Der Kunde dagegen muß es sich zweimal überlegen, ob er einen Prozeß anstrengen will und dafür die Verluste an Zeit, Anwaltsgebühren und Arbeitsausfällen seiner Angestellten, die allenfalls in den Zeugenstand gerufen werden, in Kauf nehmen soll. Auch Havighurst stellt fest, daß Vertragsbruch nicht besonders hart geahndet wird. Während Vertragsabschlüsse gelegentlich einen Straftatbestand darstellen, sind Vertragsbrüche nicht strafbar[9]. Es stellt

---

[6] Ebd., S. 569.

[7] Atiyah: The Rise and Fall of Freedom of Contract, S. 515.

[8] Müller: Contract Remedies: Business Fact and Legal Fantasy, Wis. L. Rev. 67 (1967), S. 835.

[9] Havighurst: The Nature of Private Contract, S. 72. Eine weitere Stimme, die das Ungenügen der vertragsrechtlichen Sanktionen beklagt, ist Arthur

sich die Frage, weshalb die vertragsrechtlichen Sanktionen faktisch so schwach sind.

Die Antwort wird von vielen in der Natur des Gerichtsverfahrens gesehen. Der Zugang sei erschwert, die Kosten prohibitiv, die Prozeßdauer ungebührlich lange. Das ist sicher ein Teil der Antwort. Es könnte aber teilweise auch an den vertragsrechtlichen Sanktionen selbst liegen. Diese sind generell in einer Weise ausgeformt worden, die Vertragsbruch tragbar macht und zur Geltendmachung vertraglicher Rechtsbehelfe nicht ermutigt. Farnsworth nennt in seinem Artikel 'Legal Remedies for Breach of Contract' sieben Wahlmöglichkeiten, vor die sich das Vertragssystem bei der Ausformung der vertragsrechtlichen Sanktionen gestellt sah und die es mit einer Ausnahme zugunsten der vertragsbrechenden Partei entschieden hat[10].

1. Soll die Einhaltung von Verträgen durch die Erfüllungsklage oder die Schadenersatzklage gesichert werden? In den westlichen Vertragsrechtssystemen und insbesondere im amerikanischen Vertragsrecht steht die Zusprechung von Schadenersatz im Vordergrund.

2. Hat die vertragsbrüchige Partei der Gegenpartei das positive oder negative Vertragsinteresse zu ersetzen, sie also wirtschaftlich so zu stellen, als wäre der Vertrag eingehalten worden, oder so, als wäre nie ein Vertrag abgeschlossen worden? Beide Regeln bestehen nebeneinander, doch das amerikanische Recht zumindest gibt dem positiven Vertragsinteresse Priorität.

3. Ist der Schaden spezifisch zu ersetzen oder darf ein Substitut platzgreifen? Schadenersatz in Geld geht in der Regel der spezifischen Ersatzleistung vor.

4. Sollen die Vollendungskosten oder der Minderwert eines nicht gehörig erfüllten Vertrages die Basis für die Schadensberechnung sein? In der Regel bemißt sich der Schadenersatz nach dem Minderwert.

5. Hat die vertragsbrüchige Partei den ganzen eingetretenen Schaden zu ersetzen oder nur den unvermeidbaren Schaden? Die rechtliche Pflicht, Schäden nach Möglichkeit abzuwenden oder klein zu halten, beschränkt die Ersatzpflicht auf vermeidbare Schäden.

6. Erstreckt sich der Ersatz auf alle eingetretenen Schäden oder nur auf die voraussehbaren Schäden? Das Vertragsrecht gewährt ihn nur im Rahmen einer adäquaten Kausalität und schließt nicht voraussehbare Folgeschäden aus.

I. Rosett: Contract Performance. Promises, Conditions and the Obligation to Communicate, U. C. L. A. L. Rev. 22 (1975), S. 1083 - 1102.

[10] Farnsworth: Legal Remedies for Breach of Contract, Col. L. Rev. 70 (1970), S. 1145 - 1216.

7. Muß der Kläger seine Schadensforderung substantiieren und beweisen, oder genügt die Glaubhaftmachung eingetretener Schäden? Die meisten Rechtsordnungen verlangen vom Kläger als Schadensbeweis mehr als nur Glaubhaftmachung.

So dargestellt handelt es sich bei diesen Wahlentscheiden natürlich um Überzeichnungen. Die Antwort fällt für jede Alternative viel differenzierter aus, als es diese antithetischen Fragestellungen zulassen[11]. Farnsworths Hauptanliegen ist es jedoch, eine Tendenz deutlich zu machen, die den vertragsrechtlichen Sanktionen eigen ist. Mit Ausnahme der zweiten Entscheidung neigt das Recht dazu, die Haftung der vertragsbrüchigen Partei in Grenzen zu halten. Der Vertragsbruch wird dadurch in seinen Konsequenzen kalkulierbar. Eine entgleiste Vertragsbeziehung wird nicht mehr in die Schienen gehoben, sondern verschrottet, und zwar auf der Grundlage des Marktpreises, eines objektivierten Standards. Ein freier Markt, auf dem sich Substitutionstransaktionen jederzeit ausführen lassen, ist eine Voraussetzung dieses Sanktionssystems[12]. Vertragsbruch kann verschiedene Ursachen haben: Nicht immer sind es böse Absichten und Unzuverlässigkeit des Schuldners. Sehr oft wurde er von einem seiner eigenen Vertragspartner im Stich gelassen, so daß er nicht erfüllen *kann*, selbst wenn er alle Anstrengungen unternommen hat, seinen Verpflichtungen nachzukommen. Manchmal treten unerwartete Schwierigkeiten auf, die eine Erfüllung unmöglich machen. In diesen Fällen ist eine effiziente Schadenersatzregelung der einzige wirtschaftlich vernünftige Weg. Die vertraglichen Sanktionen tragen dieser Tatsache Rechnung.

Unverkennbar ist der Einfluß des freien Unternehmergedankens auf das System der vertraglichen Sanktionen. Farnsworth schreibt: "All in all, our system of legal remedies for breach of contract, heavely influenced by the economic philosophy of free enterprise, has shown a marked solicitude for men who do not keep their promises."[13] Diese

---

[11] Farnsworth behandelt die Antworten des Vertragsrechts auf die sieben Grundfragen im genannten Artikel ausführlich und im Detail.

[12] In Vertragsrechtssystemen planwirtschaftlich geführter Länder spielen Geldstrafen eine größere Rolle, da Substitutionstransaktionen (wenigstens theoretisch) nur in sehr beschränkten Umfange möglich sind. Vgl. für viele Bernhard Grossfeld: Money Sanctions for Breach of Contract in a Communist Economy, Yale L. J. 72 (1963), S. 1326, 1346 und Kurczewski / Frieske: Some Problems in the Legal Regulation, S. 483 ff.

[13] Farnsworth, Legal Remedies for Breach of Contract, S. 1216. Diese Aussage versteht sich nicht als eine Sympathiekundgebung für die ‚armen' Kläger. Im Geschäftsleben wechseln die Rollen rasch: Heute ist jemand Käufer, morgen Verkäufer. Die Beschränkung der Haftung erfolgte grundsätzlich nicht zum Nachteil einer sozialen Schicht, sondern bezweckte die Beschränkung des Risikos für jeden, der wirtschaftlich aktiv war. Vgl. Hurst: Law and the Conditions of Freedom, S. 3 - 32 und unten Kap. VI, 2, a, aa. Zu einem ähnlichen Urteil kommen die Autoren einer neueren Studie: "[Contract law]

Aussage trifft zu. Die Norm ‚pacta sunt servanda' gilt im Recht, und "[c]ommitments are to be honored in almost all situations; one does not welch on a deal"[14] ist auch eine weitverbreitete Verhaltensregel in der Geschäftswelt, aber das Vertragsrecht verschafft ihr keine kraftvolle Nachachtung. Das vertragsrechtliche Engagement für die Norm ist lauwarm.

Vielleicht sind und waren vertragsrechtliche Sanktionen mit Zähnen gar nie nötig. Andere rechtliche und außerrechtliche Kontrollmechanismen übernehmen die Aufgabe, Vertragsstörungen zu verhindern oder zu beheben. Vielleicht sind sie auch deshalb nicht erforderlich, weil man sich seine Vertragspartner grundsätzlich auswählt. Schließt man mit einem zwielichtigen Partner Geschäfte ab, so tut man dies auf eigenes Risiko oder aus Unvorsicht[15]. Havighurst schätzt die Bedeutung der vertragsrechtlichen Sanktionen für den Vertrag eher gering ein: "[T]ake away law, and contract does not cease! Perhaps this is an overstatement ... Nevertheless it remains true that contract can do much better without law than can the other interests I have mentioned [er spricht vom Eigentum]. Without legal sanctions for breach of a promise the contract institution would be under a disability, but we would not be confronted with the spectacle of a wolf eating himself up."[16] In ähnlichem Sinne hat sich schon Llewellyn geäußert: "Remove the legal sanction and men will give credit with more care."[17] Verträge würden jedoch weiterhin in großer Zahl abgeschlossen. Daß generelle vertragliche Sanktionen schwach sind und vielfach nicht einmal in die Planung einer Beziehung einbezogen werden, haben die Untersuchungen Macaulays und anderer gezeigt[18].

Ich vermute, es bestand kein Bedürfnis, die vertragsrechtlichen Sanktionen zu verschärfen. In kleinen Gruppen verhindern außerrechtliche Kontrollmechanismen, daß Vertragsbrüche zu häufig vorkommen. Soweit die außerrechtlichen Sanktionen versagen und die Sicherung einer Transaktionsart sozial von Bedeutung ist, hat das Rechtssystem Kontrollmechanismen außerhalb des Vertragsrechtes entwickelt.

---

has been constructed from judicial decisions which have predominantly been concerned with commercial transactions between profit-making enterprises." Sie sehen darin den Grund dafür, das die vertragsrechtlichen Sanktionen bei Konsumentenverträgen, die nicht auf diesem Muster basieren, nicht genügen. Donald Harris et al.: Remedies and the Consumer Surplus, The Law Quaterly Rev. 95 (1979), S. 581 - 610, 609.

[14] Macaulay: Non-contractual Relations, S. 63.

[15] Diese Auffassung vertritt Havighurst: The Nature of Private Contract, S. 69 f.

[16] Ebd., S. 68 f.

[17] Llewellyn: What Price Contract?, S. 725.

[18] s. oben, Kp. III, 2.

Eine weitere Eigenschaft der vertraglichen Sanktionen schränkt ihre Wirksamkeit ein: Sie sind nicht sonderlich geeignet, Konflikte zu lösen, in denen ganz große oder ganz kleine Summen strittig sind. Wir nannten im vorigen Kapitel zwei Beispiele, die hier nochmals aufgenommen werden sollen: den Fall Westinghouse Electric Corporation und den Einkauf im Supermarkt.

Westinghouse verkaufte Nuclearreaktoren an 27 Elektrizitätsgesellschaften. Damit verbunden war die Verpflichtung, insgesamt ungefähr 80 Millionen Pfund Uraniumoxid zu $ 9.50 pro Pfund zu liefern. In den nächsten vier Jahren stieg der Preis für den Brennstoff von $ 6.— auf circa $ 40.— pro Pfund. Da Westinghouse lediglich 15 Millionen der versprochenen 80 Millionen selber besaß, sah sie sich außerstande, den Vertrag zu erfüllen und trat vom Vertrag zurück. Zur rechtlichen Begründung für ihren Schritt stützte sie sich auf eine rebus sic stantibus Klausel des UCC[19]. Die Vertragspartner bestanden aber auf dem Vertrag und klagten Westinghouse im Umfang von ungefähr zwei Milliarden Dollar ein[20].

Man versetze sich nun in die Position des Richters mit einem Gesetzbuch in der Hand. Die rechtliche Frage lautet: Darf Westinghouse vom Vertrag zurücktreten, oder hat sie den Vertrag gebrochen und muß entsprechenden Schadenersatz leisten? Ein ‚Jein' gab es in diesem Fall nicht. Der Richter mußte sich für die eine oder andere Lösung entscheiden[21]. Gleichzeitig hätten beide rechtlichen Lösungen negative Auswirkungen größten Ausmaßes gehabt. Ein Freipaß für Spekulanten und rote Zahlen oder gar der Bankrott für einige Kläger auf der einen Seite, der Zusammenbruch eines Energiegiganten, Tausende verlorener Arbeitsplätze und ebensoviele Verlustscheine auf der andern Seite. Ein Pittsburger Richter, der am Fall zu arbeiten hatte, beschrieb sein Dilemma sehr anschaulich: "The fiscal well-being, possibly the survival of one of the world's corporate giants is in jeopardy. Likewise, the future of thousands of jobs. Any decision I hand down will hurt somebody and because of the potential demage, I want to make it clear that it will happen only because certain captains of industry could not together work out their problems so that the hurt might have been

[19] Sektion 2-615 des UCC erlaubt es einer Partei, vom Vertrag zurückzutreten, wenn die Erfüllung wirtschaftlich nicht mehr machbar ist (commercial impracticability). Was diese ziemlich obscure Bestimmung im einzelnen meint, weiß niemand recht. Nur sehr wenige Gerichtsentscheide äußern sich zu dieser Bestimmung.

[20] Der Fall Westinghouse Electric Corporation ist ausführlich beschrieben in William Eagan: The Westinghouse Uranium-Contracts, S. 281 - 302; vgl. auch Macaulay: Elegant Models, S. 515 - 527.

[21] Hier tritt einmal mehr die binäre Struktur des Rechts deutlich zutage. Soweit das Recht dem Richter keine Ermessensräume im Quantitativ eröffnet, kann er sich der Alles-oder-Nichts-Dichotomie nicht entziehen.

held to a minimum" (New York Times, 11. Februar 1977, D-1, D-11). "Solomon-like as I want to be, I can't cut this baby in half" (New York Times, 17 Februar 1977: 57)[22].

Der einzige wirtschaftlich vernünftige Weg war der Kompromiß, der dann mit den meisten Klägern auch gefunden wurde. Ein rechtlicher Entscheid dagegen hätte nur ein Ja oder Nein erlaubt. Die vertragsrechtlichen Sanktionen taugten in diesem Falle zur Konfliktlösung nicht. Ein anderer Richter meinte: "[T]hese are cases which I think everybody admits should be settled if at all possible, in the public interest, and they are really business problems, and should be settled as business problems by businessmen, as I have been urging from the very first."[23] Daß Sanktionen bei Konflikten mit gigantischen Summen oft versagen, darf eigentlich nicht verwundern. Zur Zeit, als sie entwickelt wurden, gab es keine wirtschaftlichen Einheiten dieses Ausmaßes, oder sie waren erst im Entstehen. Daß ein einziger Richterspruch potentiell die Entlassung Tausender von Angestellten nach sich ziehen kann, ist eine relativ neue Erscheinung. Derartige Konflikte werden daher regelmäßig außergerichtlich beigelegt und, falls sie doch einmal vor Gericht kommen sollten, enden sie dort fast immer mit einem Vergleich. Ein dritter Richter sagte: "I don't ever expect to finish these cases. I expect [them] to get settled." (Wall Street Journal, 2. Juni 1978, S. 32)[24].

Vertragliche Konflikte mit ganz kleinen Streitwerten kommen in der Regel nicht zur Kenntnis eines Gerichtes. Meistens verhindern prozeßrechtliche Zuständigkeitsschranken, daß um kleinste Werte prozessiert wird. Doch selbst wo eine Klage zulässig wäre, lohnen sich die Aufwendungen für ein Verfahren selten. Allgemein macht man für diesen Umstand die Zugangsbarrieren zum Gericht verantwortlich. Man könnte aber auch argumentieren, daß die vertragsrechtlichen Sanktionen ungeeignet sind, das Vertragsverhalten in kleinen Alltagsgeschäften zu steuern. Die Konfliktsituationen, die kleineren Konsumverträgen zugrundeliegen, sind nicht jene, die das Vertragsrecht im Auge hat. Die Rechtslehre postuliert zwar, daß das Vertragsrecht selbst auf unsere Einkäufe im Supermarkt Einfluß habe, die soziale Realität zeigt jedoch ein anderes Bild.

---

[22] Zitiert in Macaulay: Elegant Models, S. 516.

[23] Eagan: The Westinghouse Uranium-Contracts:, S. 300.

[24] Ebd., S. 299. Ob es überhaupt je möglich gewesen wäre, eine rechtliche Lösung zu finden, ist auch deshalb fraglich, weil bis 1979 insgesamt 7 Millionen Seiten Akten eingereicht wurden. William Hurst stellt in seiner umfangreichen Untersuchung über die Holzindustrie in Wisconsin fest: "The largest transactions generally did not come to court; we must not forget that, outside the frame of litigation, great operations were conceived and executed through contract around business bargaining tables." Law and Economic Growth, Cambridge, Mass. 1964, S. 292.

Das Verhalten in einem Selbstbedienungsladen folgt nicht rechtlichen Vertragsmustern. Es läßt sich z. B. kaum bestimmen, von welchem Zeitpunkt an ein Kunde an seinen Vertrag mit dem Selbstbedienungsladen gebunden sein soll. Die Rechtsgelehrten haben sich zwar nach langen Kontroversen darauf geeinigt, daß das Klingeln (heute wohl Piepsen) der Kasse als Akzept zu verstehen sei, während die Auslage in den Regalen als Aufforderung zu einer Offerte zu werten sei. Doch ist das so einfach? Wie verhält es sich in der Fleischabteilung, wo die Entrecôtes auf Anweisung des Kunden geschnitten, abgewogen, eingepackt und registriert werden? Darf man sie einfach zurückgeben? Wie verhält es sich mit dem Eiscornet, das während des Wartens vor der Kasse langsam in der Hand zerläuft? Darf es gegessen werden, noch bevor der Vertrag zustandekommt? Wie verhält es sich am Gemüse- und Früchtestand? Die Fragen dürfen getrost offen bleiben. Aubert bemerkt richtig: "Bargaining in shops must properly be viewed as an institutionalized way of exchanging values while *avoiding* conflicts."[25] Sollten sich (vom Ladendiebstahl einmal abgesehen) Konflikte ergeben, so erreichen sie nie die Ebene des Rechts. Vielleicht wird beim Kundendienst reklamiert, der Filialleiter angegangen oder ein Brief geschrieben, aber das ist zugleich das Äußerste. Weiter wird der Konflikt nicht getragen. Der Konflikt wird aufgrund außerrechtlicher Normen gelöst; Kundenpolitik und gesunder Menschenverstand bestimmen seinen Ausgang.

Mit steigendem Wert des Streitgegenstandes wächst das Bedürfnis nach einer rechtlichen Lösung. Die Probleme werden zu rechtlichen Problemen[26]. Die Erwartungen, die ans Vertragsrecht gestellt werden, steigen besonders von Seiten der Konsumenten. In der Zone zwischen den Streitwerten, bei denen institutionalisiertes Konsumverhalten

[25] Aubert: Competition and Dissensus, S. 31.

[26] Wenn Laura Nader im Vorwort zu 'No Access to Law' (S. xvii) schreibt, "I realized they [die Beschwerdebriefe an ihren Bruder, den Konsumentenkönig Ralph Nader] would by extremely useful in getting a general picture of how Americans actually handle *legal* problems" [Heraushebung von mir, W. S.], so ist zu bemerken, daß Konsumentenklagen über minimale Werte nicht immer als Rechtsprobleme verstanden wurden. Wer früher ein schlecht genähtes Kleid gekauft hatte, dachte nicht daran, daß damit ein vertragliches Recht verletzt wurde. Man betrachtete es als Ungeschick, als Ungerechtigkeit, man zog daraus seine Lehren und wechselte das Kleidergeschäft, man beklagte sich beim Verkäufer, vielleicht konnte man das Kleid zurückbringen, vielleicht auch nicht. Daß das Ganze als Rechtsfrage formuliert wird, ist neu. Konsumentenklagen betreffend minimaler Werte sind nicht per se rechtliche Probleme, sie haben sich in der jüngsten Vergangenheit zu solchen entwickelt. Ähnlich verhält es sich z. B. mit Noten in Schulzeugnissen. Ihre Problematisierung als Rechtsfrage und ihre Anfechtbarkeit auf dem Verwaltungswege ist neueren Datums. Klausurnoten zwischen den Semesterzeugnissen werden heute in der Schweiz zumindest noch nicht als Rechtsprobleme behandelt. Dies wird solange so bleiben, als Konsens darüber herrscht, daß Klausurnoten kein rechtliches Problem sind.

Konflikte erfolgreich vermeidet, und jenen, bei denen sich Prozessieren allenfalls auszahlt, liegen die 'small claims', die Frustrationen, die 'No-Access-to-Law'-Debatten und Alternativen zum Recht. Alternativformen zum Gerichtsverfahren für Streitigkeiten mit kleinen Streitwerten sind im Kommen[27]. Der Trend weist auf eine zunehmende Bedeutung des Verwaltungsstabes und der unternehmensinternen Beschwerdeabteilungen bei der Lösung von Konflikten hin. Inwiefern diese Instanzen sich von vertragsrechtlichen Gesichtspunkten leiten lassen, ist unklar. Es ist jedoch zu vermuten, daß vertragsrechtliche Sanktionen auch hier eine untergeordnete Rolle spielen[28].

Während die vertragsrechtlichen Sanktionen in weiten Bereichen vertraglichen Verhaltens nicht oder nur wenig wirksam sind, kann die Nichtigerklärung einer sozial relevanten Vertragsart oder -klausel spürbare Auswirkungen auf das Vertragsverhalten haben. Als das Zürcher Bezirksgericht 1978 entschied, daß eine Mietvertragsklausel nichtig sei, die dem ausziehenden Wohnungsmieter die Kosten für das Weißeln der Küche auferlegt, wurde dies zum Stadtgespräch[29]. Die Presse berichtete ausführlich und die Auskunftsdienste der Bezirksgerichte in und um Zürich wurden mit Fragen betreffend des Küchenweißelns beinahe bestürmt. Sicher hat dieser Entscheid das Vertragsverhalten vieler Mieter und Hauseigentümer beeinflußt. Manche Mieter werden sich geweigert haben, diese Kosten beim Auszug zu übernehmen. Viele werden die Kosten gleichwohl bezahlt haben, sei es, weil sie nichts vom Entscheid gehört hatten oder nicht wußten, daß er sich

---

[27] Vgl. Cappelletti / Garth: Access to Justice: The Newest Wave in the Worldwide Movement to Make Rights Effective, Buffalo L. Rev. 27 (1978), S. 181 - 292 und das von ihnen herausgegebene vierbändige Werk: Access to Justice, Mailand 1978/79. Vgl. auch Yngvesson / Hennessey: Small Claims, Complex Disputes. A Review of the Small Claims Literature, Law & Society Rev. 9 (1975), S. 219 - 274.

[28] Angela Karikas und Rena Rosenwasser untersuchten die Behandlung der Reklamationen in sechs verschiedenen Warenhäusern der San Franzisko Bay Area. Sie stellen fest, daß alle Geschäfte eine erstaunlich großzügige Beschwerdepolitik betrieben. Nur in äußersten Fällen wurde eine Reklamation nicht akzeptiert. Eine verbreitete Haltung des Personals, das die Reklamationen entgegennahm, drückt die folgende Ansicht eines Verkäufers aus: "You may feel that the customer is obviously wrong, but it's not worth the aggravation to right her. And why should you? You get her upset, and you get yourself upset. If she goes above you, someone in customer service will give her credit anyway. So just give her credit yourself. Even the most absurd returns get credited." in Nader: No Access to Law, S. 291. An vertragsrechtliche Grundsätze denkt hier offenbar niemand. Im Falle der Warenhäuser scheint sich dies zugunsten der Kunden auszuwirken. Das zitierte Buch vermittelt ein lebendiges Bild, wie Konsumentenklagen von Seiten der Verkaufsunternehmen, des Staates, privater Konsumentenorganisationen und den Medien angegangen werden.

[29] Urteil des Einzelrichters in Zivilsachen vom 9. März 1978 bestätigt durch Beschluß des Zürcher Obergerichtes, III. ZK, 8. Sept. 1978.

auch auf ihren Mietvertrag bezog, sei es, weil sie ein Deposit geleistet hatten, um dessen vollständige Rückgabe sich zu streiten nicht zuletzt der Referenzen wegen nicht lohnte. In manchen Fällen werden die Hauseigentümer darauf verzichtet haben, die Kosten fürs Weißeln geltend zu machen. Sehr wahrscheinlich wird die nichtige Klausel heute aus den Standardverträgen ausgestrichen und nicht mehr nachgedruckt. Eine Umwälzung hat dieser vertragsrechtliche Entscheid nicht gebracht. Die Kosten werden von nun an nicht mehr am Ende der Mietdauer erhoben, sondern in der Regel pro rata auf die Miete geschlagen, was die langjährigen Mieter benachteiligt. Aber das Beispiel zeigt, daß vertragsrechtliche Sanktionen unter Umständen effektiv sein können.

Noll schildert ein Gegenbeispiel, das die Unwirksamkeit der vertragsrechtlichen Nichtigerklärung eines vertraglichen Verhaltens belegt. Er entnahm es einem Fernsehbericht über die Wohnverhältnisse der neu eingewanderten Afrikaner in Paris: „Sie wohnen in baufälligen Häusern allerprimitivsten Zuschnitts; die Vermieter, denen meistens mehrere solcher Häuser gehören, werden ‚Schlafverkäufer' genannt, weil sie jedes von den Betten in einem Raum an mehrere Afrikaner vermieten, die sich dann in zeitlich gestaffelten Schichten schlafen legen. Die Ausbeutung, auch der Verkauf von Lebensmitteln und Mahlzeiten, ist monopolisiert in einer Weise, daß kein Konkurrent in das betreffende Gebiet eindringen kann und früher vorhandene Konkurrenten ausgekauft werden müssen. Natürlich ist das alles Wucher in krassester Form. Mit der Feststellung aber, daß diese Verträge, soweit von solchen überhaupt gesprochen werden kann, allesamt nichtig sind, ist niemandem geholfen ..."[30]. Der interessanten Frage nachzugehen, unter welchen sozialen Bedingungen die Nichtigerklärung eines vertraglichen Verhaltens wirksam ist, sprengt den Rahmen dieser Arbeit.

b) Andere rechtliche Sanktions- und Sicherungsmechanismen

Fast nirgends in der rechtssoziologischen Literatur zum Vertragsrecht wird darauf hingewiesen, daß neben den generalisierten, vertragsrechtlichen Sanktionen zahlreiche weitere rechtliche Institute bereitstehen, die — rechtzeitig benutzt — ein Zwangsmittel in der Hand des Gläubigers sein können und die Norm ‚pacta sunt servanda' wirksam unterstützen. Zu diesen gehören in erster Linie die Sicherheiten:

Der Schuldner übergibt dem Gläubiger z. B. bei Vertragsabschluß einen Wert als Haftungssubstrat. Dies kann eine Pfandsache, ein Deposit, ein verbrieftes Recht oder sonst etwas sein, was in den Augen der Vertragspartner einen Wert darstellt. Der Wunsch des Schuldners,

[30] Peter Noll: Gründe für die soziale Unwirksamkeit von Gesetzen, in: JRR, Bd. 3, S. 264.

diesen Wert zurückzuerlangen, wirkt als zusätzliche Motivation, den Vertrag einzuhalten. Sicherheitsleistungen bringen regelmäßig eine Umkehr der Parteirollen mit sich. Während ein Gläubiger, der keine Sicherheitsleistung empfangen hat, auf Vertragserfüllung klagen muß, wenn sich der Schuldner nicht an sein Versprechen hält, kann der Gläubiger, der im Besitze einer Sicherheitsleistung ist, warten, bis der Schuldner auf deren Herausgabe klagt, oder die Pfandsache verwerten. Die Stellung des Beklagten ist wegen der Beweislastverteilung fast ausnahmslos die günstigere. Dies ist ein zusätzlicher, nicht zu unterschätzender Faktor für die Wirksamkeit von Sicherheitsleistungen.

Der Immobilienmarkt hat seine eigenen rechtlichen Kontrollmechanismen entwickelt, die die Einhaltung der Verträge sichern. Er ist volkswirtschaftlich zu bedeutend, als daß auf vertragsrechtliche Sanktionen allein Verlaß wäre. Das Grundbuch und die konstitutive Wirkung der Beurkundung erlauben eine strenge Kontrolle und Sicherung der Transaktionen. Spezielle Rechtsbehelfe ermöglichen es, einen säumigen Schuldner auf effiziente Weise zur Erfüllung zu zwingen. Ohne Zweifel sind diese rechtlichen Instrumente äußerst wirksam und erschweren den Vertragsbruch bei Verträgen über Liegenschaften.

Ebenfalls sehr wirksam sind Institute wie der Eigentumsvorbehalt oder die Lohnzession. Gerät der Abzahlungskäufer oder der Kreditnehmer mit den Ratenzahlungen in Verzug, kann der Verkäufer den veräußerten Gegenstand beim Schuldner abholen, und das Kreditinstitut die ausstehenden Raten direkt vom Arbeitgeber des Schuldners fordern. Diese rechtlichen Sanktionen halten bestimmt manchen Schuldner vom Vertragsbruch ab. Das Kleinkreditwesen blüht, wo die Lohnzession zulässig ist; der Abzahlungskauf ist vermutlich weiter verbreitet, seit ein Eigentumsvorbehalt am Kaufgegenstand möglich ist.

Mit der einzelgesetzlichen Regelung spezifischer Vertragsbeziehungen kamen und kommen neue, auf diese zugeschnittene Rechtsbehelfe ins Recht. Das Bauhandwerkerpfandrecht ermöglicht es dem Unternehmer, selbst nach Abschluß des Werkvertrages ein Pfandrecht ins Grundbuch eintragen zu lassen und damit Druck auf den Besteller auszuüben. Das Versicherungsvertragsrecht enthält besondere Regelungen, wie mit einem säumigen Versicherungsnehmer zu verfahren sei. Manche dieser transaktionsspezifischen Sanktionen sind wirksamer als andere. Einige haben einen signifikanten Einfluß auf den Markt und das Vertragsverhalten; andere bleiben auf dem Papier.

Es geht hier nicht darum, diese Sicherungs- und Sanktionsmechanismen im einzelnen zu diskutieren. Ihr Einfluß auf das Vertragsverhalten muß aber in Rechnung gestellt werden, wo immer von vertraglichen Sanktionen und ihrer Effektivität die Rede ist. Daß die generalisierten vertragsrechtlichen Sanktionen oft versagen und wenig wirksam sind, heißt nicht, daß das Vertragsverhalten allein von außerrechtlichen Normen gesteuert wird. Zahlreiche rechtliche Institute außerhalb des Vertragsrechtes stützen die Norm ‚pacta sunt servanda'. Ihre Effektivität ist unterschiedlich, ihre Anwendung auf einzelne Transaktionstypen beschränkt. Gesamthaft gesehen kommt ihnen wahrscheinlich eine sozial bedeutendere Rolle zu als den generalisierten vertragsrechtlichen Sanktionen.

c) Soziale Sanktionen

Niemand zweifelt heute daran, daß soziale Kontrollmechanismen eine der entscheidenden Ursachen dafür sind, daß die allermeisten Verträge eingehalten werden. Bei Verträgen, die das Recht nicht anerkennt, sind sie sogar die einzige Garantie. Wären sie nicht wirksam, so gäbe es vielerorts weder Geldspiele noch Wetten. Soziale Sanktionen sind potentielle, von der sozialen Gruppe zugefügte Nachteile oder entzogene Vorteile, die *den* erwarten, der gegen die Gruppennorm verstößt. Meidung, Ablehnung, Mißachtung, Rache, eine schlechte Presse, ein übler Ruf sind Sanktionen, die jemanden treffen können, der seinen Versprechen nicht nachlebt. Macaulay und andere haben mit ihren Untersuchungen gezeigt, wie wichtig es in der Geschäftswelt ist, seinen Verpflichtungen nachzukommen. Verliert einer seinen guten Namen, wird es für ihn schwierig, im Geschäft zu bleiben. Der auf Vertrauen basierende, reibungsfreie Handel bietet finanzielle Vorteile, die einem unzuverlässigen Schuldner nicht zugestanden werden. Vertragliche Konflikte und Prozesse sind auf die Dauer keine zuträgliche Diät; sie machen ein Unternehmen leicht konkurrenzunfähig.

Soziale Sanktionen sind in kleinen Gruppen am wirksamsten. Die Mitglieder unterliegen dort dem Gesetz des Wiedersehens; wiederholte Vertragsabschlüsse zwischen denselben Partnern kommen oft vor, ebenso langedauernde Vertragsbeziehungen. Dies bringt wirtschaftliche Vorteile; eine treue Kundschaft und sichere Bezugsquellen gehören zum Goodwill eines Unternehmens. Wer Verträge nicht einhält, setzt ihn aufs Spiel. Ein schlechter Ruf geht einem voraus und hält nicht nur bereits enttäuschte Vertragspartner davon ab, wieder in vertragliche Beziehungen zu treten, sondern schreckt auch andere ab. Je mehr sich das Kommunikationsnetz verdichtet, desto wirksamer sind die sozialen Sanktionen. Hat eine Gruppe nur mehr losen Zusammenhalt, verliert der soziale Druck an Stärke. In den letzten hundert Jahren hat die Mobilität der Gesellschaft rapide zugenommen, die traditionellen Gruppen sind geschwächt worden, neue haben sie nur teilweise ersetzt. Dies hat wahrscheinlich eine Schwächung der sozialen Sanktionen bewirkt. Es wird aber leicht übersehen, daß demgegenüber die Kommunikationssysteme verbessert wurden. Privatfirmen sammeln und verkaufen Informationen über die Kreditwürdigkeit der Unternehmen, Betreibungsbeamte geben Auskunft über die Zahlungsmoral der Bewohner einer Gemeinde, Arbeitsbescheinigungen und -zeugnisse haben an Bedeutung gewonnen. Ohne Referenzen ist es schwierig, eine Wohnung zu mieten oder eine Anstellung zu bekommen. Diese Instrumente dienen der sozialen Kontrolle in einer offenen Gesellschaft. Sie garantieren, daß die sozialen Sanktionsmechanismen auch in einer Massengesellschaft einigermaßen funktionieren. Die kommunikationstechnische Revolution, die heute stattfindet, wird weisen, wieviele der Orwellschen Visionen — wenn auch nicht termingerecht — Realität werden. Jedenfalls empfiehlt sich eine gewisse Skepsis jener Auffassung gegenüber, wonach die Effektivität der sozialen Kontrollen ständig abnehme — wenigstens was das Vertragsverhalten betrifft.

Soziale Sanktionsmechanismen können unter Umständen zusammenbrechen. Havighurst nennt fünf Gründe, die dazu führen können[31]; drei davon sind von Bedeutung:

1. Ein Schuldner gerät in Konkurs und kann seinen Verpflichtungen nicht mehr nachkommen. Hier tritt das Recht auf den Plan, verhilft dem Konkursgläubiger allerdings oft nicht zu seinem Geld.

2. Hat eine Partei eine monopolartige Stellung inne, ist sie in der Regel auf sozialen Druck nicht empfindlich. Diese Situation kommt oft bei machtungleichen Partnern vor. Die einzige Waffe, die der schwachen Partei bleibt, ist das Recht.

3. Soziale Sanktionen sind wirkungslos, wenn sich ein Konflikt entwickelt, in dem beide Parteien gute Gründe für ihren Standpunkt geltend machen können. Soweit beide Parteien für ihre Haltung im Streit die Unterstützung eines Teils der Gruppe genießen, heben sich die sozialen Sanktionen auf.

In diesen Fällen kommt nach Havighurst den vertragsrechtlichen Sanktionen eine wichtige Funktion zu. Llewellyn mißt den sozialen Sanktionen ebenfalls große Bedeutung zu. Jedenfalls schreibt er, daß die Juristen die Wirksamkeit vertragsrechtlicher Sanktionen in der Regel überschätzten. Er ist aber gleichzeitig der Auffassung, daß die vertragsrechtlichen Sanktionen dazu beitragen, den Erwartungsstandard zu garantieren[32].

---

[31] Havighurst: The Nature of Private Contract, S. 74 f. In zwei weiteren Fällen würden sich soziale Sanktionen als unwirksam erweisen, nämlich wenn eine Vertragspartei stirbt oder wenn sie derart gewissenlos und schlecht sei, daß sie auf sozialen Druck nicht reagiert.

[32] "If the contract-dodger *cannot* be bothered, if all he needs is a rhinoceros hide to thumb this nose at his creditor with impunity, more and more

2. Wirkungen der Vertragsnormen

Das Vertragsrecht fördert als rechtliches Institut die Planung einer Vertragsbeziehung und die Lösung von Konflikten, die aus einer bestehenden Vertragsbeziehung hervorgegangen sind. Vertragliche Planung erfolgt stets in Form von Verhandlungen. Lassen sich keine gemeinsamen Ziele und Regeln finden, denen die Partner ihr künftiges Verhalten unterstellen wollen, brechen sie die Vertragsverhandlungen ab, und der Vertrag kommt nicht zustande. Durch Verhandlungen können auch vertragliche Konflikte gelöst werden. Die Vertragspartner einigen sich dann auf die Verteilung entstandener Schäden und arbeiten neue Regeln für den künftig einzuschlagenden Weg aus. Verhandlungen, die die Lösung eines Konfliktes zum Gegenstand haben, stehen in der Regel[33] unter größerem Erfolgszwang als Planungsverhandlungen zu Beginn einer Vertragsbeziehung. Während Vertragsverhandlungen stets die Alternative des Verhandlungsabbruchs und die Wahl eines andern Vertragspartners offen lassen, kann man sich seinen Konfliktspartner nicht auswählen. Ist ein Konflikt ausgebrochen, hat man mit diesem zu verhandeln, so sehr man sich allenfalls ein anderes Gegenüber wünscht. Bleiben die Konfliktsverhandlungen erfolglos, steht als Alternative der Gang zum Gericht offen[34]. Der Staat bietet den Parteien, die ihre Konflikte nicht friedlich beilegen können, als Dienstleistung ein Verfahren an, das eine formalisierte Konfliktlösung erlaubt[35]. Auf alle diese Planungs- und Konfliktlösungsprozesse hat das

---

men will become contract-dodgers. Only saps will work, in an economy of indirect non-face-to-face contracts. And as between individual enterprises, the competition of the contract-dodger will drive the contract keeper into lowering his own standards of performance, on pain of destruction. This work of the law-machine at the margin, in helping keep the level of social pratice and expectation up to where it is, as against slow canker, is probably the most vital single aspect of contract law." Llewellyn: What Price Contract?, S. 725, Anm. 47.

[33] Auch Planungsverhandlungen können unter großem Erfolgsdruck stehen etwa dann, wenn der eine oder beide Partner ein faktisches Monopol über Güter und Dienstleistungen besitzen oder wenn sie auf eine jahrelange, erfolgreiche Kooperation zurückblicken können und ein Wechsel des Vertragspartners sehr aufwendig ist.

[34] In Wirklichkeit stehen zahlreiche Alternativen offen: Die Vertragspartner können einen Vermittler beauftragen, sie können allenfalls einen Verband, dem sie gemeinsam angehören, um Hilfe bei der Konfliktbereinigung angehen oder ein Schiedsgericht bestellen oder eine strittige Forderung an eine Inkassogesellschaft zedieren. Vgl. Marc Galanter: Why the 'Haves' Come Out Ahead. Speculations on the Limits of Legal Change, Law & Society Rev. 9 (1974), S. 129.

[35] Laurence H. Ross unterscheidet zwischen drei Verhandlungstypen: 1. Verhandlungen, deren Abbruch zu neuen Verhandlungen mit andern Vertragspartnern führt; sie sind typisch für Planungsverhandlungen. 2. Verhandlungen, deren Scheitern zu Unordnung oder offenem Kampf führt; dazu gehören Verhandlungen über Konflikte aus Verträgen, die das Recht

Vertragsrecht Einfluß. Wir diskutieren im folgenden die Wirkungen einer im Gerichtsverfahren erreichten Lösung auf die Vertragsparteien und die Wirkung des Vertragsrechtes auf außergerichtliche Konfliktslösungen, um alsdann noch einen kurzen Blick auf die Planungsverhandlungen zu werfen.

a) Wirkungen auf die Prozeßparteien

Im Prozeß wird der direkte Einfluß des Vertragsrechts auf die Parteien am deutlichsten sichtbar. Hat ein Konflikt das Prozeßstadium erreicht, zeichnen ihn gewisse Eigenheiten aus, die ihn von anderen Konflikten unterscheiden. Aubert hat in seinem Aufsatz 'Competition and Dissensus' diese Unterschiede herausgearbeitet und spricht von zwei Konfliktstypen: dem Interessenkonflikt (conflict of interest) und dem Dissens (dissensus). Ein Interessenkonflikt entsteht aus der Gegenläufigkeit von Interessen[36]. Sie liegt latent jeder synallagmatischen Vertragsbeziehung zugrunde. Der Verkäufer möchte mehr Geld für seine Ware und der Käufer mehr Ware für sein Geld. Meistens bricht dieser Interessenkonflikt nicht offen aus. Jeder weiß, daß er seine Wünsche nur befriedigen kann, wenn er zu einer eigenen Leistung bereit ist; institutionalisierte Verhaltensmuster tragen zur Konfliktvermeidung bei. Kommt es jedoch während der Vertragsdauer zum offenen Streit, so verhandeln die Partner oft von neuem miteinander und suchen eine Lösung im Kompromiß. Dieser bringt in der Regel beiden Parteien Vorteile, weil die Fortsetzung der vertraglichen und sozialen Beziehungen dem Interesse beider Partner dient. Genauso wie die wechselseitige Abstimmung divergierender Interessen und ein Vertragsabschluß beiden Partnern Vorteile verschaffen, gewinnen beide in der Regel von einer friedlichen Beilegung später auftretender Interessengegensätze. In diesem Sinne ist die außergerichtliche Konfliktlösung nicht ein Nullsummenspiel[37]. Was der eine Partner mit einem Kompromiß gewinnt, geht nicht voll zulasten der Gegenpartei; beide können dadurch gewinnen.

Den zweiten Konfliktstypus nennt Aubert 'dissensus'[38]. Obwohl sie auch dem Dissens oft zugrundeliegen, geht es bei diesem Konflikts-

---

nicht anerkennt, etwa der Handel mit Alkohol während der Prohibition in den USA. 3. Verhandlungen, deren Abbruch die Überführung des Konfliktes in ein formales und ordentliches Verfahren nach sich ziehen kann; s. Settled Out of Court, 2. Aufl. New York 1980, S. 137 f.

[36] Aubert: Competition and Dissensus, S. 27 f.

[37] Manchmal hat sich die Lage für eine Partei derart verändert, daß der Vertrag ihr überhaupt nicht mehr dient und sie sich von ihm um jeden Preis befreien will. In diesen Fällen wird auch die außervertragliche Konfliktlösung zu einem Nullsummenspiel.

[38] Aubert: Competition and Dissensus, S. 28 ff.

typus nicht primär um Interessengegensätze, sondern um Werte und Normen. Die eine Partei stellt sich auf einen Rechtsstandpunkt, den die andere bestreitet. Ob eine Norm Anwendung finde oder nicht, ist die Frage. Oft steht auch die Richtigkeit eines Sachverhaltes zur Debatte, die Wahrheit einer Sachdarstellung. Konflikte dieser Art sind nicht durch einen Kompromiß lösbar, weil Rechte und Wahrheit nicht teilbar sind. Sprichwörter wie 'one cannot trade in values', 'ideas are not for sale', 'no bargain with the truth' unterstreichen diesen Umstand[39]. Kommt es zu einer Lösung, so hinterläßt diese in der Regel einen Gewinner und einen Verlierer. Was der erfolgreiche Kläger erstreitet, ist des Beklagten Verlust und vice versa. Findet der Dissens in einer autoritativen Entscheidung sein typisches Ende, so liegt ein Nullsummenspiel vor. Aubert spricht von Konflikts*typen*. Viele Konfliktsverhältnisse tragen in unterschiedlicher Mischung die Merkmale *beider* Typen. Dissens- und Interessenkonflikte können sich überlagern; Streitigkeiten können sich auch vom einen Typus zum andern wandeln.

Entwickelt sich ein vertragsrechtlicher Streit zum Gerichtsfall, so ändert sich die Natur des Konfliktes in mannigfacher Hinsicht:

1. Der Interessenkonflikt wird spätestens in diesem Zeitpunkt zum Dissensuskonflikt. "The clash of interests is from now on formulated as a disagreement concerning either certain facts in the past or concerning what norms apply to the existing state of affairs, or both, in a way which often makes it hard to distinguish clearly between questions of fact and questions of law."[40] Die persönlichen Wünsche und Bedürfnisse der Parteien werden unwichtig, was zählt, ist die rechtliche Argumentation, der rechtlich relevante Sachverhalt und die Beweisführung. Die richterliche Entscheidung hat binären Charakter. Einer bekommt recht, der andere trägt das Stigma des ‚Im-Unrecht-Seins', allenfalls sogar der Lüge davon[41]. In der Praxis gelingt es dem Richter zwar meistens, den Streit wieder in die Nähe eines Interessenkonfliktes zurückzuführen und die Parteien davon zu überzeugen, daß es für beide besser sei, nicht auf ihren Rechtspositionen zu verharren und einem Kompromiß zuzustimmen, doch auch wenn der Konflikt mit einem Vergleich endet, läßt sich das Gesagte und Geschriebene, die zugefügten Wunden nicht mehr rückgängig machen.

---

[39] Zitiert ebd., S. 29.

[40] Ebd., S. 33.

[41] Daß eine Klage oftmals teilweise gutgeheißen und teilweise abgewiesen wird, ist kein Argument gegen die binäre Struktur des Rechts, sondern darauf zurückzuführen, daß regelmäßig mehrere Rechtsfragen und Tatsachenbehauptungen strittig sind, die nicht alle zugunsten derselben Partei auszugehen brauchen, oder daß Expertenbeweise für Tatsachen zugelassen werden, die eine qualitativ oder quantitativ graduelle Beurteilung erlauben.

2. Die Anrufung des Richters verwandelt die vertragliche Dyade in eine Triade. Mit ihm tritt ein fremder Dritter in die Beziehung, die dadurch entscheidend verändert wird. Die Parteien verlieren z. T. die Kontrolle über den Streit und geben dessen Intimität preis. Sie verhandeln nicht mehr miteinander, sondern verteidigen ihre Position vor einem neutralen Dritten. Im schriftlichen Verfahren geben sie den direkten Kontakt ganz auf. Die Angelegenheit wird den Parteivertretern übertragen. Der Streit nimmt seinen formalen Lauf, und die persönlichen Aspekte der strittigen Beziehung verschwinden aus dem Blickfeld. Die Tatsache, daß der Richter vom Kläger angerufen wird, stellt keine besonderen Beziehungen zwischen den beiden her. Beide Parteien bekennen implizit, daß sie ohne Hilfe von außen ihre Probleme nicht regeln können[42].

3. Eisenberg hat auf drei weitere Veränderungen aufmerksam gemacht[43]: Die Einführung eines Fremden bringt eine Stilisierung des Konfliktlösungsverfahrens mit sich. Die Parteien haben sich bestehenden Regeln zu fügen und entsprechend zu verhalten. Sie müssen einer dritten Person gehorchen, dürfen nur wenn aufgefordert sprechen und haben sich ordentlich, höflich und respektvoll aufzuführen, was mit nicht geringem emotionalem Streß verbunden ist. Der Richter seinerseits hat sich objektiv zu verhalten, wenn er die ihm verliehene Autorität nicht aufs Spiel setzen will; sie zu wahren, zwingt ihn zur Distanz gegenüber den Parteien. Er hebt im Interesse seiner Funktion die Bedeutung der rationalen Entscheidungsfindung hervor und spielt seine Ermessensfreiheit herab.

4. Die Erstellung des Sachverhalts begegnet in der Triade neuen Problemen. Der Richter muß von der Wahrheit oder wenigstens von der Wahrscheinlichkeit einer Tatsachenbehauptung überzeugt werden. Die persönlichen Kenntnisse der Parteien reichen dazu nicht aus, wenn eine Partei die Sachdarstellung der Gegenpartei bestreitet. Aus prozeßtaktischen Gründen ist auch das zu bestreiten, wovon eine Partei keine Kenntnis hat oder woran sie nur leise Zweifel hegt. Was bestritten ist, muß im Prozeß mühsam erstellt werden unter Beachtung höchst technischer Beweisregeln, die den Ansprüchen des gerichtlichen Verfahrens genügen.

5. Der Richter kann auf das Streitverhältnis lediglich Sanktionen anwenden, die im Gesetz vorgesehen sind. Die persönlichen Bedürfnisse und Präferenzen der Parteien kann er nicht berücksichtigen[44]. Der

[42] Vilhelm Aubert: Courts and Conflict Resolution, J. Confl. Res. 11 (1967), S. 41.

[43] Eisenberg: Private Ordering Through Negotiation, S. 653 ff.

[44] In bescheidenem Umfang erlauben Gestaltungsrechte einer Partei zwischen alternativen Rechtsbehelfen zu wählen. Die Wahl kann, muß aber nicht

Streitfall und die Sanktionen müssen in einer logischen Relation stehen. Während der Kompromiß den Parteien die Möglichkeit eröffnet, Konflikte aus verschiedenen Wirtschaftsbeziehungen kompensatorisch zu regeln, ist dieser manchmal sinnvolle Weg dem Richter verschlossen.

Gerichtsverfahren und Abbruch der wirtschaftlichen und sozialen Beziehungen zwischen den Parteien gehen in der Regel zusammen. Ob der Abbruch die Ursache oder die Wirkung des Verfahrens ist, kann nicht einfach beantwortet werden. Oft ist ein Prozeß ein Indiz dafür, daß die Parteien ihre Beziehungen bereits abgebrochen haben und auf die Liquidation der Trümmer warten. Anderseits treiben die geschilderten Eigenschaften des vertragsrechtlichen Verfahrens die Parteien ganz auseinander. Macaulays Berichte zeigen, daß die Prozeßeinleitung und oft schon die Prozeßandrohung in der Geschäftswelt als Signal des bösen Willens, manchmal gar als Kriegserklärung aufgefaßt wird[45]. Die Antizipation der disruptiven Wirkung eines Prozesses ist sicher einer der wichtigsten Gründe dafür, daß vertragliche Konflikte außergerichtlich gelöst werden, solange die Partner sich von ihrer Kooperation noch etwas versprechen. Doch selbst wo keine künftige Kooperation mehr vorgesehen ist, wird die disruptive Wirkung des Verfahrens viele Konflikte von den Schranken fernhalten, weil zumindest eine der Parteien den psychischen Streß nicht auf sich nehmen will oder kann. Kommen existentielle Vertragsbeziehungen, die wie Arbeits- und Mietverträge oder Aufträge vielleicht jahrelang gedauert haben, zu einem Ende und bleibt am Schluß etwas unbereinigt, so brächte der Abbruch der Beziehungen keine wirtschaftlichen Nachteile, weil die Beziehung ohnehin beendet ist; doch solche Vertragsbeziehungen sind für viele ein Stück Lebensgeschichte, und es macht einen Unterschied, ob sie enttäuschend, aber friedlich oder mit einem Eklat vor Gericht und mit persönlicher Feindschaft enden[46].

b) Wirkungen auf die Vertragspartner

„Wenn man sich die Frage stellt", schreibt Hegenbarth, „warum Konfliktparteien ihren Streit durch eine freiwillige Vereinbarung beenden,

---

für den Richter verbindlich sein. Vgl. z. B. Art. 107 Abs. 2 OR und Art. 205 Abs. 2 OR.

[45] Macaulay: Non-contractual Relations, S. 61 und 64.

[46] Marc Galanter hat auf eine weitere Wirkung des Gerichtsverfahrens hingewiesen. Er geht von einer Typologie der Parteien aus und unterscheidet zwischen jenen, die routinemäßig prozessieren (repeat players), und jenen, die nur selten oder gar nur ein einziges Mal im Leben vor die Schranken treten (one-shotters). Die repeat players haben Galanter zufolge im Gerichtsverfahren eine Vorzugsstellung, die in einer Assymetrie des Rechtssystem begründet liegt und deren Beseitigung tiefgreifende Reformen des Verfahrens erfordert. Vgl. Why the 'Haves' Come Out Ahead: Speculations on the Limits of Legal Change, Law & Society Rev. 9 (1974), S. 95 - 160.

die auf gegenseitigem Nachgeben beruht, würde man wohl die Antwort erhalten, dies entspräche dem beiderseitigen Interesse. Aber bereits Emile Durkheim hat der utilitaristischen Vertragsdeutung Herbert Spencers vorgehalten, daß das individuelle Nutzstreben die Eingehung von Tauschbeziehungen nicht erklärt. Erst die Existenz eines gemeinsamen Bezugsrahmens vorkontraktueller Art, die Institutionen des Vertrages ... machen beiderseits lohnende Beziehungen möglich"[47]. Zu diesem Bezugsrahmen gehört das Vertragsrecht. Obwohl selbst Durkheim die Bedeutung des Rechts wahrscheinlich überschätzt hat, zweifelt heute niemand daran, daß das Vertragsrecht auch auf jene Vertragsbeziehungen einwirkt, die nie in einen Prozeß ausmünden. Die Frage ist nur, auf welche Weise und wie stark wirkt das Vertragsrecht.

Eine präzise Antwort kann niemand geben, nicht nur deshalb, weil sie für verschiedene Transaktionstypen verschieden ausfallen müßte. Zu viele Variablen, die sich nicht oder nur ungenügend isolieren lassen, beeinflussen das Vertragsverhalten: Verhandlungsprozesse werden nicht nur durch Normen gesteuert, sondern während der Verhandlungen werden auch Normen entwickelt[48]. Beide Prozesse überlagern sich und lassen sich schwer trennen. Lempert hat gezeigt, daß fast jede vertragsrechtliche Norm ihr Korrelat in einer sozialen Norm hat, so daß auch Normen, die scheinbar nur dem Recht angehören, nicht als Test für die Effektivität des Vertragsrechts dienen können, da sie oftmals von sozialen Normen unterstützt werden, von deren Existenz man nicht genau weiß[49]. Die rechtlichen und sozialen Normensysteme stehen in einem Interaktionsverhältnis und lassen sich analytisch nur unzureichend auseinanderhalten.

Eisenberg vertritt die Auffassung, daß Konfliktlösungen, die in einem außergerichtlichen Vergleich gefunden werden, in hohem Maße von Normen bestimmt werden. Er führt anhand zweier vom Anthropologen Gulliver übernommener Fallstudien aus, daß verschiedene kollidierende Normen sich überlagern können[50]. Bei außergerichtlichen Konfliktlösungen braucht im Gegensatz zum Gerichtsverfahren nicht zugunsten *einer* Norm entschieden zu werden, sondern alle rechtlichen und sozialen Normen können berücksichtigt werden, die von den Konfliktparteien angerufen werden. Wenn der Konfliktsprozeß schließlich in einem Kompromiß endet, heißt das nicht, daß Normen bei seinem

---

[47] Rainer Hegenbarth: Sichtbegrenzung, Forschungsdefizite und Zielkonflikte in der Diskussion über Alternativen zur Justiz, in: JRR, Bd. 6, S. 62.

[48] Vgl. Peter Murdoch: Development of Contractual Norms in a Dyad, Journal of Personality and Social Psychology 6 (1967), S. 206 - 211 sowie oben Kap. II, Anm. 51.

[49] Richard Lempert: Norm-Making in Social Exchange. A Contract Law Model, Law & Society Rev. 7 (1972), S. 1 - 32.

[50] Eisenberg: Private Ordering Through Negotiation, S. 642 ff.

Zustandekommen keine Rolle gespielt hätten, wie Gulliver dies annimmt; Eisenberg findet im Gegenteil, "that in most cases of dispute negotiation the outcome is heavily determined by the principles, rules and precedents that the party invokes"[51]. Normen sind nicht nur Munition, mit der jede Partei ihre Interessenposition verteidigt und legitimiert, sondern sind Leitlinien, denen entlang eine Lösung gesucht wird.

In besonderer Weise beeinflussen Präzedenzfälle die Konfliktsverhandlungen: In unserer Kultur ist das Prinzip der Gleichbehandlung stark verankert, und wer früher einmal in einer ähnlichen Situation einer bestimmten Konfliktlösung zugestimmt hat, kann sich später einer andern Partei gegenüber nicht auf den Standpunkt stellen, diese Lösung sei für ihn untragbar. Früheres Verhalten wirkt faktisch bindend; das wissen Unternehmen, die wie Versicherungsgesellschaften ein großes Publikum zur Kundschaft haben und darum regelmäßigen und konstanten Mustern folgende Konflikte auszutragen haben, sehr genau. Was an Zugeständnissen gegenüber *einer* Konfliktspartei durchaus tragbar wäre, kann nicht zugestanden werden, weil sonst ‚alle kämen'. Präzedenzfälle wirken sich in die Zukunft aus. Schelling hat darauf hingewiesen, daß prominente Lösungen, Lösungen die allgemein gerne zur Konfliktlösung gewählt werden, ebenfalls normativen Einfluß auf Konfliktsverhandlungen ausüben. ‚Fifty-fifty' oder ‚runde Zahlen' oder ‚gegenseitiger Verzicht auf Entschädigungen und Teilung der Kosten' sind übliche Lösungen; sie erleichtern es manchmal den Parteien, gemeinsamen Grund zu finden. Sie enthalten ähnlich den Präzedenzfällen Regeln, die sich früher bewährt haben, und daher drängen sie die Konfliktsparteien dazu, sie auch dem aktuellen Konflikt zugrundezulegen[52].

Die genannten Autoren sprechen in ihren Arbeiten ganz generell von Regeln, Prinzipien und Präzedenzfällen. Es braucht sich dabei nicht um vertragsrechtliche Normen zu handeln, aber es liegt nahe, daß sie genau so wie außerrechtliche Normen auf den Ausgang eines Konfliktes einwirken, und zwar, indem sie einerseits eine mögliche Lösung vorzeichnen und andererseits die Verhandlungsposition jenes Partners stärken, der das Recht wahrscheinlich auf seiner Seite hätte, würde es im Prozeß getestet. Es macht in den Verhandlungen einen Unterschied, ob man seine Stellung rechtlich gesichert weiß oder ob man implizit um eine Gunst bitten muß.

Eisenberg unterscheidet zwischen 'dispute-negotiation' (Konfliktsverhandlungen) und 'rule making-negotiation' (Planungsverhandlungen). Letztere stehen typischerweise nicht unter dem Erfolgsdruck, der auf

[51] Ebd., S. 639.

[52] Thomas C. Schelling: The Strategy of Conflict, Oxford 1969, S. 67 f.

Konfliktsverhandlungen lastet. Finden die Gesprächspartner keinen Konsens, können sie wieder auseinander gehen und nach neuen Partnern Ausschau halten. Eisenberg findet, daß der Ausgang von Planungsverhandlungen zwischen *unabhängigen* Partnern fast ausschließlich durch die Verhandlungsmacht der einzelnen Partner bestimmt wird und daß Normen keine nennenswerte Rolle spielen. Je mehr die Partner jedoch voneinander *abhängig* sind, je größer der Erfolgszwang, desto stärker bestimmen normative Regeln den Ausgang der Verhandlungen.

Unsere Ausführungen behandelten bisher den Einfluß vertragsrechtlicher Normen auf den *Inhalt* ausgehandelter Verträge und Vergleiche. Oft werden diese schließlich in Schriftform niedergelegt. Die formalen Aspekte, namentlich die Terminologie einer Vereinbarung, werden maßgeblich durch das Vertragsrecht beeinflußt. Verträge werden oftmals durch hausinterne oder -externe Juristen entworfen; vielleicht noch öfter werden Juristen zu Konfliktsverhandlungen beigezogen. Sie sind die Experten des Vertragsrechtes und des Gerichtsverfahrens. Sie messen der prozeß-sicheren Form eines Vertrages überragende Bedeutung zu, was voraussetzt, daß Rechte und Pflichten detailliert und in unzweideutiger Sprache abgefaßt sowie mit vertragsrechtlichen Sanktionen ausgestattet werden. Dies gilt auch für die von Juristen entworfenen Standardverträge, die nicht auf dem Verhandlungswege ausgehandelt werden. Form und Inhalt sind zu einem gewissen Grade interdependent; das Vertragsrecht wirkt über die Form, die Sprache und Stilisierung der Verträge auch auf deren Inhalt. Ähnlich macht sich der Einfluß der Juristen in Konfliktsverhandlungen bemerkbar. Der Fluchtpunkt juristischer Perspektive ist stets der Prozeß. Dies beeinflußt das Verhalten in Konfliktsverhandlungen. Nicht-Juristen sind großzügiger mit tatsächlichen oder rechtlichen Zugeständnissen. Sie messen ihnen weniger Bedeutung zu; Juristen dagegen wissen, was in einem kommenden Prozeß allenfalls gegen den Klienten verwendet werden könnte, und sind daher vorsichtiger. Soweit Juristen den Ausgang der Planungs- und Konfliktsverhandlungen beeinflussen, kann von einem indirekten Einfluß des Vertragsrechtes gesprochen werden. Der Anwalt — ausgebildet in den Techniken des Rechts — ist neben den Richtern wahrscheinlich die maßgebliche Umschaltstelle, die vertragsrechtliche Normen in konkrete Vertragsverhältnisse einfließen läßt.

3. Die Geschichte vom Tod des Vertrages

Gilmore publizierte 1974 ein Büchlein mit dem Titel 'The Death of Contract' und leitete es ein mit den Worten: "We are told that Contract, like God, is dead. And so it is. Indeed the point is hardly worth arguing anymore."[53] Was der Autor auf den folgenden hundert Seiten präsentiert, ist eine Geschichte der Vertragstheorie, die vor hundert Jahren ihren Anfang nahm, kurz darauf ihre Blüte erreichte und heute in Scherben daliegt. Selbstverständlich gab es schon seit Urzeiten Verträge und Gerichte, die solche Rechtsverhältnisse beurteilten, aber vor 1871 war das Vertragsrecht in Amerika eine lose Ansammlung verschiedener Regeln, Grundsätze und Rechtsgebiete. Erst Langdell[54] hat das Vertragsrecht in einer systematisch organisierten, geschlossenen und von andern Rechtsgebieten scharf abgegrenzten Theorie dargestellt. Holmes und Williston haben das Vertragsrechtssystem in den darauf folgenden Jahrzehnten weiter ausgebaut und zur ‚Perfektion' gebracht. Sie stützten ihre Konstruktion auf drei philosophische Pfeiler ab[55]:

1. Vertragsrechtliche Haftung entspringt nur solchen Versprechen (Vereinbarungen), denen ein ausgehandelter Austausch zugrundeliegt. Die Zweiseitigkeit (consideration) des Vertrages ist die Voraussetzung für seine rechtliche Verbindlichkeit[56].

2. Ist ein Vertrag rechtlich verbindlich, so haftet eine Partei, die ihn nicht oder nicht gehörig erfüllt, im Umfang des positiven Vertragsinteresses, und zwar ausnahmslos.

3. Der einzige Rechtsbehelf gegen Vertragsbruch ist die Schadenersatzklage. Die Erfüllungsklage ist nicht zulässig, denn es soll einer Partei freigestellt bleiben, ob sie den Vertrag erfüllen oder Schadenersatz leisten will.

---

[53] Gilmore: The Death of Contract, S. 3.

[54] Vgl. Kp. IV. Anm. 1.

[55] Vgl. Kurt A. Strasser: Teaching Contracts — Present Criticism and a Modest Proposal for Reform, J. Leg. Educ. 31 (1981), S. 66 ff.

[56] Das Vorhandensein einer 'consideration' ist im common law die Voraussetzung für die rechtliche Verbindlichkeit eines Vertrages. Der Kern dieses äußerst komplexen und schillernden Konzeptes sagt, daß ein Vertrag, um rechtlich verbindlich zu sein, ein zweiseitiger Austausch sein muß, zu dem beide Seiten etwas beitragen. Bei normalen Verträgen ist die consideration leicht zu erkennen: Werden 10 000 Dollar für ein Stück Land versprochen, so ist das Land die consideration für die 10 000 Dollar und diese die consideration für das Land. Das reine Schenkungsversprechen dagegen hat keine consideration und ist daher nicht rechtlich verbindlich. Die klassische Vertragstheorie begnügt sich mit dem Vorhandensein einer consideration und fragt nicht, ob diese fair oder adäquat sei. Vgl. Friedman: Contract Law in America, S. 21.

Gilmore stellt im folgenden dar, wie diese drei Pfeiler im zwanzigsten Jahrhundert unterspült wurden. Das Erfordernis einer Consideration, die ein Versprechen erst rechtlich verbindlich machte, wurde nach und nach ausgehöhlt. Die Gerichte anerkannten etwa verschiedene Quasikontrakte, die keine ausgehandelten Austausche waren, sondern einseitige faktische Handlungen, die zu vertragsähnlichen Pflichten des Begünstigten führen. Die strikte Haftung aus Verträgen wurde gelockert; mehr und mehr Exkulpationen ermöglichen es einer Partei, sich von ihrer vertraglichen Verpflichtung zu lösen. Die Geltendmachung eines Irrtums, die nachträgliche Unmöglichkeit der Erfüllung oder die Unzumutbarkeit sind Beispiele dafür. Auch der dritte Pfeiler geriet ins Wanken. Neben die Schadenersatzklage auf das positive Vertragsinteresse sind neue Rechtsbehelfe getreten; Erfüllungsklagen und Konventionalstrafen sind üblich. Cardozo, Corbin und die Realisten sind es, die nach Gilmore die theoretischen Grundlagen des klassischen Vertragsrechtsmodells zerstört haben.

Wir können in diesem Zusammenhang nicht auf Einzelheiten von Gilmores Argumentation eingehen, da dies Vertrautheit mit der vertragsrechtlichen Terminologie und Dogmatik des common law bedarf, die hier nicht vorausgesetzt werden kann. 'The Death of Contract' ist für uns jedoch als Zeugnis dafür interessant, daß die allgemeine Lehre vom Vertrag sich, zumindest was das common law angeht, desintegriert hat[57]. Die Gerichte bedienen sich ihrer zwar heute noch zur Begründung ihrer Entscheide, die Terminologie hat sich nicht grundsätzlich verändert, doch die richterlichen Entscheidungen werden nicht mehr so gefällt, wie es die Vertragsrechtsdogmatik und die ihr zugrundeliegende Ideologie wahrhaben wollen.

Gilmore ist der Auffassung, daß die Wirklichkeit des Rechts nie so ausgesehen hat, wie die allgemeine Vertragstheorie und die Lehrbücher sie darstellen. Die vermeintliche Einheit des Vertragsrechtes sei durch eine extrem selektive Auswahl der Gerichtsurteile erreicht worden[58]. Jene, die ins dogmatische Schema paßten, waren die ‚guten' und ‚richtigen' Urteile, jene, die ihm widersprachen, die ‚schlechten' und ‚falschen' Entscheide. Dogmatische Überlegungen bestimmten auch, welche Fälle wichtig und welche unwichtig waren. Präjudizien kamen zu Ruhm, weil sie dogmatischen Bedürfnissen entsprachen, nicht weil sie Beispiele für wichtige Probleme des rechtlichen, wirtschaftlichen

---

[57] Daß die Kategorien, auf denen die Vertragsdogmatik des common law gründet, mit der vertragsrechtlichen Wirklichkeit nicht mehr in Einklang stehen, zeigt auch Atiyah: The Rise and Fall of Freedom of Contract, S. 764 ff.

[58] Gilmore: The Death of Contract, S. 55.

und sozialen Lebens waren. So kamen Fälle wie Raffles v. Wickelhaus[59] zu Ehren, dem folgendes unglückliche Zusammentreffen zugrundelag:

Die Parteien hatten ein Geschäft über 125 Ballen Baumwolle abgeschlossen, die auf dem Schiff ‚Peerless' von Bombay nach Liverpool verschifft werden sollten. Nun gab es aber zwei Frachter mit dem Namen ‚Peerless', die im selben Herbst aus Bombay kommend in Liverpool einliefen. Die Ballen kamen mit dem zweiten Schiff. Da der Baumwollmarkt inzwischen zusammengebrochen war, wollte der Käufer von den Ballen nichts mehr wissen und stellte sich auf den Standpunkt, er habe die erste ‚Peerless' gemeint, die eingelaufen sei. Diese Begebenheit hat sich zugetragen, aber sie mutet nicht nur der Herkunft der Baumwolle wegen reichlich exotisch an, und man muß sich fragen, ob eine Situation, wie sie diesem Fall zugrundeliegt, mehr als alle Jahrzehnte einmal vorkommt. Zum wichtigen Fall in der Rechtslehre wurde Raffles v. Wickelhaus, weil er sich als Illustration zur Dissensproblematik eignete[60].

Nun, das ist Geschichte. Die Rechtswissenschaft arbeitet heute anders; ihr Augenmerk ist mehr auf Fälle gerichtet, denen relevante wirtschaftliche und soziale Probleme zugrundeliegen. Dennoch wurde Gilmores Buch unter den Vertragsrechtlern Amerikas als Provokation aufgefaßt. Drei Jahre nach seinem Erscheinen lagen mindestens zwölf Rezensionen vor, die gesamthaft mehr Seiten umfassen als die besprochene Publikation selber; seither sind zusätzliche Abhandlungen veröffentlicht worden[61]. Die meisten setzen sich mit Gilmores historischer

---

[59] 2 Hurl & C. 906, 159 Eng. Rep. 375 (Ex. 1864).

[60] Es dürfte nicht schwerfallen, ähnliche Fälle in der kontinentaleuropäischen Kasuistik zu finden, die trotz ihrer sozialen und wirtschaftlichen Marginalität von Lehrbuch zu Lehrbuch weitervererbt und von Juristengeneration zu Juristengeneration überliefert wurden. Für die Schweiz vgl. etwa BGE 41 II 252 ff., wo es nicht um Baumwolle, sondern um Hanf aus dem Orient ging.

[61] John Adams: Book Review, Wash. U. L. Q. (1975) 858 - 864; Clare Dalton: Book Review, Am U. L. Rev. 24 (1975), S. 1372 - 1386; Richard A. Epstein: Book Review, Am J. Leg. Hist. 20 (1976), S. 68 - 72; James R. Gordley: Book Review, Harv. L. Rev. 89 (1975), S. 452 - 467; Robert W. Gordon: Book Review, Wis. L. Rev. 74 (1974), S. 1216 - 1239; Morton Horwitz: Book Review, U. Chi. L. Rev. 42 (1975), S. 787 - 797; S. F. C. Milsom: A Pageant in Modern Dress, Yale L. J. 84 (1975), S. 1585 - 1590; Ralph J. Mooney: The Rise and Fall of Classical Contract Law: A Response to Prof. Gilmore, Ore. L. Rev. 55 (1976), S. 155 - 176; Curtis R. Reitz: Book Review, U. Pa. L. Rev. 123 (1975), S. 697 - 700; Richard E. Speidel: An Essay on the Reported Death and Continued Vitality of Contract, Stan. L. Rev. 27 (1975), S. 1161 - 1183; Timothy J. Sullivan: Book Review, WM & Mary L. Rev. 17 (1975), S. 403 - 416; Anthony J. Waters: Book Review, Md. L. Rev. 36 (1977), S. 270 - 287; Richard Danzig: The Death of Contract and the Life of the Profession. Observation on the Intellectual State of Legal Academia, Stan. L. Rev. 29 (1977), S. 1125 - 1134; Kurt A. Strasser: Teaching Contract — Present Criticism and a Modest Proposal for Reform, J. Legal Educ. 31 (1981), S. 63 - 86.

und dogmatischer Argumentation auseinander und weisen auf zahlreiche Ungenauigkeiten und Unvollständigkeiten hin, die offenbar aufgespürt werden konnten. Was ist es, das fast 4 % der amerikanischen Vertragsrechtslehrer zur Feder greifen ließ? Gilmores Botschaft ist nicht neu und seine Argumentation nicht einmal sonderlich orginell. Daß das klassische Vertragsdogma kaum mehr die Wirklichkeit des Rechts zu beschreiben vermag, haben seit den dreißiger Jahren viele vor ihm gedacht und geschrieben. Doch Gilmore ist eine Korriphäe unter den amerikanischen Vertragsrechtlern, und die Todesmeldung aus seinem Munde konnte nicht ignoriert werden[62]. Viele hängen am klassischen Vertragsrechtssystem, und wenn auch manche zugeben, daß das heutige Vertragsrecht die Legitimation des klassischen Vertragsdogmas in Frage stellt, sind nur wenige bereit, es aufzugeben und nach Neuem zu suchen.

Gilmore nennt in einer Fußnote Friedman und Macaulay die Führer der 'Contract is dead' Bewegung, letzteren gar den 'Lord High Executioner of the Contract is Dead School'[63]. In der Tat fand bereits 1967 anläßlich eines Treffens der Association of American Law Schools ein Symposium über die Relevanz der Vertragsrechtstheorie statt[64], an dem Friedman und Macaulay maßgeblich mitwirkten. Die Teilnehmer stellten bei dieser Gelegenheit die Frage, welche Bedeutung dem allgemeinen Vertragsrecht, wie es überall in den amerikanischen Rechtsfakultäten gelehrt wird, heute noch zukomme. Obwohl Gilmore an diese Fragestellung anzuknüpfen scheint, ist sein Anliegen, sind seine Gedankengänge doch ganz anderer Natur als jene Hursts, Friedmans, Macaulays und anderer, die man auch schon 'Behavioral Realists' genannt hat[65].

Die behavioristischen Realisten weigern sich, ihre Forschung auf Gesetze und Gerichtsentscheide zu beschränken. Sie untersuchen stattdessen das Recht, wie es in der sozialen Realität gelebt wird; dies erfordert den Einbezug aller Individuen, Behörden, Verbände und Institutionen, die sich mit der Entwicklung, Auswertung und Durchsetzung des Rechtes beschäftigen[66]. Die Gerichte erfüllen dabei nur den klein-

[62] Vgl. dazu Richard Danzig: The Death of Contract and the Life of the Profession, Stan. L. Rev. 29 (1977), S. 1125 f.

[63] Gilmore: The Death of Contract, S. 105.

[64] Die anläßlich dieses Symposiums vorgelegten Diskussionspapiere sind abgedruckt in Wis. L. Rev. 67 (1967), S. 803 - 839.

[65] Robert W. Gordon, der schon sehr früh die beste unter den Buchbesprechung zu Gilmores 'The Death of Contract' geschrieben hatte, weist sehr deutlich auf diese Unterschiede hin und führt den Namen 'Behavioral Realists' ein, Wis. L. Rev. 74 (1974), S. 1222 ff.

[66] Vgl. dazu Friedman / Macaulay: Contract Law and Contract Teaching, Past, Present and Future.

sten Teil der Aufgabe. Zum Recht gehören überdies nicht nur die Regeln und Prinzipien, mit denen Urteile begründet werden, sondern auch die Auffassungen und das Verhalten des Rechtsstabes und der Öffentlichkeit, die bestimmen, *ob* Regeln zur Anwendung kommen, *wer* sie anwendet und *wie* sie angewandt werden.

Eine durch ihre Arbeiten gefestigte Hypothese heißt, daß den allgemeinen Vertragsrechtsregeln und -prinzipien heute nur noch eine geringe soziale Funktion zukommt, und zwar aus zwei Gründen, die in dieser Arbeit schon verschiedentlich genannt wurden: 1. Die sozial relevanten Vertragsbeziehungen sind aus dem common law ausgesiedelt worden und werden heute durch spezielle rechtliche Sachgebiete geregelt. 2. Die Gerichte haben heute nicht mehr die Funktion, generelle Grundsätze und Prinzipien für Vertragsbeziehungen festzusetzen. Die Behavioral Realists sprechen in diesem Zusammenhang *nicht* von der Vertragsrechts*dogmatik*, sondern von den Regeln und Prinzipien, die man als allgemeines Vertragsrecht bezeichnet. Der dogmatische Überbau ist etwas anderes, nämlich das, womit sich Vertragsrechtler und Studenten beschäftigen und dessen sich Anwälte und Richter als Kommunikationsmittel und Legitimationsgrundlage bedienen. Keiner der Behavioral Realists hat sich deshalb dogmatischen Fragen zugewandt; das ist ihrer Meinung nach kein sozial relevantes Forschungsgebiet, sondern die Domäne "of law professors and political scientists and thoses judges who seek their praise"[67]. Das Vertragsrecht und die Vertragsrechtsdogmatik sind zwei Systeme, die nach ihrer Auffassung kaum miteinander in Interaktion treten.

Gilmores 'The Death of Contract' bewegt sich ausschließlich im System der Vertragsdogmatik; er schildert den Aufbau und Zerfall der klassischen Lehre[68]. Wie seit Landell bei den meisten Vertragsrechtlern stammt auch sein Pulver ausschließlich aus Gerichtsurteilen. Er wählte die Fälle anders aus, er sucht sie nicht aus der Perspektive einer geschlossenen Dogmatik, er stellt andere Gesichtspunkte in den Vordergrund, bewegt sich aber im geschlossenen Kreis der Dogmatik. Da es aus der Sicht der Behavioral Realists für das Vertragsrecht nicht entscheidend ist, ob die Vertragsrechts*theorie* lebt, gut lebt, kränkelt oder gestorben ist, ist auch Gilmores Buch nicht von Bedeutung. Wenn es richtig ist, daß vertragsrechtliche Konzepte auf die Veränderung der Rechtsprechung keinen oder nur geringen Einfluß haben, dann ist Gilmores 'The Death of Contract' tatsächlich nur ein Sturm im Wasserglas gewesen.

---

[67] Friedman / Macaulay: Law and the Behavioral Sciences, S. viii.

[68] Gilmore bekennt seine Abneigung gegen die soziologische Analyse des Rechts, hält sie für uninteressant und bevorzugt den philosophischen und historischen Zugang zum Untersuchungsgegenstand, The Death of Contract, S. 3.

Sechstes Kapitel

Wandel und Funktionen des Vertrages

Das ‚Goldene Zeitalter' des Vertrages war das 19. Jahrhundert. Damals spielten der freie Markt und die Vertragsfreiheit eine Rolle wie nie zuvor und nie danach. Den Höhepunkt jener Epoche setzt man in Amerika rückblickend um das Jahr 1870 an. Dies ist nun lange schon Geschichte. Die anglo-amerikanische Vertragsliteratur unseres Jahrhunderts hat eine stufenweise Beschneidung des freien Marktes festgestellt und gegen die Abwertung oder die Auswüchse der Vertragsfreiheit angekämpft. Heute fragt sie sich, ob der Vertrag tot sei[1]. Etwas weniger radikal, aber stellvertretend für viele, formuliert Baker die um sich greifende Verunsicherung so: "Should [we] admit frankly ... that most of what [we are] going to say about the common law of contract is irrelevant to modern practice? ... Would anything of value be lost if the law schools abandoned contract as a core subject and substituted consumer law, commercial law, employment law, and so forth?"[2]

Heute wird über Aufstieg und Niedergang des Vertrages mit einer Selbstverständlichkeit geschrieben, die an historische Darstellungen über den Auf- und Niedergang des Römischen Reiches erinnern. Ein Phänomen kam zur Blüte, feierte Triumphe und ist darauf erloschen. Wehmut schwingt mit. Auch auf dem Kontinent spricht man seit Jahrzehnten von einer ‚Krise des Vertrages'[3]. Doch steckt der Vertrag tatsächlich in einer Krise? Ist er wirklich dem Untergang nahe?

Diese leicht pathetischen Äußerungen über das sinkende Vertragsschiff sind nicht ohne weiteres verständlich; niemand schreibt z. B. in vergleichbarer Weise über Aufstieg, Triumph oder Niedergang der Immobiliarhypothek oder des Strafrechts. Wieso also dieses Aufheben um den Vertrag? Den Hintergrund der Diskussionen bilden die großen rechtshistorischen Entwürfe, die den Vertrag als Symbol des fortschrittlichen Rechts überhaupt begriffen. Ihnen zufolge war der Vertrag nicht eine unter vielen sozialen Institutionen, die Vertragsdogmatik nicht

[1] Vgl. oben Kapitel V, 3.

[2] J. H. Baker: From Sanctity of Contract to Reasonable Expectation?, Current Legal Problems 31 (1979), S. 17.

[3] Rudolf Reinhardt: Die Vereinigung subjektiver und objektiver Gestaltungskräfte im Vertrag, in Festschrift für Schmidt-Rimpler, 1957, S. 115.

eine rechtswissenschaftliche Lehre inter pares, sondern der moderne Vertrag wurde als Idealtypus verstanden, auf den sich die gesamte Rechtsentwicklung hinbewege. Sir Henry Maines Formel: 'From Status to Contract'[4] schien seiner Zeit wissenschaftlich unanfechtbar, zwingend und gut zu sein. Die Rechtsentwicklung hat sich bekanntlich nicht an die Voraussagen gehalten; die Herrschaft des Vertrages als Idealtypus dauerte nur wenige Jahrzehnte. Sein Niedergang war nicht nur jener einer Institution, sondern kam dem Erlöschen eines Leitsternes gleich, der dem gesamten Recht einige Zeit geleuchtet hatte. Seither hat die Wissenschaft neue Idealtypen gesucht. Ein Maines Diktum vergleichbarer Wurf ist indes noch nicht gelungen. Manche sehen die Rechtsentwicklung auf dem Weg zurück zum Status, wobei ,Status' zum Kriterium des öffentlichen Rechts umformuliert wird; andere vergleichen diese mit einem Pendel, das zwischen den Endpunkten Status und Kontrakt schwingt. Besondere Beachtung hat in den letzten Jahren die ,Rolle' als Idealtypus gefunden[5].

Wir wollen im folgenden die Diskussion vom Vertrag als Idealtypus weglenken und auf drei etwas weniger abstrakten Ebenen weiterführen. Dabei untersuchen wir den ,Wandel des Vertrages' als Änderungen des Vertragsverhaltens, des Vertragsrechts und der Vertragsdogmatik. Gleichzeitig kommen wir auf ihre verschiedenen Funktionen zu sprechen. Alle drei stehen zwar in einer mehr oder weniger engen Interaktion, gleichwohl kann von einer einheitlichen Entwicklung nicht die Rede sein. Vertragsverhalten, Vertragsrecht und Vertragsdogmatik verändern sich nach verschiedenen Gesetzmäßigkeiten und erfüllen ganz unterschiedliche Funktionen. Was den ,Niedergang des Vertrages' betrifft, so kann damit nur die Dogmatik gemeint sein. Überspitzt läßt sich nämlich sagen: Das Vertragsverhalten als eine Form des sozialen Verhaltens hat in den letzten hundert Jahren ständig an Bedeutung zugenommen; das Vertragsrecht hat eine Partikularisierung erfahren, und die Vertragsdogmatik steckt in einer Krise.

1. Das Vertragsverhalten

Die reichlich früh gesungenen Totenlieder über den Vertrag gehen leichtfertig an der Tatsache vorbei, daß es heute wahrscheinlich viel mehr Verträge gibt als je zuvor. Carbonnier mahnt daher zu Recht zur Vorsicht: „Un sociologue ne parlera qu'avec prudence de la décadence

[4] Henry S. Maine: Ancient Law, 16. Aufl. London 1897, S. 170. Weber spricht von der Bewegung vom Statuskontrakt zum Zweckkontrakt und Durkheim von einer Entwicklung von der solidarité méchanique zur solidarité organique, vgl. oben Kapitel I, 2, b und c.

[5] Vgl. Rehbinder: Status — Kontrakt — Rolle, S. 141 - 170.

d'une institution s'il est hors d'état de représenter quantitativement ce qu'a été cette institution aux différentes époques de l'histoire."[6] Auch wenn niemand über quantitative Angaben zur Vertragshäufigkeit verfügt, so ist die Vermutung nicht besonders gewagt, daß zumindest in der hochindustrialisierten, marktwirtschaftlich orientierten Welt gesamthaft und pro Kopf mehr Verträge abgeschlossen werden als früher[7]. Verschiedene Indizien sprechen dafür:

Spezialisierung und Arbeitsteilung sind, wie Durkheim gezeigt hat, entscheidende dynamische Kräfte in der modernen Gesellschaft. Die Autarkie des Hauses ist weitgehend verloren gegangen. Mit ihrer Integration in die Gesamtgesellschaft geben die sozialen Gruppen die wirtschaftliche Unabhängigkeit preis; sie werden zu einem spezialisierten Teil des Ganzen, was sie gleichzeitig zum Austausch mit anderen sozialen Organen zwingt. Etwas vereinfacht bedeutet dies, daß immer mehr Gruppen und Personen am Markt beteiligt sind. Weber spricht in diesem Zusammenhang von der Markterweiterung[8]. Immer mehr Individuen werden in wirtschaftliche Austauschprozesse miteinbezogen. Der Trend zur Arbeitsteilung und Markterweiterung hat seit Durkheim und Weber nicht nachgelassen. Abgesehen von Zeiten sozialer Instabilität (Kriege, Nachkriegszeiten, politische und wirtschaftliche Krisen), die immer eine Reduktion des Spezialisierungsniveaus und eine Störung der Märkte mit sich bringen, hat er sich stets weiter verstärkt. Damit ist die Zahl der am Markt Beteiligten gewachsen, was auf eine Zunahme der Vertragsabschlüsse hinweist.

Dieser Entwicklung steht jedoch die zunehmende wirtschaftliche Konzentration in Produktion, Handel und Dienstleistungsbetrieben gegenüber. Zweifellos hat diese die Zahl der unabhängig auf dem Markt operierenden Unternehmen drastisch gesenkt. Inwieweit diese Konzentrationstendenz die wachsende Zahl der Konsumenten, Arbeitnehmer, Mieter, Kreditnehmer, Bankkunden, etc. aufzuwiegen ver-

---

[6] Carbonnier: Flexible droit, S. 219.

[7] Anderer Ansicht scheint Atiyah zu sein, der die Bedeutung des Vertrages in der modernen Gesellschaft schwinden sieht. Der Austausch sei allerdings nach wie vor wichtig. "Exchange remains as important a feature of modern society as it ever was; indeed, in a sense, it has become more important with the growth of specialized activities which the complexities of modern societies demand. But while exchange remains of such paramount importance, there is a sense in which contract as an instrument for the planning of future exchanges has been replaced by contemporaneous exchanges, or short-term exchanges or long-term relationships in which exchanges can be made, but on terms which are open to continuous adjustment as long as the relationship lasts." The Rise and Fall of Freedom of Contract, S. 716. M. E. sind auch die 'contemporaneous exchanges' die 'short-term exchanges' und die 'long-term relationships' Formen des Vertragsverhaltens.

[8] Vgl. oben Kapitel I, 2, b und c.

mochte, ist unbekannt. Dennoch erscheint mir die Vermutung richtig, daß heute mehr Personen am Markt beteiligt sind als früher. Vom Bevölkerungswachstum abgesehen ist die Zahl der potentiellen Kontrahenden aus marktstrukturellen Gründen größer geworden.

Bis vor ganz kurzer Zeit wiesen die Industrienationen während Jahrzehnten ein fast stetig real wachsendes Bruttosozialprodukt aus; der Dienstleistungssektor nahm dabei am schnellsten zu. Dies legt den allerdings nicht zwingenden Schluß nahe, die Anzahl der getätigten Transaktionen habe sich erhöht. Die parallel dazu verlaufende Entwicklung der Industriegesellschaft zur Konsumgesellschaft läßt weiter vermuten, daß der einzelne heute mehr Geschäfte tätigt als früher. Wieviel mehr, weiß niemand. Es gibt keine globale Statistiken. Carbonnier spricht vom ‚Existenzminimum' einer Familie, das etwa einen Mietvertrag, ein, zwei oder drei Arbeitsverträge und drei- bis viertausend Kaufverträge pro Jahr umfasse[9]. Doch was sagen diese Zahlen? Nicht einmal etwas bestimmtes über das Minimum geschweige denn über die durchschnittliche Anzahl Verträge, die eine Person pro Jahr abschließt.

Die Zunahme des Bruttosozialprodukts kann allerdings ein Index für die Vertragshäufigkeit sein. Sie hebt übrigens die Wirkung der Wirtschaftskonzentration insofern etwas auf, als zwar immer weniger unabhängige Produzenten, Verteiler und Dienstleistungsbetriebe am Markt teilnehmen, sich ihr Marktanteil jedoch ständig vergrößert. Es gibt also immer weniger Unternehmer, die Verträge abschließen, aber jeder von ihnen schließt eine um so größere Anzahl von Verträgen ab. Die Zunahme der Zahl potentieller Kontrahenden verbunden mit einer Kaufkraftsteigerung, von der weite Bevölkerungskreise profitieren, und die große Mobilität, die die moderne Gesellschaft auszeichnet, sind starke Indizien für die steigende Bedeutung des Vertragsverhaltens als spezifische Form der sozialen Interaktion.

Vertragliches Verhalten erfüllt verschiedene Funktionen: Es stabilisiert die Interaktion zweier oder mehrerer autonomer Einheiten, eröffnet einen Weg zum Güter- und Dienstleistungstransfer und es ermöglicht die Planung sowie die Kreditierung.

1. Vertragliches Verhalten dient dem Individuum, das eigene Handeln mit dem seiner Interaktionspartner abzustimmen. Internalisierte oder gemeinsam entwickelte Verhaltensmuster erleichtern die Kon-

[9] Carbonnier: Flexible droit, S. 232. Wenig über die Vertragshäufigkeit sagen auch Gerichtsstatistiken aus. Diese geben nur über Konfliktsfälle Aufschluß, die gerichtsnotorisch geworden sind. Das Konfliktspotential ist aber bei den einzelnen Vertragsarten recht verschieden. Deshalb kann von der Prozeßhäufigkeit nicht auf die Häufigkeit der Verträge geschlossen werden.

taktaufnahme und fördern die Abwicklung eines Austausches. Je feiner die Verhaltensmuster und Rollen aufeinander abgestimmt sind, desto konfliktfreier sind die Beziehungen. Konfliktfreie Interaktion stabilisiert nicht nur die Vertragspartner, sondern auch die Gesellschaft. Die Kontrahenden brauchen ein gewisses Maß an Autonomie, um sich verträglich verhalten zu können. Völlige wirtschaftliche und strukturelle Unabhängigkeit sind jedoch nicht erforderlich. Verträge können auch der Interaktion zwischen relativ abhängigen Einheiten dienen, so etwa Vereinbarungen zwischen Mutter- und Tochtergesellschaften, zwischen volkseigenen Betrieben in sozialistischen Ländern oder zwischen wirtschaftlich vertikal bzw. horizontal integrierten Unternehmen.

2. Güter- und Dienstleistungen in der spezialisierten Gesellschaft zu transferieren, ist eine weitere Funktion des Vertrages. Jede technologisch fortgeschrittene Gesellschaft mit ihrem komplexen wirtschaftlichen und sozialen Beziehungsnetz bedarf Mechanismen, um den Güterfluß zu steuern. Vertraglicher Austausch ist einer dieser Mechanismen. Sozialistische Länder bedienen sich dazu des Wirtschaftsplans. Vertrag und Plan sind dabei keine sich ausschließenden Instrumente, denn jede komplexe Wirtschaftsordnung bedarf zu einem gewissen Grade beider. Weder kommen Staaten mit einer sozialen Marktwirtschaft heute völlig ohne Planung aus, noch können sozialistische Länder ganz auf den Vertrag verzichten. Letztere brauchen ihn für den Austausch von Gütern, die nicht im Volkseigentum stehen, und in den zahlreichen Fällen, wo sich der Plan ausschweigt oder wo er versagt.

Vertragsverhalten setzt eine Form des Eigentums voraus, denn es geht beim Vertrag stets darum, etwas aus der eigenen Verfügungsgewalt zu entlassen, um dafür im Gegenzug Verfügungsgewalt an etwas Fremdem zu erwerben. Dabei braucht es sich nicht um die westliche Konzeption des Privateigentums zu handeln. Austausch und Vertragsverhalten sind auch dort möglich, wo ‚Eigentum' nicht mehr als die Fähigkeit bedeutet, rohen Besitz an einer Sache zu haben[10]. Dies illustrieren die zahlreichen Vereinbarungen, die in den letzten Jahren mit Entführern und Geißelnehmern ausgehandelt wurden.

3. Verträge dienen weiter der Planung und der Kreditierung. Sie erlauben es den Partnern, das künftig zu erwartende gegenseitige Verhalten mehr oder weniger detailliert festzulegen. Erst wenn der künftige Austausch in der Gegenwart verbindlich festgelegt werden kann, kommt der gesellschaftliche Nutzen des Vertragsverhaltens voll zum Tragen[11]. Die verbindliche vertragliche Planung eröffnet bedeu-

[10] Vgl. Macneil: Essays on the Nature of Contract, S. 177 ff.

[11] Vgl. ebd., S. 168. s. auch Roscoe Pound: An Introduction to the Philosophy of Law, 2. Aufl. New Haven 1954, S. 133 und Allan E. Farnsworth: The Past of Promises: Col. L. Rev. 69 (1969), S. 584.

tende Möglichkeiten an zusätzlicher Spezialisierung und Produktivität, da nicht mehr nur ausgetauscht werden kann, was bereits produziert wurde, sondern es kann im Hinblick auf einen bestimmten, zu erfüllenden Vertrag produziert werden. Dies führt zu einer verbesserten Ausnützung der vorhandenen Produktionsmittel. Gleichzeitig wird der Vertrag dadurch zum Kreditinstrument. Das Vertrauen in ein Versprechen verleiht dem Vertrag, dessen Leistungen ihrer Natur nach Dritten zugutekommen können, bereits in der Gegenwart einen Wert. Das Versprechen selber schafft somit einen wirtschaftlichen Wert. Verträge machen heute in unseren auf Kredit basierenden Wirtschaftsordnungen einen großen Teil der Vermögenswerte aus. Sie werden daher mancherorts ähnlich dem Eigentum verfassungsrechtlich geschützt.

Das Vertragsverhalten unterliegt dem sozialen Wandel. Heute werden Verträge z. T. bereits anders abgeschlossen als noch vor zwanzig Jahren. Formen, Inhalte und Funktionen des Vertrages ändern sich mit der Gesellschaft selbst. Was aber löst den sozialen Wandel aus? Was führt dazu, daß die Menschen die Art und Weise, wie sie miteinander in Beziehung treten, immer wieder ändern[12]? In der Regel gehen dem sozialen Wandel technologische Neuerungen, Veränderungen der gesellschaftlichen Wertvorstellungen oder der Marktstrukturen voraus. So hat z. B. die Erfindung des Telephons den fernmündlichen Vertragsabschluß nach sich gezogen oder die elektronische Datenverarbeitung die Verbreitung der Kreditkarte ermöglicht, die in den USA das Bargeld als Zahlungsmittel bei Konsumgeschäften in den letzten Jahrzehnten weitgehend verdrängt hat. Auch soziale Wertvorstellungen verändern das Vertragsverhalten — langsam zwar, doch um so nachhaltiger. Ob eine Gesellschaft die Vertragsschließenden nach dem Motto ‚Ein Mann ein Wort' bei ihrem Versprechen streng behaftet oder zahlreiche Situationen anerkennt, in denen sich die Parteien von ihren Verpflichtungen lossagen können, bleibt nicht ohne Wirkung auf das Vertragsverhalten. Schließlich kann die Vertragsstandardisierung als Beispiel für eine marktstrukturell bedingte Veränderung des Vertragsverhaltens genannt werden. Ursache war z. T. wenigstens die wirtschaftliche Konzentration.

Wollte man den Wandel des Vertragsverhaltens auch nur skizzenhaft darstellen, so geriete man bald ins Uferlose. Die Vielfalt der gelebten Verträge und deren Veränderungen ist unbegrenzt. Auf einige typische Entwicklungstendenzen haben wir bereits aufmerksam gemacht[13]. Dazu gehört vor allem die Standardisierung des Vertragsverhaltens, die fast

[12] Zum Begriff des sozialen Wandels vgl. Lawrence M. Friedman / Jack Ladinsky: Social Change and the Law of Industrial Accidents, Col. L. Rev. 67 (1967), S. 50 ff.

[13] s. oben Kapitel III.

alle Lebensbereiche erfaßt hat. Eine weitere wesentliche Veränderung ist die Zunahme kollektiver Vereinbarungen, die den Individualvertrag auf einigen Gebieten fast völlig verdrängt haben. Organisatorisch zusammengefaßte Interessengemeinschaften schließen die Verträge für ihre Mitglieder ab. Drittens hat die gewaltige Ausweitung der Wohlfahrtsfunktionen des Staates das Vertragsverhalten einschneidend geprägt. Nicht nur hat der Staat sich zunehmend durch zwingende Normierungen oder als Drittinteressent in die Vertragsbeziehungen eingemischt, durch das Anwachsen des Staatshaushaltes ist er immer öfter auch selber Vertragspartner[14]. Als vierte typische Veränderung ist die Zunahme langfristiger Kooperationsbeziehungen auf Kosten einmaliger Transaktionen, also die Zunahme osmotischer Beziehungen im Geschäftsleben, zu nennen.

Größere Veränderungen im Vertragsverhalten lassen meistens Spuren im Vertragsrecht zurück. Das braucht allerdings nicht immer so zu sein, denn Verträge sind grundsätzlich auch ohne Recht denkbar. Auf die wenigen unabdingbaren Voraussetzungen des Vertrages wurde bereits im zweiten Kapitel hingewiesen; das Recht gehört nicht dazu. Damit Vertragsverhalten zu einem bedeutenden Faktor des sozialen Lebens werden kann, bedarf es jedoch der sozialen Stabilität. Nur sie ermöglicht ein komplexes, auf Spezialisierung und Arbeitsteilung beruhendes soziales Beziehungsnetz[15]. Und hier liegt auch die Verbindung zum Recht, denn zur sozialen Stabilität kann es einen wesentlichen Beitrag leisten. Das Recht ist aber nur *eine* unter verschiedenen Sozialordnungen, die das Vertragsverhalten steuern. Andere Ordnungen wie die Tradition, Brauchtum und Konvention erfüllen ebenfalls eine stabilisierende Funktion. Verträge, ja ganze Märkte kommen ohne das Recht als Ordnungsfaktor aus. Allerdings gelingt dies einigen Vertragsarten besser als anderen. So zeigt etwa Macaulay, wie wirtschaftliche Routinegeschäfte durch außerrechtliche Faktoren stabilisiert werden und kaum des Rechts bedürfen. Andererseits sind Verträge wie z. B. der Konsumkredit stärker auf das Recht als Sozialordnung angewiesen.

Es gibt keinen Koeffizienten, durch den sich die Bedeutung des Rechts für eine bestimmte Vertragsart quantifizieren ließe, doch gäbe es ihn, so sähe er für jeden Vertragstypus anders aus. Unzweifelhaft besteht eine Interaktion zwischen Vertragsverhalten und Vertragsrecht, doch deren Intensität variiert von Vertragsart zu Vertragsart. Ist die Interaktion intensiv, so macht sich ein Wandel des Vertragsverhaltens rasch im Recht bemerkbar; umgekehrt kann eine Rechtsänderung in diesen Fällen erfolgreich eine Verhaltensänderung bewirken.

---

[14] Vgl. Wolfgang Friedmann: Changing Functions of Contract in the Common Law, U. Torronto L. J. 9 (1951/52), S. 23 ff.

[15] Macneil: Essay on the Nature of Contract, S. 173.

Ist sie dagegen schwach, so können sich Verhaltensweisen völlig ändern, ohne daß dies dem Recht anzusehen wäre; Rechtsänderungen ihrerseits stoßen dann leicht ins Leere.

2. Das Vertragsrecht

Das Vertragsrecht liegt im Spannungsfeld von Freiheit und Zwang[16]. Die Privatautonomie ist sein Kern; die soziale Kontrolle gibt ihm die Kontur. Die Entwicklungsgeschichte des Vertragsrechtes wurde oft (zu oft!) ausgehend von diesen Axiomen aufgezeichnet. Auf die alte, ständische Wirtschaftsordnung sei die freie Marktwirtschaft gefolgt, und nun sei man auf dem Weg zu einer sozialen Marktwirtschaft oder gar einer Staatswirtschaft. Zwang — Freiheit — Zwang heißt das Entwicklungsmodell, das sich nur als eine geringfügige Variation von Status — Kontrakt — Status entpuppt. Privatautonomie und soziale Kontrolle sind abstrakte Begriffe, die der theoretischen Analyse und intellektuellen Verarbeitung sozialer Phänomene dienen und als solche ihren Wert haben. Das Recht aber, das nach Ehrlich in der Gesellschaft selbst liegt, richtet sich nicht nach Abstraktionen, sondern nach konkreten Problemen, zu deren Lösung es eingesetzt wird. Die unzähligen Richter, Volksvertreter und Beamten (und dabei ist in erster Linie nicht an die obersten der jeweiligen Hierarchien zu denken) wollen mit ihrer Tätigkeit das Vertragsrecht nicht auf eine Idee hin ausrichten, sondern anstehende Probleme lösen.

Das Vertragsrecht steuert in seiner historischen Entwicklung nicht auf Privatautonomie oder soziale Kontrolle zu; Privatautonomie und soziale Kontrolle sind vielmehr ordnungspolitische Instrumente, die eingesetzt werden, wo dies zur Erreichung eines Zieles zweckmäßig erscheint. Die naturrechtliche Konzeption der Privatautonomie beeinträchtigt heute noch unsere Fähigkeit, die rechtliche Garantie autonomer Wirtschaftstätigkeit nicht als natürlichen Zustand, sondern als rechtspolitische Entscheidung zu sehen. Der Verzicht des Vertragsrechts, wirtschaftliche Austauschbeziehungen zu verbieten, zu regulieren oder zu formalisieren, beruht wie die Verbote, die zwingenden inhaltlichen oder formalen Vorschriften, selber auf wirtschafts- und sozialpolitischen Überlegungen[17].

Die Entwicklung des Vertragsrechts als Rückkehr zum Zwang zu interpretieren ist ungenau. Es ist zwar richtig, daß zwingende Bestimmungen in den letzten hundert Jahren immer häufiger geworden sind

[16] Friedrich Kessler / Malcolm P. Sharp: Contracts, Cases and Materials, Englewood Cliffs, N. J. 1953, S. 2.

[17] Vgl. Friedman: Contract Law in America, S. 184.

und daß bei der rechtlichen Regulierung wirtschaftlicher Austauschbeziehungen manches vertragliche Element aufgegeben wurde, doch auch die Probleme, die das Vertragsrecht heute zu bewältigen hat, sind andere als im letzten Jahrhundert. Damals waren z. B. die Großkonzerne, die durch den Abschluß von Kartellverträgen über Nacht eine faktische Monopolstellung erringen können, erst gerade im Entstehen. Die Haushaltungen waren noch nicht auf einen Anschluß ans Elektrizitätsnetz angewiesen, den sie heute dank der Vertragsabschlußpflicht staatlich konzessionierter Unternehmen rechtlich erzwingen können; wer eine Industrieanlage baute, brauchte nicht auf nationale Umweltschutzbestimmungen Rücksicht zu nehmen, da die Umweltverschmutzung kein oder nur ein lokales Problem war.

Das Vertragsrecht hatte zu jeder Zeit die ihr eigenen Probleme zu lösen. Die Antworten fielen entsprechend unterschiedlich aus. Dabei hat es sich verändert. Auch die Sachgebiete, die vom Vertragsrecht geregelt wurden, sind nicht dieselben geblieben. Einige sind neu dazugekommen, andere sind wieder ausgeschieden. Das Vertragsrecht war und ist nicht ein geistiger Entwurf; es entwickelt sich nicht entlang den Leitplanken der Privatautonomie und der sozialen Kontrolle. Es war und ist vielmehr ein von Konflikten und Konsensus geprägter Prozeß, der die Probleme, Wertvorstellungen, Forderungen und Machtstrukturen der jeweiligen Zeit widerspiegelt, und in dem Privatautonomie und soziale Kontrolle als Instrumente stets eine wichtige Rolle gespielt haben.

a) Wandel der wirtschaftlichen und sozialen Rahmenbedingungen

Der Wandel des Vertragsrechts wird nur auf dem Hintergrund der dramatischen Veränderungen des wirtschaftlichen und sozialen Umfeldes verständlich, die in den vergangenen hundert Jahren die Industrienationen umgestaltet haben. Zu jeder Zeit bestand allerdings eine sehr enge Verbindung zwischen dem Vertragsrecht und den Märkten, die es unterstützt[18]. Märkte entstanden in der Regel nicht durch rechtliche Erlasse, obwohl auch das gelegentlich vorkam. Meistens waren sie ein Produkt von Wirtschaftspraktiken und Usanzen. Indem das Vertragsrecht sie anerkannte und förderte, erfüllte es jedoch bei ihrer Entwicklung eine wesentliche Hilfsfunktion.

aa) Das 19. Jahrhundert und der Mythos vom ‚Laissez-faire'

Hurst, der bedeutendste amerikanische Rechtshistoriker der Gegenwart, beschreibt in seinem Buch 'Law and the Conditions of Freedom'

[18] Vgl. James W. Hurst: Law and Social Order in the United States, Ithaca und London 1977, S. 228 und ders.: Law and Economic Growth, Cambridge, Mass. 1964, S. 289 ff.

die Entwicklung des Vertragsrechts im letzten Jahrhundert. In der sog. klassischen Periode des Vertragsrechts sei der herrschende gesellschaftliche Grundwert nicht die Privatautonomie gewesen, sondern die Freisetzung individueller, kreativer Energie (release of energy)[19]. Das ‚Laissez-faire', mit dem das 19. Jahrhundert gerne etiquettiert wird, sei ein Mythos. Der Konsens in der amerikanischen Gesellschaft (und vermutlich nicht nur in ihr) habe sich nicht auf ein Maximum persönlicher Freiheit bezogen, sondern auf den wirtschaftlichen Fortschritt, auf die Verbesserung des Lebensstandards, auf die rasche Nutzung natürlicher Reserven und Technologien, auf die Erschließung neuer Wasser- und Schienenwege, auf die Erhöhung der Produktion und die Erweiterung des Marktes.

Die Privatautonomie war nicht ein dem Staate mühsam abgerungener und zäh verteidigter Freiraum, sondern das staatlich unterstützte Mittel zur Förderung der Wirtschaft. Die Gewährung der Vertragsfreiheit lag im Interesse der Allgemeinheit; was dem Unternehmer diente, war gut für die Gesellschaft. Niemand drückte diese Übereinstimmung von Privatautonomie und Gemeinwohl deutlicher aus als ein englischer Richter, der damals schrieb: "If there is one thing more than any other which public policy requires, it is that men of full age and competent understanding shall have the utmost liberty of contracting, and that contracts, when entered into freely and voluntarily, shall be held good and shall be enforced by courts of justice."[20] Daß Privatautonomie dem Allgemeinwohl diene, war nicht bloß die These eines Adam Smith zur Propagierung seiner liberalen Wirtschaftsordnung, sondern für viele eine Lebenserfahrung. Unternehmerische Freiheit brachte tatsächlich bessere Lebensbedingungen für breitere Schichten. Mit der Eisenbahn kamen neue Siedler, und die Landpreise stiegen. Viele beteiligten sich am Immobilienhandel und konnten so da und dort einige Dollars verdienen. Verbindungen zur nächsten Stadt erhöhten den Umsatz und den Profit. Nutzbare Minen, Wälder und Gewässer brachten tatsächlich Arbeit, Verdienst und Wohlstand. Neue Maschinen erhöhten die Produktivität und den Gewinn. Die Erhöhung des Lebensstandards war der Wunsch aller und eine gelebte Erfahrung für viele.

Die Vertragsfreiheit und der freie Markt wurden jedoch nicht absolut gesetzt. Wo das Allgemeinwohl es gebot, scheuten sich weder Gesetzgeber noch Richter, vom Prinzip der Privatautonomie abzuweichen und das Recht in den Dienst des gewünschten Ergebnisses zu stellen. So wurden z. B. dem Zwangsvollstreckungsrecht die Eckzähne gezogen.

[19] Hurst: Law and the Conditions of Freedom, S. 7.

[20] Zitiert ebd., S. 14.

Viele Staaten setzten 'homestead acts' in Kraft, welche dem insolventen Schuldner Kompetenzstücke in beachtlichem Umfang und sogar genügend Land beließen, um sich und die Familie zu ernähren[21]. Da die wenigsten Leute viel mehr als dieses großzügig bemessene Existenzminimum besaßen, bedeuteten diese Gesetze eine einschneidende Reduktion des Haftungssubstrates. Viele Gläubiger gingen bei einer Betreibung leer aus. Ziel der homestead acts war es, den Schuldner vor dem totalen wirtschaftlichen Zusammenbruch zu bewahren, das Gemeinwesen von Armengenössigen frei zu halten und jedem so viel zu belassen, daß er sich nach Möglichkeit aus eigenen Kräften weiterhelfen konnte.

Auch Wuchergesetze (usury laws) wurden im 19. Jahrhundert oft erlassen und revidiert, obwohl sie dem Prinzip der Privatautonomie widersprechen. Man sah aber in ihnen einen Garanten gegen zu hohe Zinsen, die jeder Wirtschaft abträglich sind[22]. Nicht klagbar waren fast überall die Spielschulden, da Geldspiele für sozial schädlich befunden wurden. Diese Beispiele illustrieren, daß der Staat vor rechtlichen Eingriffen nicht zurückschreckte, wo ihm dies im Interesse des Wirtschaftswachstums geboten schien. Allerdings verfügte er damals nur über bescheidene Mittel, um ins Wirtschaftsgeschehen einzugreifen. Insbesondere fehlten ihm die Geldmittel. So mußte er sich immer wieder für Lösungen entscheiden, die nichts oder wenig kosteten, oder die Erfüllung staatlicher Aufgaben Privaten überlassen.

bb) Die Jahrhundertwende

Um die Jahrhundertwende hatte sich die wirtschaftliche und soziale Landschaft entscheidend gewandelt. Die Bevölkerung war stark angewachsen; die Industrialisierung und die Konzentration der Wirtschaft schritten voran; 'big business' war entstanden. Gleichzeitig schwoll das Stadtproletariat an. Der Konkurrenzkampf wurde hart. Der Glaube, daß die Privatautonomie dem Gemeinwohl diene, war zerbrochen. Diese Erkenntnis wuchs wiederum nicht aus theoretischen Erwägungen, sondern aus harten Lebenserfahrungen. Nicht jeder, der fleißig arbeitete, hatte Aussicht auf ein Auskommen. Nicht jeder, der ein gutes Produkt herstellte, konnte mit Abnehmern rechnen. Viele kamen aus der Armut nicht heraus, sondern gerieten trotz großem Arbeitseinsatz immer tiefer hinein. Das wirtschaftliche Wachstum kam nicht mehr breiten Bevölkerungskreisen zugute, jedenfalls nicht gleichmäßig. Viele kleinere Unternehmer spürten den Wettbewerb der großen Produk-

---

[21] Vgl. Friedman: Contract Law in America, S. 24 f.

[22] Lawrence M. Friedman: The Usury Laws of Wisconsin, A Study of Legal and Social History, Wis. L. Rev. 63 (1963), S. 515 - 565.

tionsstätten und der Verkaufshäuser, deren Markt die ganze Nation war. Die Resourcen des Landes waren, wenn nicht erschlossen, so doch in festen Händen. Der Wilde Westen war gezähmt.

Unter diesen Umständen richteten sich die Zukunftserwartungen nicht mehr auf das Kommende, sondern auf die Verteidigung des Bestehenden. Nicht mehr die individuelle Schaffenskraft machte stark, sondern die Einigkeit. Gewerkschaften entstanden, Produzenten und Händler aller Sparten schlossen sich in Verbänden zusammen, die auf lokaler und nationaler Ebene für ihre Interessen kämpften. Wo es den Gewerkschaften nicht gelang, mit ihren Gegnern ein 'gentlemen agreement' abzuschließen, wo Handels- und Berufsgruppen sich nicht durch interne Absprachen bezüglich der Preise, der Risiko- und Kostenstandardisierung und durch die Kontrolle des Marktes gegen ‚unfaire' Konkurrenz absichern konnten, setzten sie aufs Recht und verlangten vom Staat entsprechende Gesetze. So verschiedenartig ihre Forderungen an den Staat waren, gemeinsam war ihnen — wie Friedman schreibt — das eine Ziel: 'Holding the line'. Er fährt fort: "This meant, however, different things to different people: breaking up the trusts; or keeping out the Chineses; or cruching the unions; or getting rid of part-time brokers; or countless other ends which, if necessary, would have to be forced on society by law."[23]

Um die Jahrhundertwende wurde der Markt als wirtschaftliche Institution zur Verteilung der vorhandenen Resourcen nur von wenigen offen in Frage gestellt. Es ging den meisten nur um ihren ‚gerechten' Anteil am Markt. Für die Arbeiter bedeutete dies das Recht, Gewerkschaften zu bilden und zu streiken, um so eine stärkere, ‚gerechte' Verhandlungsposition zu erlangen; für die Produzenten Schutz vor qualitativ minderwertigen Erzeugnissen, die sie konkurrenzunfähig machten, oder Antitrustgesetze, die ihnen ihren Anteil am Markt beließen. Für die Händler bedeutete es Maßnahmen gegen Außenseiter, die unter den von den Handelsverbänden beschlossenen Preisen verkauften und damit halsabschneiderischen Wettbewerb betrieben und erhaltenswerte Berufsstände gefährdeten. Nicht alle hatten mit ihren Forderungen an den Staat Erfolg. Oft endeten die widersprüchlichen Bestrebungen in einem Kompromiß. Oft weigerte sich der Staat auch, einzelnen Interessen nachzugeben. In weiten Bereichen der Wirtschaft blieb so der freie Markt erhalten, und der ungezügelte Wettbewerb ließ den Stärkeren gewinnen. Die Vertragsfreiheit wurde in diesen Konflikten zum Slogan, den jene als Waffe einsetzten, die am Status quo interessiert waren[24].

---

[23] Friedman: Contract Law in America, S. 189.

cc) Die pluralistische Gesellschaft

Dank des enormen Wirtschaftswachstums und der generellen Anhebung des Lebensstandards in den letzten Jahrzehnten haben sich diese Konflikte entschärft. In weiten Teilen der Gesellschaft herrscht Konsens darüber, daß die Mehrheit zwar herrschen soll, daß aber auch Minderheiten zu ihrem Recht kommen sollten. Daß die Gemeinschaft für die sozial Schwachen eine Verantwortung trage, gilt als unbestritten. Bis vor kurzem wenigstens glaubte die pluralistische Gesellschaft nicht an die Unvereinbarkeit der ökonomischen Ziele der verschiedenen Gruppen. Sie glaubte an die Möglichkeiten und den sozialen Wert des Kompromisses[25]. Verlangt wurde gegenseitige Fairness. Man ist wohl heute noch der Meinung, daß niemand gewinne, wenn es den Bauern schlecht geht, daß Gewerkschaften und saubere Betriebskantinen für die Unternehmen gut sind und daß es moralisch nicht richtig ist, wenn die Arbeitnehmer nichts zu den Bedingungen an ihren Arbeitsplätzen zu sagen haben.

Bis in die Siebziger Jahre florierte die Wirtschaft, und man konnte sich die Erfüllung verschiedener Wünsche gleichzeitig leisten. Der Staat ist zu einem, vielleicht *dem* entscheidenden Wirtschaftsfaktor herangewachsen. Große Sozialprogramme wurden ins Leben gerufen. Die Einkommensumverteilung durch den Staat ist nur dem Umfange, nicht aber dem Prinzip nach umstritten. Staatliche Wirtschaftsförderung wurde begrüßt, wenn man selber zu den Geförderten gehörte, aber selten bekämpft, wenn andere begünstigt werden sollten. Die Welt ist komplizierter geworden. Gigantische, multinationale Unternehmen tragen die Wirtschaft. Die Bürokratisierung hat sowohl im Staat als auch in der Privatwirtschaft ungeahnte Ausmaße angenommen. Eine gemischte Wirtschaftsordnung zeichnet heute jeden Staat aus, da zahlreiche seiner Aufgaben nicht mehr allein über die Beeinflussung der Marktkräfte zu lösen sind. Viele mißtrauen dem Markt als Verteilungsmechanismus von Gütern und Dienstleistungen ganz generell.

Die Vertragsfreiheit als politische Waffe ist heute abgewetzt. Dann und wann wird sie noch erhoben, doch die Interessen, für die sie ficht, sind meistens zu durchsichtig.

---

[24] Wie widersprüchlich das Verhalten der Kämpfer für die Vertragsfreiheit bisweilen war, beschreibt Morris Cohen: "And those who talk about 'keeping the government out of business' are the last to desire that the government shall not help or protect, by proper law, the business in which they are involved. The differences that divided men in this respect concern the questions of what interests should be protected ..." The Basis of Contract, Harv. L. Rev. 46 (1933), S. 565.

[25] Friedman: Contract Law in America, S. 191 ff. Diese Werte werden allerdings bald einmal in Frage gestellt, wenn die Wirtschaft einen Rückschlag erleidet.

b) Funktionen

Die Funktionen des Vertragsrechts und ihr Wandel werden nur auf dem Hintergrund der eben grob skizzierten gesellschaftlichen Veränderungen verständlich. Ein wichtiges Ziel jeder Gesellschaft ist es, eine Balance zwischen wirtschaftlicher Freiheit und Ordnung herzustellen. Es muß ein Ausgleich gefunden werden zwischen der individuellen und unternehmerischen Freiheit, auf dem Markt Wahlentscheidungen zu treffen, und dem kollektiven Handeln zum Wohle der Gemeinschaft. Das Vertragsrecht reflektiert dieses Proportionierungsproblem[26]. Es erfüllt wichtige marktorientierte Aufgaben, wird aber gleichzeitig als wirtschafts- und sozialpolitisches Instrument gebraucht.

Vertragsrecht bedeutet zweierlei: ein System von Verhaltensnormen und ein Prozeß zur Konfliktlösung. Als Normensystem bestimmt es die Rahmenbedingungen für den Markt[27]. Liegen die wirtschaftlichen Aktivitäten innerhalb dieses Rahmens, werden sie vom Recht anerkannt. Darüber hinaus fördert das Vertragsrecht Austauschbeziehungen, indem es rechts- und marktkonforme Verhaltens- und Kommunikationsmuster stärkt und Mechanismen entwickelt, die die Sicherheit der Wirtschaftsbeziehungen erhöhen. Die zweifellos wertvollste Unterstützung, die das Vertragsrecht dem Markt gewährt, gilt jenen Vereinbarungen, bei denen eine oder mehrere Leistungen erst in der Zukunft zu erfüllen sind[28]. Unsicherheiten bezüglich der vertragskonformen Erfüllung stellen dort einen erheblichen Risikofaktor dar. Diesen Faktor mittels klarer Verhaltensanweisungen, Sanktionen und Sicherungsmechanismen möglichst niedrig zu halten ist die zentrale, marktorientierte Aufgabe des Vertragsrechts. Von diesem Faktor hängt im übrigen ab, ob vertragliche Leistungsversprechen als Vermögenswerte Vertrauen und Anerkennung genießen[29]. Realisierbarkeit und Mobilität vertraglicher Vermögenswerte ist jedoch die Voraussetzung für jede komplexe Wirtschaftsordnung.

Welche Rechtspolitik im Einzelfall dem Ziel der Marktunterstützung am besten dient ist bisweilen unklar. Soll sich der Rechtsstab auf ein Minimum rechtlicher Eingriffe und Korrekturen beschränken und den Marktkräften freien Lauf lassen? Soll er eine für den einzelnen Streitfall adäquate Lösung suchen, um die vom Bruch bedrohte Vertragsbeziehung aufrecht zu erhalten? Oder soll er aufgrund genereller Regeln

---

[26] Stewart Macaulay: Justice Traynor and the Law of Contracts, Stan. L. Rev. 13 (1961), S. 813.

[27] Hurst spricht von einer 'framework function of contract law'. Law and Economic Growth, Cambridge, Mass. 1964, S. 294.

[28] Macneil: Essays on the Nature of Contract, S. 181.

[29] Havighurst: The Nature of Private Contract, S. 20 ff.

entscheiden, die zwar im Einzelfall zu einem unbefriedigenden Resultat führen können, aber marktkonforme Verhaltensnormen bestärken? Diese Ziele, die alle auf ihre Weise dem Markt dienen, können im Einzelfall vom Rechtsstab unterschiedliche, ja unvereinbare Entscheidungen verlangen. Macaulay spricht in diesem Zusammenhang von drei rechtspolitischen Stoßrichtungen, die — optimal ausbalanciert — eine wirkungsvolle Unterstützung des Marktes garantieren:

1. Die *self reliance policy* gebietet dem Rechtsstab, nicht in Vertragsbeziehungen einzugreifen. Die Selbstverantwortung der Parteien für ihr Handeln ist zu stärken und ihre Fähigkeit, die eigenen Interessen wahrzunehmen, vorauszusetzen.

2. Die *transactional policy* verlangt eine optimale Lösung für den einzelnen Streitfall, wobei Störungen in der Vertragsabwicklung und Vertrauensschäden möglichst klein zu halten sind.

3. Die *functional policy* ruft schließlich nach einer Entscheidung, die allgemeine Normen festigt und mit Blick auf die Funktionsfähigkeit des Marktes das Vertrauen in sie stärkt, sowie nach der Weiterentwicklung solcher Normen[30].

Im günstigsten Fall kann der Richter eine Entscheidung fällen, die allen drei policies gerecht wird. Meistens aber wird er nur eine oder zwei der rechtspolitischen Stoßrichtungen berücksichtigen können. Der Markt ist eine zu komplexe soziale Institution, als daß es klare Rezepte gäbe, wie er zu unterstützen sei.

Über die vertraglichen Sanktionen und Konfliktlösungsprozesse haben wir an anderer Stelle ausführlich gesprochen. Daß das Vertragsrecht diese Funktion befriedigend erfüllt, haben wir angezweifelt. Doch der Anspruch wird erhoben und unter bestimmten Voraussetzungen auch erfüllt[31].

Seit etwa hundert Jahren wird das Vertragsrecht immer häufiger als Instrument zur Erfüllung wirtschafts- und sozialpolitischer Aufgaben herangezogen. Der Staat greift heute in fast alle bedeutenden Märkte ein. Mittels positiver und negativer Sanktionen steuert er das Marktverhalten. Das Ziel zahlreicher Eingriffe ist es, die Wirtschaft zu stär-

---

[30] Stewart Macaulay: Justice Trayner and the Law of Contract, Stan. L. Rev. 13 (1961), S. 813 ff. Neben den drei marktorientierten rechtspolitischen Zielen nennt er zwei weitere, die wirtschaftliche und soziale Aufgaben erfüllen. Es sind dies die *relief of hardship* policy, die verlangt, daß eine Partei unter Umständen von harten Vertragsklauseln befreit wird und daß Verluste möglichst dem auferlegt werden, der sie am besten tragen kann, und die *economic planning* policy, die verlangt, daß vom freien Markt abgewichen wird, wenn dies dem allgemeinen Wohlstand dient.

[31] Vgl. oben Kapitel V, 1.

ken, zu stabilisieren und einzelne Branchen vor dem Untergang zu bewahren. Es ist ja nicht so, daß unregulierte Märkte stets die besten Voraussetzungen für die Wirtschaft schaffen. Der Aufschwung im 20. Jahrhundert etwa beruht weitgehend auf einer aktiven Rolle des Staates. Dieser verfügt heute über viele Instrumente, um im Interesse der Wirtschaft ins Marktgeschehen einzugreifen. Zu nennen wären hier etwa die Kontingentierungen, die Anreize und Beschränkungen der Importe und Exporte, Bewilligungen zur Berufsausübung, Qualitätsvorschriften und -kontrollen, Aufsichtsgremien, Wettbewerbsbeschränkungen und Interventionen auf dem Devisenmarkt.

Viele wirtschaftspolitisch motivierte Eingriffe des Staates werden über das Vertragsrecht verwirklicht. So wurden im Interesse der Gesamtwirtschaft oder einzelner Branchen Vertragsarten verboten oder neu gestattet, der Kreis der Abschlußberechtigten eingeengt oder erweitert, die Gültigkeit bestimmter Geschäfte von einer Form oder einer Bewilligung abhängig gemacht, die Preise oder die Qualität zwingend vorgeschrieben und manchmal auch die erlaubten Mittel im Konkurrenzkampf festgelegt. Das Vertragsrecht hat sich als ein überaus flexibles Mittel für die Wirtschaftspolitik und Wirtschaftsplanung erwiesen. Entsprechend oft wird es dazu immer wieder gebraucht.

Das Vertragsrecht erfüllt zunehmend auch sozialpolitische Funktionen. Einige davon sind alt, so etwa der Schutz von Frauen, Minderjährigen, Unerfahrenen und Geisteskranken. Neu dagegen ist die Verwendung des Vertragsrechts zur Realisierung und Finanzierung komplexer, nicht marktbezogener Staatsaufgaben. Die Altersvorsorge und Arbeitslosenversicherung etwa beruhen auf einer zwingenden Regelung des Arbeitsverhältnisses, die obligatorische Motorhaftpflichtversicherung wird in der Schweiz durch eine Vertragsabschlußpflicht des Versicherers und des Versicherten sichergestellt, die Kriegsvorsorge durch gesetzliche Pflichtlager der Importeure; die Agrarpolitik basiert auf einer staatlichen Abnahmegarantie zu festen Preisen.

Auch das Steuerwesen nimmt sich des Vertrages an. Konsum-, Warenumsatz- und Handänderungssteuern, die vielerorts einen beachtlichen Anteil der Staatseinnahmen ausmachen, setzen beim Vertrag an. Er ist gleichsam das kleinste faßbare wirtschaftliche Relais, durch das der Güter- und Dienstleistungsfluß strömt. Diese Eigenschaft prädestiniert ihn, in marktwirtschaftlichen Industriegesellschaften für viele Zwecke in Anspruch genommen zu werden. Das Vertragsrecht widerspiegelt diesen Umstand.

Zahlreiche führende Autoren nennen als zentrale Aufgabe des Vertragsrechts die Sicherung von Erwartungen[32]. Die Vertragspartner sollen darauf vertrauen können, daß versprochene Leistungen erbracht werden. Darauf basiert nach einhelliger Auffassung die Stabilität unserer Wirtschaftsordnung. Weniger einhellig wird die Frage beantwortet, *welche* Erwartungen denn zu schützen seien. Die subjektiven Erwartungen einer Partei können es nicht sein, denn es sind ja stets zwei oder mehrere Personen am Vertrag beteiligt, und auf wessen Erwartungen wollte man im Einzelfall abstellen, zumal wenn sie sich diametral gegenüberstehen sollten? Soll das Vertragsrecht die vernünftigen, objektiven Erwartungen schützen, jene also, die jeder recht und billig denkende, jeder vernünftig und korrekt handelnde Mensch in der gleichen Situation hat? Oder garantiert das Vertragsrecht lediglich die ‚berechtigten' Erwartungen?

Eine einheitliche Antwort kann nicht gegeben werden. Was bei einem Vertrag als vernünftig oder berechtigt gilt, muß nicht bei allen andern so beurteilt werden. Die rechtlich geschützten Erwartungen bestimmen sich weitgehend nach der Vertragsart. Sie bestimmen sich auch nach den sozialen Positionen der Parteien. Die Erwartungen, die an einen Arbeiter gestellt werden, sind andere als die, denen sich ein Arbeitgeber ausgesetzt sieht. Wieder andere Erwartungen werden mit einem leitenden Angestellten verbunden. Unterschiedlich sind die Erwartungen, die man an einen Kleinkreditnehmer, Investitionskreditnehmer oder eine Kreditbank stellt. Die vom Recht geschützten Erwartungen bestimmen sich somit nicht nach einem für alle oder mehrere Transaktionstypen einheitlichen Standard, sondern nach dem äußerlich erkennbaren Interaktionstypus und der sozialen Rolle der Parteien.

Die soziale Rolle, die zu den Grundkategorien der theoretischen Soziologie gehört, wird seit einiger Zeit als typisches Strukturelement des Rechts bezeichnet. Rehbinder sieht in ihr den neuen Idealtypus des modernen Rechts (nach Status und Kontrakt)[33]. Zur Analyse des Vertragsrechts scheint der Rollenbegriff besonders nützlich zu sein. Die Verhaltenserwartungen, die es sichern soll, bestimmen sich wenigstens teilweise nach den Rollen der Vertragspartner. Diese Rollen mitzugestalten und zu stärken, ist eine wichtige Funktion des Vertragsrechts[34].

---

[32] Roscoe Pound: An Introduction to the Philosophy of Law, 2. Aufl. New Haven 1954, S. 133 f.; Llewellyn: What Price Contract?, S. 725 Anm. 47; Havighurst: The Nature of Private Contract, S. 20 ff. Vgl. auch den kürzlich erschienenen Artikel von J. H. Baker: From Sanctity of Contract to Reasonable Expectation?, Current Legal Problems 31 (1979), S. 17 - 39. Atiyah dagegen betrachtet den Schutz von Erwartungen nicht als eine Hauptfunktion des Vertrages. Vertragliche Haftung begründe sich nicht in den durch ein Versprechen geweckten Erwartungen (promise-based liability), sondern in der Ausgleichspflicht für erlittene Vertrauensschäden (reliance-based liability) und für im Zusammenhang mit dem Vertrag erworbene Vermögensvorteile (benefit-based liability), The Rise and Fall of Freedom of Contract, S. 4.

[33] Rehbinder: Status — Kontrakt — Rolle, S. 160.

Durch den Vertrag werden oft Träger gegenläufiger Rollen miteinander verbunden (Käufer — Verkäufer, Vermieter — Mieter, Auftraggeber — Beauftragter, etc.). Zumindest bei den rein transaktionalen Verträgen werden damit Personen mit gegensätzlichen Interessen verbunden. Ein störungsfreier Austausch kann unter diesen Umständen nur erfolgen, wenn die Rollen so aufeinander abgestimmt sind, daß die mit ihnen verknüpften Verhaltenserwartungen nicht kollidieren. Dem Vertragsrecht kommt dabei eine besonders wichtige Funktion zu.

c) Wandel des Vertragsrechts

Wollte man die Entwicklung des Vertragsrechts in den letzten hundert Jahren mit einem Stichwort beschreiben, so hieße es: Partikularisierung. Die allgemeinen, für alle Verträge gültigen Normen haben an Bedeutung verloren. Viele von ihnen sind obsolet geworden, weil sie Probleme regeln, die marginal geworden sind, weil die Praxis eigene Normensysteme und Konfliktlösungsprozesse entwickelt hat, vor allem aber weil sie zunehmend durch vertragliche Spezialrechte verdrängt wurden. Immer öfter werden vertragliche Beziehungen transaktionsspezifisch normiert. Diese Entwicklung hat das einheitliche Vertragsrecht faktisch in zahlreiche ‚Sonderrechte' aufgesplittert.

Die entscheidende Ursache dafür waren Veränderungen der Marktstruktur. Der Markt war zur Entstehungszeit des modernen Vertragsrechts ungleich einfacher und überschaubarer. Jeder Unternehmer kannte sich in der Regel in mehreren Branchen aus. Sie waren noch nicht so spezialisiert wie heute. Wer mit einer Wirtschaftssparte vertraut war, wußte etwa, wie es anderswo im Geschäftsleben zu und her ging. Es gab mehr als heute Verhaltensnormen, die für die gesamte Geschäftswelt gültig waren. Die Spezialisierung und die Expansion des Marktes zerstörten diese Überschaubarkeit. Die Wirtschaft hat sich mehr und mehr in Branchen aufgegliedert, die ihren eigenen Gesetzmäßigkeiten und Usanzen folgen. Aus einem oder wenigen Märkten sind unzählige geworden. Heute ist ein Experte des Getreidemarktes ein Laie auf dem Ölmarkt, wer vom pharmazeutischen Markt etwas versteht, kann nicht ein intimer Kenner des Immobiliengeschäftes sein. Die Partikularisierung des Marktes hat ihr Pendant in der Partikularisierung des Vertragsrechts.

Die Partikularisierung hat das Vertragsrecht als Normensystem und als Konfliktlösungsprozeß ergriffen. Jeder sozial relevante Vertragstypus wird heute spezialgesetzlich reglementiert. Wird eine alte Spezialregelung durch eine neue ersetzt, so ist die neue in der Regel we-

[34] So auch Macneil, der das 'reinforcement of role patterns' als vertragsrechtliche Funktion bezeichnet. Contracts: Adjustment, S. 862.

sentlich detaillierter als die alte. Es entstehen immer mehr Vertragsnormen, die nur mehr auf eine ganz spezielle Vertragsart Anwendung finden. Zum Teil erklärt diese Entwicklung die Gesetzesflut in diesem Bereich. Auch die von der Rechtsprechung weiterentwickelten Vertragsnormen weisen eine Zersplitterungstendenz auf. Immer häufiger wird die besondere ‚Natur' einer strittigen Vereinbarung zu einem wichtigen Entscheidungsfaktor. Sie rechtfertigt es bisweilen (meistens in Verbindung mit ‚besonderen Umständen'), von der Anwendung eines allgemeinen Rechtssatzes abzusehen; der Richter substituiert diesen dann durch eine transaktionsspezifische Weiterentwicklung der allgemeinen Norm. Kommt die allgemeine Norm zur Anwendung, so schließt dies eine transaktionsspezifische Auslegung nicht aus[35].

Das Einfallstor zur Partikularisierung des Vertragsrechts war vermutlich die Anerkennung der Usanzen als Rechtsquelle. Jede Branche konnte sich nun auf ihre Handelsbräuche berufen. Die Pelzhändler konnten sagen, was im Pelzgeschäft gilt, die Liegenschaftshändler konnten sagen, wie es bei ihnen zu- und herging; desgleichen die Architekten und Eierimporteure. Die Handelsverbände und Berufsgruppen begannen mehr und mehr, ihre Usanzen zu kodifizieren. Die zunehmende Spezialisierung der Branchen ging Hand in Hand mit der Spezialisierung der Usanzen. Das vertragsrechtliche Normensystem blieb davon nicht unberührt.

Die Partikularisierung zeichnet auch den vertragsrechtlichen Konfliktlösungsprozeß aus. Fast alle Länder kennen heute nicht nur ein Arbeitsrecht, sondern auch Arbeitsgerichte, nicht nur ein Miet-, Versicherungs- und Handelsrecht, sondern auch Miet-, Versicherungs- und Handelsgerichte, dazu unzählige Verwaltungsbehörden, die die Aufsicht einzelner Wirtschaftsbereiche zur Aufgabe haben und Konflikte schlichten oder autoritativ entscheiden[36]. Die Aufsplitterung in Spezialgerichtsbarkeiten ist ein Versuch, der zunehmenden Komplexität unserer Wirtschafts- und Sozialordnung, aber auch unserer Rechtsordnung Rechnung zu tragen. Man hofft damit, die soziale Distanz zwischen Richter und Parteien abzubauen, die das Prozessieren so unattraktiv macht[37]. Weiß der Richter nämlich nicht aus eigener Kenntnis oder Erfahrung, worum es dem Wesen nach im Streitfall geht, müssen ihm in der Regel über den Kreuzweg des Beweisverfahrens alle Entscheidungsgrundlagen herangetragen werden. Vertrautheit mit den Sachfragen ist die Voraussetzung für eine kompetente und effiziente

---

[35] Vgl. Macaulay: Law and the Balance of Power, S. 197.

[36] Zu den zahlreichen Formen von Spezialgerichten vgl. Mauro Cappalletti / Bryant Barth: Access to Justice, the Newest Wave in the Worldwide Movement to Make Rights Effective, Buffalo L. Rev. 27 (1978), S. 181 - 252.

[37] Friedman: Contract Law in America, S. 198 ff.

Rechtsprechung. Die Rechtsmaterie ihrerseits ist komplexer geworden. Es ist heute ausgeschlossen, daß ein Richter sämtliche Spezialgebiete kennt. Auch hier soll die Spezialisierung Verbesserungen bringen.

Der Trend zur Spezialgerichtsbarkeit scheint unaufhaltsam zu sein, obwohl damit nicht nur gute Erfahrungen gemacht wurden. Wie die Wirtschaft, so entwickelt auch die Rechtsprechung ihre ‚Branchen'. Insgesamt ist aber die Bedeutung der Gerichte für das Wirtschafts- und Sozialleben in den letzten Jahrzehnten kleiner geworden. Die Spezialisierung der Gerichtsbarkeit mag diesen Trend etwas gebremst haben, jedenfalls hat sie ihn nicht gestoppt. Immer wichtiger werden dagegen die Verwaltungsbehörden für die Beeinflussung des Wirtschaftsgeschehens. Einerseits werden vertragliche Normen zunehmend auf dem Verordnungswege durch den Verwaltungsapparat aufgestellt, andererseits spielen Verwaltungsbehörden bei der Konfliktlösung eine stets größere Rolle. Friedman vermutet daher: "The future of contract law may lie more and more in the administrative sector."[38]

Das partikularisierte Vertragsrecht entspricht dem rollenstrukturierten Vertragsrecht. Jede Rollenbildung muß zu einer Aufsplitterung des Vertragsrechtes führen. Das rollenstrukturierte Vertragsrecht verzichtet auf ein einheitliches Menschenbild. Es fixiert verschiedene normative Verhaltensmuster. Mit den unterschiedlichen Verhaltensmustern nimmt das Recht Rücksicht auf die soziale Position der Parteien. Es differenziert nach Rollen. Mit Partikularisierung meinen wir hier jedoch nicht die Differenzierung nach Rollen, sondern eine Differenzierung nach Transaktionsarten. Differenzierungen nach Rollen und nach Transaktionsarten hängen zusammen. Jede Rolle wird nämlich durch ihr Verhältnis zu anderen konkurrierenden oder gegenläufigen Rollen festgelegt. Was die verschiedenen Rollen verbindet, ist die Interaktion bzw. die Vertragsbeziehung[39]. Eine differenzierte rechtliche Rollenbildung führt zwingend zu einer differenzierten Normierung der verschiedenen Arten von Vertragsbeziehungen. Wer von der Rollenstruktur des Vertragsrechts spricht, hat die Anweisungen des Rechts an die Rollenträger im Auge. Zersplittert erscheint das Vertragsrecht, wenn man die rechtliche Regulierung verschiedener vertraglicher Austauschbeziehungen miteinander vergleicht.

Kulturpessimisten beklagen den ‚Zerfall' des Vertragsrechts. Wahrscheinlich handelt es sich bei dieser Rechtsentwicklung lediglich um die verspätete Anerkennung sozialer und wirtschaftlicher Realitäten. Ein einheitliches Vertragsrecht, das nicht nach Rollen und nach Austausch-

[38] Lawrence M. Friedman: Contract Law, Some General Consideration, Encyclopedia of Comparative Law, Tübingen 1973, S. 17.

[39] Vgl. Rehbinder: Status — Kontrakt — Rolle, S. 164.

beziehungen differenziert, kann in der heutigen Gesellschaft seine Funktion nicht erfüllen. Was als Auflösung und Zerfall erscheint, ist wohl richtiger als eine begrüßenswerte Fortentwicklung des Vertragsrechts zu sehen.

d) Eine Anmerkung zur Vertragsfreiheit

Der Vertragsfreiheit sind wir oben als einem politischen Slogan begegnet. Vertragsfreiheit ist aber auch und vor allem eine Erfahrung. Sie kann in zwei Formen erlebt werden:

1. Als Freiheit, sein Handeln ohne staatlichen Einfluß selber zu bestimmen, seine Beziehungen frei auszuhandeln und kreativ auf die eigenen Bedürfnisse zugeschnitten auszugestalten, oder
2. als Freiheit, zwischen verschiedenen vorhandenen Optionen zu wählen[40].

Die Rechtsentwicklung läßt dem Menschen immer weniger Raum, Freiheit in der ersten Form zu erfahren. Die Vertragsbeziehungen tragen immer seltener die Handschrift der Individuen, die sie eingehen. Dies ist der Preis der Standardisierung. Die zweite Wahlmöglichkeit dagegen ist mit steigendem Wohlstand und einer differenzierteren Rollenstruktur des Rechts immer größer geworden. Rehbinder schreibt zu Recht: „Die Freiheit des einzelnen besteht heute also weniger in einer Freiheit der Rollengestaltung als in einer Freiheit der Rollenwahl[41]."

Daß der einzelne zwischen verschiedenen Rollen effektiv wählen kann, bedingt allerdings, daß er sich von den durch Tradition und Konvention auferlegten Rollen befreien kann. Leicht wird vergessen, daß der einzelne im letzten Jahrhundert, das man immer wieder mit dem Individualismus in Verbindung bringt, ungleich stärker als heute durch Rollenbilder außerrechtlicher Sozialordnungen bestimmt wurde. Inwieweit Vertragsfreiheit für den einzelnen erfahrbar wird, hängt davon ab, ob er materiell in der Lage ist, diese Freiheit zu nutzen, und ob es ihm außerrechtliche Sozialordnungen erlauben, seine soziale Stellung frei zu verändern. Die rechtliche Garantie der Vertragsfreiheit gibt darüber nicht Auskunft. Daß die Vertragsfreiheit im 19. Jahrhundert rechtlich weitgehend gewährt wurde, heißt nicht, daß der einzelne sie auch erlebt hat. Wahrscheinlich stehen dem modernen Menschen wesentlich mehr Wahlmöglichkeiten offen als früher. Die Erhöhung des Lebensstandards erlaubt ihm, faktisch mehr von den durch das Vertragsrecht eröffneten Möglichkeiten Gebrauch zu machen, und

[40] Ähnlich Hurst: Law and the Conditions of Freedom, S. 37.
[41] Rehbinder: Status — Kontrakt — Rolle, S. 169.

das gelockerte Verhältnis zu Tradition und Konvention eröffnet ihm größeren Freiraum in der Rollenwahl. Freiheit ist jedenfalls eine derart komplexe Erfahrung, daß die Betrachtung nur eines Faktors wie etwa der Rechtsentwicklung, ein ungenügendes Bild der Realität vermittelt.

3. Die Vertragsdogmatik

Auch die Vertragslehre hat sich in den letzten hundert Jahren gewandelt, allerdings wesentlich langsamer als das Vertragsrecht selber. Grund dafür ist vermutlich die Tatsache, daß die Interaktion zwischen Vertragsrecht und Vertragsdogmatik nicht sehr intensiv ist[42]. Die Dogmatik beschäftigt sich mehrheitlich mit den allgemeinen Regeln des Vertragsrechts und überschätzt dabei deren Bedeutung für das Wirtschafts- und Sozialleben. Die sozial relevanten Vertragsbeziehungen und deren rechtliche Regelung hat sie eher stiefmütterlich behandelt.

Die Vertragslehre schöpft ihr Anschauungsmaterial aus den Gesetzen, vor allem aber aus den Gerichtsurteilen. Sie prüft sie im Hinblick auf ihre Übereinstimmung mit dem dogmatischen System. Der Wandel der Gesetze und der Rechtsprechung hat auch Veränderungen der Vertragslehre nach sich gezogen. Einige dieser Veränderungen lassen sich auf den Funktionswandel der Gerichte zurückführen. Diese sind heute weniger Behörden, die durch die Entwicklung allgemeiner Rechtssätze maßgebende Impulse für die Wirtschaft geben. Sie sind von der 'functional policy'[43] weitgehend entlastet. Im Bereich des Vertragsrechts wurde diese Aufgabe mehr und mehr vom Gesetzgeber und der Verwaltung wahrgenommen. Die Gerichte können sich daher ohne Gefahr für die Wirtschafts- und Sozialordnung auf die ‚richtige' Lösung im Einzelfall konzentrieren. Der an die Wand gemalte Teufel der Rechtsunsicherheit ist deswegen nicht gekommen. Die Gerichte sind für die Rechtssicherheit heute nicht mehr so entscheidend wie sie es früher waren. Diese wird zunehmend von anderen sozialen Institutionen garantiert. Die Gerichte können es sich erlauben, ihren Entscheiden Kriterien wie die Fairness, die Zumutbarkeit, das öffentliche Interesse, die Motive der Parteien und dergleichen zugrundezulegen.

Der Funktionswandel der Gerichte ist nicht ohne Auswirkungen auf die Vertragsdogmatik geblieben. Immer häufiger hat sie es mit Normen zu tun, die weite Ermessensspielräume offen lassen. Auch der Gesetzgeber bedient sich immer häufiger des Ermessens als legislatorischem

---

[42] Vgl. oben Kapitel IV, 4.

[43] Vgl. Stewart Macaulay: Justice Traynor and the Law of Contracts, Stan. L. Rev., 13 (1961), S. 814 und oben, Anm. 30.

Mittel. Die Dogmatik hat es daher schwer, ein klares, deduktives, rechtstechnisches System zu entwickeln. Sie muß sich daher auf die Ausgestaltung der Ermessensräume konzentrieren. Die Ermessensnormen verweisen meistens auf stark sozial geprägte Entscheidungskriterien. Was ‚fair', ‚vernünftig' oder im ‚öffentlichen Interesse' ist, bestimmt sich weitgehend nach den sozialen Auffassungen der Zeit. Die Vertragslehre hat es in dieser Situation nicht leicht, zumal das begriffliche Instrumentarium zur Umschreibung dieser Rechtswirklichkeit ungenügend ist. In diesem Sinne kann von einer Krise der Vertragsdogmatik (nicht des Vertragsrechts!) gesprochen werden. Die Krise macht sich weniger durch einen Rückgang der Publikationen zum Vertragsrecht bemerkbar — ein Buch über das Allgemeine Vertragsrecht kann, wenn auch kein Bestseller, so doch ein Schlüssel zu akademischen Positionen sein —, sondern durch die Diskrepanz zwischen dem von der Dogmatik entwickelten Bild des Vertragsrechts und der Rechtswirklichkeit. Wahrscheinlich bestand diese Diskrepanz schon immer zu einem gewissen Grade, aber wir sind uns ihrer heute bewußter geworden.

Die Vertragsdogmatik erfüllt heute zwei Funktionen, auf die abschließend kurz einzutreten ist: die Legitimationsfunktion und die Kommunikationsfunktion. Eine Entscheidung des Rechtsstabes findet innerhalb der Hierarchie Anerkennung, wenn ihre Begründung den herrschenden dogmatischen Auffassungen Rechnung trägt. Mißachtet sie diese, so können die Entscheidung oder die Begründung oder beide durch die Oberinstanz aufgehoben werden. Die ‚gute' Begründung legitimiert die Entscheidung. Die juristische Fachsprache verleiht der Entscheidung auch bei den Rechtsunterworfenen Autorität. Ob diese die Begründung verstehen oder nicht, spielt dabei weniger eine Rolle als der Anschein, daß die Entscheidung auf gefestigten, wissenschaftlichen Grundlagen beruht. Diese Legitimationsfunktion erscheint mir heute besonders wichtig, wo der Respekt vor staatlichen Autoritäten abnimmt; jener vor der Wissenschaft ist jedoch weitherum noch ungebrochen. Die Ausdehnung der Begründungspflicht auf fast alle autoritativen staatlichen Entscheidungen spiegelt diese Gewichtsverlagerung von der Amtsautorität zur Überzeugungskraft wissenschaftlicher Argumentation. Eine Rechtsdogmatik, die der Rechtswirklichkeit nicht allzu fern steht, erleichtert diese Aufgabe.

Die Rechtslehre erfüllt im weiteren eine Kommunikationsfunktion. Jeder Jurist hat die Juristensprache gelernt; er braucht sie im Umgang mit seinen Kollegen. Sie erleichtert die Verständigung zwischen dem Rechtsstab und den Rechtsanwälten. Diese Fachsprache verändert sich, wie jeder Blick in ein älteres Urteil zeigt; aber sie ändert sich nur langsam, jedenfalls langsamer als das Recht, das sie zu beschreiben den Anspruch erhebt. Dies führt dazu, daß die Fachsprache Begriffe und Konzepte für Dinge bereithält, die es nicht mehr gibt oder nie gegeben hat, andererseits fehlen für wichtige rechtliche Erscheinungen klare und differenzierte Sprachmittel.

Die Rechtsprechung kommt allerdings auch ohne die Kommunikationsmittel der Rechtslehre aus. Während Jahrhunderten haben Richter Prozesse entschieden, ohne daß ihnen die Rechtswissenschaft zur Seite gestanden hat. Mit dem Einzug der geschulten Juristen in zahlreiche Positionen des Rechtsstabes ist auch die Fachsprache eingezogen. Von ihrer Qualität hängt zunehmend die Qualität der Kommunikation innerhalb des Rechtsstabes und im Verkehr mit ihm ab. Der Rechtslehre kommt die Aufgabe zu, diese Sprache weiterzuentwickeln und damit die Kommunikation zu verbessern. Da Sprache auch ein Stück weit den Inhalt prägt, liegt hier eine Chance, auf das Vertragsrecht einzuwirken. Damit die Kommunikationsfunktion erfüllt werden kann, darf die Diskrepanz zwischen der Sprache und den Erscheinungen, die sie umschreibt, nicht zu groß werden. Erfüllt die Dogmatik diese Aufgabe ungenügend, so nährt sie den Verdacht, ihre einzige Funktion bestehe in der Legitimierung einer Berufsgruppe.

Ausgewählte Literatur

Atiyah, Patrick S.: The Rise and Fall of Freedom of Contract, Oxford 1979.

Aubert, Vilhelm: Competition and Dissensus: Two Types of Conflict and Conflict Resolution, J. Confl. Res. 7 (1963), S. 26 - 42.

Beale, Hugh / *Dugdale*, Tony: Contract between Businessmen: Planing and the Use of Contractual Remedies, British Journal of Law and Society 2 (1975), S. 45 - 60.

Becker, H.: Berner Kommentar: Bd. VI/1: Obligationenrecht, Allgemeine Bestimmungen, 2. Aufl. Bern 1941 (Nachdruck 1974).

Bergmann, Joachim E.: Die Theorie des sozialen Systems von Talcott Parsons, eine kritische Analyse, Frankfurter Beiträge zur Soziologie 20 (1967).

Blau, Peter M.: Exchange and Power in Social Life, New York 1967.

Carbonnier, Jean: Flexible Droit: textes pour une sociologie du droit sans rigeur, 4. Aufl. Paris 1979.

Durkheim, Emile: De la division du travail, 3. Aufl. Paris 1911.

Eagan, William: The Westinghouse Uranium Contracts: Commercial Impractibility and Related Matters, Am. Bus. L. J. 18 (1980), S. 281 - 302.

Ehrlich, Eugen: Grundlegung der Soziologie des Rechts, München und Leipzig 1913.

— Recht und Leben, gesammelte Schriften zur Rechtstatsachenforschung und zur Freirechtslehre, ausgewählt und eingeleitet von M. Rehbinder, Berlin 1967.

Eisenberg, Melvin A.: Private Ordering Through Negotiation: Dispute Settlement and Rulemaking, Harv. L. Rev. 89 (1976), S. 637 - 681.

Friedman, Lawrence M.: Contract Law in America: A Social and Economic Case Study, Madison and Milwaukee 1965.

— Freedom of Contract and Occupational Licensing 1890 - 1910: A Legal and Social Study, Cal. L. Rev. 53 (1965), S. 487 - 534.

— / *Macaulay*, Stewart: Law and the Behavioral Sciences, 2. Aufl. Indianapolis, Ind. 1977.

— / — Contract Law and Contract Teaching: Past, Present and Future, Wis. L. Rev. 67 (1967), S. 805 - 821.

Gilmore, Grant: The Death of Contract, Ohio 1974.

Gouldner, Alvin W.: The norm of Reciprocity: A Preliminary Statement, American Sociological Rev. 25 (1960), S. 161 - 178.

Havighurst, Harold H.: The Nature of Private Contract, Evanston, Ill. 1961.

Hoebel, Adamson E.: Law of Primitive Man: A Study in Comparative Legal Dynamics, Cambridge, Mass. 1954.

Homans, George C.: Social Behavior as Exchange, American Journal of Sociology, 63 (1958), S. 597 - 606.

— Social Behavior: Its Elementary Forms, New York 1961.

— The Human Group, New York 1950.

— Commentary, in: Turk / Simpson: Institutions and Social Exchange.

Horwitz, Morton: The Transformation of American Law: 1780 - 1860, Cambridge, Mass. 1977.

Hurst, James W.: Law and the Conditions of Freedom in the Nineteenth-Century United States, Madison 1956.

Kessler, Friedrich: Contract of Adhesion — Some Thoughts about Freedom of Contract, Col. L. Rev., 43 (1943), S. 629 - 642.

— Automobile Dealer Franchises, Vertical Integration by Contract, Yale L. J. 66 (1957), S. 1135 - 1190.

Kramer, Ernst: Berner Kommentar zum Schweizerischen Obligationenrecht, Allgemeine Bestimmungen, Bern 1980.

Kronman, Anthony T. / *Posner*, Richard A.: Economics of Contract Law, Boston 1979.

Kurczewski, Jacek / *Frieske*, Kazimierz: Some Problems in the Legal Regulation of the Activities of Economic Institution, Law & Society Rev. 11 (1977), S. 489 - 505.

Lempert, Richard: Norm-Making in Social Exchange: A Contract Law Model; Law & Society Rev. 7 (1972), S. 1 - 32.

Llewellyn, Karl N.: What Price Contract? An Essay in Perspective, Yale L. J. 40 (1931), S. 704 - 751.

— / *Hoebel*, Adamson E.: The Cheyenne Way: Conflict and Case Law in Primitive Jurisprudence, 5. Aufl. Oklahoma 1973 (Erstauflage 1941).

Luhmann, Niklas: Kommunikation über Recht in Interaktionssystemen, in Jahrbuch für Rechtssoziologie und Rechtstheorie, Bd. 6, Opladen 1980, S. 99 - 112.

Macaulay, Stewart: Non-contractual Relations in Business, Am. Sociological Rev. 28 (1963), S. 55 - 67.

— Law and the Balance of Power, the Automobile Manufacturers and Their Dealers, New York 1966.

— Elegant Models, Empirical Pictures and the Complexities of Contract, Law & Society, 11 (1977), S. 507 - 527.

Macneil, Ian R.: The Many Futures of Contracts, S. Cal. L. Rev. 47 (1974), S. 691 - 816.

— Contracts: Adjustment of Long-Term Economic Relations under Classical, Neoclassical, and Relational Contract Law, Nw. U. L. Rev. 72 (1978), S. 854 bis 905.

— Essays on the Nature of Contract, North Carolina Central Law Journal, 10 (1979), 156 - 200.

— Cases and Materials on Contracts, 2. Aufl. Mineola, N. Y. 1978.

Malinowski, Bronislaw: Crime and Custome in Savage Society, New York 1926.

Mentschikoff, Soia: Commercial Arbitration, Col L. Rev. 61 (1961), S. 846 - 869.

Müller, Addison: Contract Remedies: Business Fact and Legal Fantasy; Wis. L. Rev. 67 (1967), S. 832 - 839.

Nader, Laura (Hrsg.): No Access to Law, Alternatives to the American Judicial System; New York and London 1980.

— (Hrsg.): Law in Culture and Society, Chicago 1969.

Parsons, Talcott: An Outline of the Social System, in: ders. et al. (Hrsg.): Theories of Society, Bd. 1, New York 1961.

— Level of Organisation, in: Turk / Simpsons (Hrsg.): Institutions and Social Exchange.

— / *Shils*, Edward A.: Toward a General Theory of Action, Cambridge, Mass. 1967.

Posner, Richard A.: Economic Analysis of Law, 2. Aufl. Boston 1977.

Pospisil, Leopold: Anthropology of Law: A Comparative Theory, New York 1971.

— The Ethnology of Law, 2. Aufl. Menlo Park, Ca. 1978.

Rehbinder, Manfred: Rechtssoziologie, Berlin und New York 1977.

— Status — Kontrakt — Rolle, in: FS für Ernst E. Hirsch, Berlin 1968.

— Die Begründung der Rechtssoziologie durch Eugen Ehrlich, Berlin 1967.

Rocher, Guy: Talcott Parsons et la sociologie américaine, Paris 1972.

Röhl, Klaus F.: Über außervertragliche Voraussetzungen des Vertrages, in: FS für Helmut Schelsky, Berlin 1978.

Shephert, Harold: Contract in a Prosperity Year, Stan. L. Rev. 6 (1954), S. 208 - 237.

Sweet, Justin: The American Contract System: Today and 2001, Ind. L. Rev., 7 (1973), 309 - 347.

Thurnwald, Richard: Werden Wandel und Gestaltung des Rechtes im Lichte der Völkerforschung, Berlin und Leipzig 1934.

Turk, Herman / *Simpsons*, Richard (Hrsg.): Institutions and Social Exchanges: The Sociologies of Talcott Parsons and George Homans, Indianapolis und New York 1971.

Weber, Max: Rechtssoziologie, hrsg. Johannes Winckelmann, 2. Aufl. Neuwied a. Rh. und Berlin 1967.

White, James J. / *Munger*, Frank W.: Consumer Sensitivity to Interest Rates: An Empirical Study of New-Car Buyers and Auto Loans, Mich. L. Rev. 69 (1971), S. 1207 - 1257.

Whitford, William C.: Law and Consumer Transaction — a Case Study of the Automobile Warranty, Wis. L. Rev. 68 (1968), S. 1006 - 1097.

— Strict Products Liability and the Automobile Industry — much Ado about nothing, Wis. L. Rev. 68 (1968), S. 83 - 171.

Kolibri 360 GmbH
Ferdinand-Jühlke-Straße 7
99095 Erfurt, Deutschland
produktsicherheit@kolibri360.de

Druck:
CPI Druckdienstleistungen GmbH
im Auftrag der
Kolibri 360 GmbH
Ferdinand-Jühlke-Str. 7
99095 Erfurt